本著作为天津市哲学社会科学规划重点项目“党内法规规范‘网红’党员作用发挥的价值功能与实践路径研究”之阶段性研究成果（项目编号：TJFHZYYJ24—07）

数字化时代党员作用发挥的法规保障研究

以具有网络影响力的党员群体为研究对象

王东 著

SHUZIHUA SHIDAI
DANGYUAN ZUOYONG FAHUI DE
FAGUI BAOZHANG YANJIU
YI JUYOU WANGLUO YINGXIANGLI DE DANGYUAN QUNTI WEI YANJIU DUIXIANG

法律出版社
LAW PRESS · CHINA
北京

图书在版编目（CIP）数据

数字化时代党员作用发挥的法规保障研究：以具有网络影响力的党员群体为研究对象 / 王东著. -- 北京：法律出版社，2025. -- ISBN 978-7-5244-0602-0

Ⅰ. D262.6

中国国家版本馆 CIP 数据核字第 2025029UQ6 号

数字化时代党员作用发挥的法规保障研究：以具有网络影响力的党员群体为研究对象

SHUZIHUA SHIDAI DANGYUAN ZUOYONG FAHUI DE FAGUI BAOZHANG YANJIU: YI JUYOU WANGLUO YINGXIANGLI DE DANGYUAN QUNTI WEI YANJIU DUIXIANG

王　东　著

策划编辑　许　睿
责任编辑　许　睿
装帧设计　鲍龙卉

出版发行　法律出版社
编辑统筹　司法实务出版分社
责任校对　郭艳萍
责任印制　胡晓雅
经　　销　新华书店

开本　710 毫米×1000 毫米　1/16
印张　20.25　　**字数**　319 千
版本　2025 年 8 月第 1 版
印次　2025 年 8 月第 1 次印刷
印刷　中煤(北京)印务有限公司

地址：北京市丰台区莲花池西里 7 号(100073)
网址：www.lawpress.com.cn
投稿邮箱：info@lawpress.com.cn
举报盗版邮箱：jbwq@lawpress.com.cn

销售电话：010-83938349
客服电话：010-83938350
咨询电话：010-63939796

书号：ISBN 978-7-5244-0602-0　　**定价**：85.00 元

凡购买本社图书，如有印装错误，我社负责退换。电话：010-83938349

目 录
Contents

导　言

技术革命促使经济社会发生变革，深度重塑了政治实践的形态与边界。在数字化时代，无产阶级政党的适应性转型，已然从单纯的策略选择上升到关乎生存的重要命题。随着互联网技术的飞速发展和社交媒体的深度普及，催生出具有网络影响力的党员群体（为便于论述，以下简称“网红”党员）。“网红”党员现象成为剖析政党现代化转型极为关键的切入点。这种转型遵循“生产力决定生产关系”这一唯物史观原理，呈现出技术逻辑与政治原则相互塑造的颇为复杂的情形——技术逻辑方面表现为传播工具的革新反过来推动党建模式的发展，政治原则方面则体现为政党主体针对技术异化风险实施相应的制度规范举措。其本质上是借助数字技术起到的中介作用，达成政治价值在网络环境下的再度生产，进而在虚实相互交融的社会形态当中进一步巩固党的执政合法性基础。

一、“网红”党员兴起的时代诱因

技术生态革新赋能。数字技术呈现出爆发式的发展态势，对信息传播的权力架构进行了重塑，进而为“网红”党员的出现打下了基础性的技术根基。网络社会处于深度媒介化的进程之中，这一进程打破了传统政治传播具有的科层制结构，催生出一种新型传播秩序，其特点表现为情感动员、圈层渗透以及即时交互等方面。在这样的生态环境下，“网红”党员属于技术赋能产生的现象，其生成逻辑呈现出三重技术性转变：传播工具变得更加智能化，促使个体表达能够打破时空方面的局限；算法推荐机制经过重构后，赋予内容生产以爆发式传播的势能；数据画像技术能够精准地洞察受众的认知偏好。技术逻辑不断发展，迫使政治主体务必顺应“微粒化传播”的规律，将主流价值的宏大叙事转变成网络空间里的具体表达形式。这种技术生态的革新打破了传统政治传播拥有的垄断性话语权，为“网红”党员开拓出了相应的生存空间。

组织管理机制创新。全面从严治党朝着网络空间不断拓展的实践需求，催生出了在“网红”党员发展方面进行制度创新的动力。传统的党员教育管理存在一些方法论层面的困境，比如单向灌输模式显得僵化，对虚实空间展开治理时出现脱节情况，而且在激发主体能动性方面做得不到位，在如今数字化生存的大背景之下，这些都成了迫切需要解决的时代性问题。组织系统为了适应新情况而作出的变革，主要体现在三重制度创新上：构建起网络行为规范体系，把党员在线上开展的活动都纳入制度化的轨道；对数字化教育载体加以创新，让政治素养以及媒介素养能够协同提升；对考核评价机制进行重构，把网络影响力转化成可以量化的政治效能。这些制度方面的供给，给“网红”党员的培育带来了三重保障：通过明确网络行为的“正面清单”以及“负面清单”，能够对政治表达的自由界限作出界定；借助虚拟组织生活平台，可以让线下的党性锻炼和线上的价值传播实现有机结合；依托数据追踪技术，能够建立起针对传播效果的政治效能评估模型。

治理体系现代化诉求。在国家治理迈向现代化的进程之中，网络空间治理的复杂程度不断攀升，这一情况使“网红”党员的功能价值以及角色期待都发生了重塑。网络社会当中存在风险传导机制、舆情演化规律以及话语权博弈态势等情况，这些都从多个维度对传统治理模式发起了挑战，进而促使治理主体实现从单纯的“技术应对”朝着“价值引领”的范式转变。在此过程里，“网红”党员肩负着三重治理方面的功能：一是作为网络情绪的“稳定器”，依靠自身所具备的政治权威来对非理性的舆情加以疏导；二是作为主流价值的“转译者”，通过创新话语的方式来达成意识形态的柔性渗透；三是作为党群关系的“连接者”，凭借数字技术来重新构建起政治信任的纽带。这种功能的重新构建，从本质上讲，是治理体系为了应对三重现代性挑战而作出的一种适应性选择，具体而言，在治理主体维度上，实现从科层制管控到多元主体协同的转变；在治理工具维度上，完成从行政管控朝着技术赋能的跨越；在治理效能维度上，达成短期舆情平息和长期价值认同之间的辩证统一。

二、"网红"党员的正向功能

意识形态传播的范式创新。"网红"党员通过解构和重构的双向运作方式，实现主流意识形态传播从原本"机构本位"转变到"人格化传播"的范式跨越。"网红"党员依靠自身政治身份与传播技术相结合而形成的复合优势，搭建起三重转化机制。一是借助生活化叙事来消除政治概念给人带来的陌生感，将制度优势转化成能够被人们感知到的实践成果；二是以情感化的表达去打破代际文化方面存在的隔阂，让理论逻辑在青年群体当中能够引发价值层面的共鸣；三是凭借圈层化渗透来重新塑造传播的路径，借助精准传播去突破"信息茧房"造成的传播困境。这种转化功能从本质上来讲完成了对政治符号意义的再创造，推动意识形态传播从以往的单向灌输发展到双向互动，从抽象的宣教转变成具象的体验，从统一的输出变为分众适配的状态。

政治信任重建的媒介纽带。"网红"党员充当着政治系统与社会系统之间的媒介，其通过对虚实空间双向互动机制加以重塑，能够有效地将体制话语与民间话语之间存在的语义鸿沟弥合起来。"网红"党员的连接功能呈现出三重媒介特质：其凭借人格化 IP 的打造，能够消除政治传播机构化的刻板印象，从而使政治形象拥有具象且亲和的媒介载体；借助即时性互动的开展，营造出政治回应的在场感，通过评论回复、直播对话等多种形式，增强群众参与其中的获得感；依靠共情式传播的推动，激活政策解释涉及的情感维度，进而把制度设计秉持的理性逻辑转变成民生关怀层面的感性表达。这种连接效应的产生，源自"网红"党员独特的身份复合性，他们既承载着组织赋予的政治权威，又具备网络意见领袖拥有的传播影响力，使他们在化解"塔西佗陷阱"、重建政治信任等方面具备不可替代的媒介价值。

治理效能提升的技术路径。"网红"党员借助技术赋权以及组织赋能，打造出在网络空间里"技术治理"和"价值治理"融合共生的全新模式。"网红"党员具备的协同功能主要体现在三重治理策略上。其一，"网红"党员可作为舆情传导的前端触角存在，能够运用大数据技术精准地感知民意波动并展开动态追踪。其二，其可作为政策落地实施的转化枢纽，通过诸如短视频、信息图表这类可视化的手段，以通俗的方式解读制度文本内容。其三，其可作为矛盾调处的缓冲平台，借助社交媒体具有的即时互动特性，搭建起用于情绪疏导的柔性通道。而这一功能得以实现，依靠其特有的技术政治化能力。这种能力一方面能够把政治资本转化为传播资本，凭借流量效应扩大治理举措产生的影响力；另一方面还能把传播效能反过来回馈给治理效能，依据网络反馈的情况去优化政策设计的精准度。

价值共识凝聚的示范效应。“网红”党员运用符号再造以及意义重构这两种策略，在多元文化相互竞争的大环境下，重新塑造主流价值的引领地位。“网红”党员具备的辐射功能主要体现在三重文化构建机制上：一是通过对符号进行转译，把红色基因巧妙融入国潮、电竞、短视频这类深受青年喜爱的文化载体，以此实现传统价值以一种时尚化的方式来表达；二是借助场景重塑的手段，在漫展、音乐节、网红打卡地等亚文化空间里精心打造出意识形态传播的全新场景；三是通过意义再创造的方式，将那些宏大叙事转化为一个个关乎个体成长的故事，从而使制度优势能够获得来自生命经验层面的验证与支持。这样的文化引领方式突破了传统教育单纯依靠“硬灌输”的模式，转而采用“价值共生”以及“意义共创”的传播策略，进而让主流意识形态能够在青年群体构建的意义世界当中实现内生式的发展。

三、“网红”党员的消极作用

个体价值僭越集体原则。资本主导的流量经济机制，借助数据量化指标对个体行为价值坐标系予以重构。倘若“网红”党员把传播绩效异化成为积累政治资本的工具，就极易陷入“数据拜物教”的认知陷阱，单纯地用点赞量、转发率之类的量化指标取代群众路线的本质要求。这种异化具体呈现出三重矛盾：一是内容选题具有的公共性和个人 IP 运营的功利性两者之间存在冲突；二是政治表达的规范性与为获取流量而表现出的媚俗性形成了矛盾；三是价值传播的长期性和数据考核的短期性之间产生了张力。

内容娱乐消解政治严肃性。网络平台在传播规则方面天然具有娱乐化的倾向，要是过度追求所谓的“网感”，就很容易使政治教育功能出现空心化的问题。短视频采用的碎片化叙事方式，会对理论阐释的系统性起到消解的作用，其戏谑化的表达也会让政治议题的严肃性被弱化，再加上算法推荐产生的“信息茧房”效应，更会加剧人们认知的浅表化程度。这种传播方面出现的异化现象会在三个层面上有所显现：在话语层面，原本严肃的政治话语被简化成了带有娱乐性质的“梗文化”；在认知层面，深度的理论思考逐渐被感官刺激带来的即时快感取代；在价值层面，意识形态的传播已然异化成了一种文化消费行为。

舆论风险冲击组织权威性。“网红”党员个体的影响力呈现出非对称扩张态势，这有可能催生公众认知方面的“替代效应”，也就是会把特定党员的人格化特征直接等同于党组织的整体形象。一旦个人的言行通过算法被不断放大，局部存在的瑕疵就极有可能演变成系统性的信任危机。此种风险蕴含三重机制：其一，“晕轮效应”会使公众依据个体的表现去推断组织的能力；其二，“污名扩散”会让个别人员的失误引发群体形象的贬损；其三，“认知捷径”会使复杂的组织被简化成符号化的个体。在舆情危机发生时，个人 IP 具有的脆弱性和党组织公信力之间存在很强的关联性，这或许会让网络舆论治理陷入“牵一发而动全身”的被动处境。更为深层次的问题在于，这样的认知遮蔽状况可能会对党的集体领导制度权威性起到削弱作用。

身份异化偏离先锋属性。在网络空间里，政治身份和市场角色的边界变得模糊不清，部分“网红”党员面临着“双重人格”被撕裂的风险。如带货分成、广告植入这类营利行为，倘若缺乏相应的制度加以约束，就很有可能异化成一种新的权力变现形式；而粉丝经济的运营逻辑，也许会诱导党员把群众转化成“流量资源”。这种身份异化主要通过三个路径呈现出来：从行为动机方面来讲，公共服务意识极有可能被商业利益诉求稀释掉；在价值取向层面，政治原则可能会朝着市场规则妥协；至于身份认同方面，党员角色可能会被网红人设掩盖。其本质就是资本逻辑对政治身份产生了侵蚀作用，这或许会动摇“两个先锋队”的本质属性。当“为人民服务”的宗旨异化成“为粉丝服务”的实际做法，“党性原则”被“平台规则”取代时，党的先进性和纯洁性将会遭遇极为严峻的考验。

四、党内法规的价值功能

政治立场的定向功能。党内法规是党的意志通过制度化形式呈现出来的权威载体，它搭建起具有普遍约束力的规范体系，在虚实相互交融的传播场域当中，给“网红”党员确立起政治行为方面的根本坐标。党内法规的定向功能具体体现在三重制度引领层面：第一，依靠政治纪律方面的抽象规范，来划定网络言论的绝对红线，把意识形态安全的底线思维实实在在地具象化为能够操作执行的行为禁令；第二，凭借组织伦理的具体要求，构建起正向价值传播的实践范式，从而实现党性原则对传播规律的引领性把控；第三，借助制度权威来强化党员政治属性的根本地位，以此抵御资本异化、民粹裹挟给政治立场带来的结构性冲击。这种定向机制并非单一的强制约束，而是把党的创新理论和传播技术紧密地融合到一起，推动“网红”党员在内容生产的进程中，能够自觉地完成从政治判断力到传播创造力的价值转化。

身份属性的界定功能。党内法规借助对权利义务予以辩证式的配置以及开展制度层面的谋划安排，从法理层面达成了“党员”具有的政治本质同“网红”代表的社会角色之间创造性的融合状态。党内法规的界定功能其实蕴含着三重治理方面的智慧：其一，确立起政治身份相对于社会角色的优先性地位，凭借“党员第一性”原则，对网络影响力朝着政治特权方向异化转变的情况加以防范；其二，搭建起能够将网络行为自由与政治责任统一起来的规范架构，把话语权的行使纳入组织纪律约束的范围之内；其三，制定出契合传播规律的责任认定标准，促使组织要求和网络伦理在价值层面达成一致。这样的制度安排通过明晰“可为”以及“不可为”的边界清单，既能够保障党员参与网络治理拥有的合法空间，又能够对权力越界可能引发的系统性风险予以防范。

行为失范的纠偏功能。党内法规致力于构建起全周期且涵盖多维度的监督体系，进而形成针对“网红”党员网络行为的动态调适机制，其制度所具备的刚性特征体现于由预防、控制以及惩戒共同构成的治理闭环之中。党内法规的纠偏功能通过三重制度层面的创新得以实现：首先，在事前依靠学习教育机制强化纪律方面的意识，同时开展具有预防性的干预举措，以此将政治规矩逐步内化为自身的行为自觉；其次，在事中借助数字技术达成行为轨迹的可视化监测效果，进而构建起线上与线下联动的立体化监督网络；最后，在事后依据规范标准实施精准的问责行动，从而建立起层次分明的惩戒体系。这样的制度设计突破了以往单向度的惩罚威慑逻辑，借助“制度—行为”反馈回路，能够持续不断地对网络政治生态加以优化。

正向激励的导向功能。党内法规致力于构建起激励相容的制度生态体系，促使“网红”党员能够自觉地成为主流价值传播的载体以及实践方面的标杆。

在当下由注意力经济占据主导地位的网络空间环境里，仅仅依靠刚性的约束方式，很难让政治传播效能达到最大化，所以制度设计必须同时具备规范和激励这两方面的属性。党内法规的导向功能，通过三重机制创新得以充分彰显出来：首先，荣誉表彰制度能够把网络正能量的传播转化为组织认可的政治资本，借助符号赋权的方式激发党员自身的主体能动性；其次，容错免责机制为具有创新性的传播实践开辟出制度性的试错空间，在牢牢坚守政治底线的同时，能够将改革探索的积极性充分释放出来；最后，典型示范效应能够营造出一种良性互动的传播生态，推动个体行为朝着集体行动的规模化方向转变。这样的制度设计突破了传统管理单向约束的模式，把抽象的价值引领方面的要求转化成了具有操作性的激励机制，使“网红”党员在努力追求传播效果的过程中，能够自然而然地实现党性原则和传播规律之间的深度契合。

第一章
“网红”党员概述

第一节　“网红”党员的基本特征探析

在当今科学技术不断更新变化的时代，数字技术正以超乎以往的速度迅猛发展，已然变成了驱动生产力实现巨大飞跃以及促使国家治理模式出现深刻变革的关键力量。[1] 在这样的大环境之下，“网红”党员群体作为党建和网络媒介紧密结合起来的新兴力量，呈现出了一系列独特又丰富多样的特征。“网红”党员这一现象是马克思主义政党建设规律同网络社会发展规律深度交融而产生的时代产物，其基本特性主要集中表现在政治主体性和传播技术性的辩证统一上，这也标志着在数字时代，党员发挥作用的范式出现了革命性的转变。和传统党员[2]不一样的是，“网红”党员作为政党组织当中的细胞单元以及网络空间里的传播节点，其本质特性一方面承继了党章赋予的政治基因，另一方面又吸收了数字文明的技术特性，进而在虚拟与现实相互交织的传播场域中重新塑造了政治主体的存在形态。

“网红”党员呈现出的基本特性，根源在于政治传播生态出现了系统性的变革情况。最为关键的点就在于，构建起虚实身份之间存在的同构性特点，同时让个体效能能够和组织目标达成协同性的状态，并且促使技术工具与价

〔1〕参见亓光、张翔：《数字化时代国家治理现代化的逻辑构序变革》，载《探索》2024年第4期。

〔2〕为了便于将“网红”党员与其他党员区别开来，故将“网红”党员以外的其他党员统称为“传统党员”。这样的划分方式，搭建起了更具针对性的研究视角，有助于我们更清晰地把握和分析两类党员各自的特点、行为模式以及他们在党组织和社会中产生的影响。通过对比研究，我们可以更深入地了解党员群体的多样性和差异性，为党的组织建设、思想建设和工作方式创新提供有益的参考和借鉴，进而推动党的各项工作更好地适应时代发展的需要。

值导向形成相互嵌入的关系。在技术层面，算法推荐机制以及流量分配规则对政治影响力的生成路径进行了重塑，使党员的虚拟身份得以成为传播制度优势的一个技术接口。从文化层面看，青年亚文化具有的解构特性[1]和主流意识形态存在的建构需求[2]之间形成了张力，正是在这种张力的作用之下，催生出了针对政治话语的符号转译机制。而在治理层面上，网络社会具备的风险传导特性[3]与政治系统的秩序维护功能[4]彼此之间相互产生作用，进而推动治理手段朝着精准化以及柔性化的方向转变。

一、政治属性与媒介效能的辩证统一

“网红”党员是数字时代马克思主义政党建设方面颇具创新性的一种实践，其本质特征呈现为政治属性跟媒介效能的辩证统一状态。政治属性作为“网红”党员的本质性规定内容，源于党章赋予的那些基本义务以及组织生活当中的纪律约束，具体体现为对党的意识形态予以自觉的认同并且主动进行传播；媒介效能则表现为借助网络技术增强政治传播影响力的一种实践能力，通过流量获取、内容生产以及圈层渗透等多种形式来达成相应效果。这二者之间的辩证关系并非简单机械地相加那么简单，而是要通过价值同构、功能上的互补以及实践当中的相互促进等方式来形成一个有机的整体：政治属性能够为媒介效能提供方向上的指引以及合法性的基础保障，以此确保传播实践服务于意识形态建设方面的目标；媒介效能则可以为政治属性注入时代赋予的活力以及实践方面的动力，推动传统的政治优势朝着网络传播效能进行创造性的转化。这种统一性在青年亚文化传播场域当中表现得尤为突出，“网红”党员会把政治话语编码转化成时尚符号，从而促使主流价值能够获得网络原住民的自觉认同，进而实现政治属性与媒介效能在价值传播层面的深度

[1] 参见兰丽丽：《从隔离到对话：思想政治教育引领青年亚文化探析》，载《思想理论教育》2023年第7期。

[2] 参见郑敬斌、杨雨凡：《全媒体场域主流意识形态传播转向的三重逻辑》，载《东岳论丛》2025年第1期。

[3] 参见朱国伟：《网络舆情反转事件中的衍生风险及其传导：类型划分与疏解策略》，载《吉首大学学报（社会科学版）》2023年第3期。

[4] 参见王正绪：《秩序与繁荣：政治学原初问题的制度主义解释》，载《学术月刊》2022年第3期。

融合效果。

政治属性和媒介效能的辩证统一，在“网红”党员的网络实践里呈现出三重结构方面的特征。就价值维度来讲，意识形态引领以及技术工具的有效运用达成了统一状态；在实践维度之中，组织纪律的约束跟对传播规律的遵循彼此协调起来；而在功能维度方面，政治责任的履行与社会效应的生成是相互促进的关系。政治属性需要坚守马克思主义在意识形态领域的指导地位，[1] 媒介效能则凭借算法推荐、情感动员、圈层渗透等技术手段，让价值传播变得更为具象化。政治属性依靠党内法规来划定行为的边界，[2] 媒介效能依托网络平台去拓展自身的作用空间，这两者共同形成了“网红”党员行为选择的双重参照坐标。政治属性能够确保其处在党的领导与监督之下，媒介效能则赋予其破解“塔西佗陷阱”、重建政治信任的相应能力。这样的结构特征在突发公共事件的舆情引导过程中表现得十分突出，“网红”党员依靠政治属性来保证信息传播具备权威性，借助媒介效能实现危机沟通时的情感共鸣，这双重优势使他们成为网络空间里意识形态斗争的关键力量。

“网红”党员呈现出的政治属性与媒介效能的辩证统一态势，有颇为显著的时代价值，具体表现为能够推动政党建设理论实现创新发展，同时促使网络社会治理效能获得实质性的提升。从政党建设维度来讲，二者所具有的统一性打破了以往传统党员在发挥作用时面临的时空方面的限制。借助政治身份和传播技术的深度交融，开拓出党员与群众建立联系的全新渠道，并且在意识形态工作方面创新了工作方法，从而将“人人都是传播主体”的网络生态成功转变为“党员引领传播方向”的政治优势局面。在社会治理维度上，这样的统一性对政治系统和社会系统之间的互动模式进行了重新构建。“网红”党员一方面可作为民意感知的最末端，极为精准地捕捉到社会情绪的波动情况，另一方面又能充当政策解读的关键枢纽，有力地促使政令得以畅通无阻，凭借这双重功能，其成为国家治理体系当中的特殊节点，尤其是在基层治理的具体实践活动当中，政治属性能够确保传播行为具备明确的组织归

---

〔1〕 参见李桂花、谭韩：《从“五位一体”看马克思主义在意识形态领域指导地位的制度优势》，载《理论探讨》2024 年第 6 期。

〔2〕 参见李斌雄、宋宗君：《新时代党内政治生态及其建设的理论逻辑探讨》，载《河南社会科学》2024 年第 8 期。

属特性，而媒介效能为矛盾调处赋予了相应的技术手段，二者相互协同配合，催生出了“线上需求感知—线下问题解决—云端效果反馈”这样一种全新的治理范式。

二、传播实践的大众化与专业化交织

“网红”党员在传播实践方面呈现出了大众化和专业化辩证统一的核心特质。这一特质一方面是数字时代政治传播规律的具体展现形式，另一方面也是马克思主义群众路线在网络空间的创新体现。就大众化特质来讲，它体现在传播内容朝着生活化转译、传播渠道选取上更倾向于平民化以及话语表达朝着通俗化去重塑等方面，其根本在于打破政治传播存在的精英化壁垒，从而实现和网络原住民在意义层面的对接。而专业化特质表现在传播策略有系统化的谋划、内容生产遵循标准化流程以及技术手段能做到精准化运用等，关键在于借助现代传播规律来提升意识形态传播的效能。二者的辩证统一在以下三个维度展开：在内容维度上，将专业的政治理论转化成大众能够感知到的生活叙事；在形式维度中，利用专业的技术手段去包装大众比较喜欢、乐于接受的传播产品；在效果维度里，通过专业化的运作促使大众化传播的边际效应不断增加。

“网红”党员开展的传播实践具备的大众化特质深深扎根于网络社会具有的草根文化基因当中，从本质上来看，这其实是一种借助传播层面的降维操作，进而达成价值层面升维效果的政治沟通策略。随着信息技术不断快速发展，网络提供的信息在供给方面呈现出多元且多样的态势，并且呈裂变式的快速增长态势，如此海量的信息供给情况，早已把人们带入“信息过载”的数字生活状态。[1] 而与此同时，信息爆炸式的增长也带来了人们注意力变得稀缺的问题。[2] 在这样存在信息过载且注意力稀缺问题的网络环境之下，大众化传播就必然要求打破传统宣传带有的刻板印象，通过如下三重路径来对传播逻辑进行重构：一是把制度方面的优势转化成能够让人有具象可感的生

---

〔1〕 参见陈志勇：《信息过载环境下高校思想政治教育创新》，载《思想理论教育导刊》2018 年第 9 期。

〔2〕 参见傅才武、申念衢：《注意力稀缺背景下文化旅游景区管理模式的优化策略——基于武当山景区与崆峒山景区的比较》，载《兰州大学学报（社会科学版）》2018 年第 3 期。

活实例，让抽象的政治概念可以在经验层面获取到理解的基础；二是运用网络流行语、表情包、短视频等这些青年文化符号，以此来实现政治话语在代际之间的转换以及在不同圈层当中的渗透；三是构建起虚实相互交融的互动场景，在诸如直播带货、在线答疑、话题讨论等日常化的场景中完成价值的传递操作。这种大众化传播并非对政治性的一种削弱，反而凭借着传播形式的“下沉”做法，进而实现价值认同方面的“上浮”效果，其创新价值就在于成功破解了传统政治传播当中“曲高和寡”的难题，使意识形态建设能够从“庙堂之高”的层面迈向“江湖之远”的层面，在赢得流量的同时，进一步巩固了主流价值的传播阵地。

专业化特质构成了“网红”党员传播实践的质量保障体系，其具体表现为对网络传播规律予以科学掌握以及对技术创新能力展开系统搭建。在由算法起主导作用[1]、数据来驱动[2]的传播生态当中，专业化运作借助三重机制来提升传播效能。其一，运用大数据分析的方式，精准地识别出受众的认知偏好，[3] 进而达成分众化传播的精准触达这一目标；其二，依托虚拟现实、人工智能等相关技术手段，对叙事方式加以创新，从而营造出沉浸式以及具有交互特点的传播体验；其三，建立起涵盖内容生产、效果评估以及反馈优化的全流程管理体系，以此确保传播活动能够持续改进。这里所说的专业化并非对技术主义进行盲目追捧，而是把政治传播规律同网络技术逻辑深度融合起来，让主流价值传播不但能够坚守正确的方向，而且具备现代气质。

大众化和专业化的辩证统一在“网红”党员的传播实践活动当中催生出了别具一格的传播美学。在符号层面上，其创造性地把党徽、红旗这类政治符号同国潮、动漫等流行文化元素加以融合，进而形成了带有时代特色的视觉表达体系。于叙事层面而言，运用像微叙事、情感叙事这类专业技巧，把宏大的政治主题转化成个体生命故事，达成政治话语的“软着陆”。从互动层

---

[1] 参见陈龙、王宇荣：《网络平台传播本体建构中的算法迷思批判》，载《江苏社会科学》2022年第4期。

[2] 参见周子渊：《大数据时代的传播特征》，载《青年记者》2014年第5期。

[3] 参见肖皓文、曹银忠：《大数据与意识形态安全：羁绊、助力与策略》，载《湖湘论坛》2023年第3期。

面来看，凭借专业设计的线上线下联动机制，将以往单向的传播转变成双向的建构，让受众在参与的过程中完成价值的内化。

三、个体影响力与组织功能性的有机统一

“网红”党员个体具备的影响力及其所在组织拥有的功能性，共同构成了他们存在的本质特性。个体影响力的产生，是因为“网红”党员在网络空间当中逐步构建起了话语权威，同时拥有与他人产生情感共鸣的能力，借助内容方面的创新举措、对不同圈层的渗透行为以及能够即时展开互动等方式，进而形成了传播方面的势能。而组织功能性具体表现为政治系统进行制度化的延展，这就要求在开展传播实践活动的时候，务必服务于意识形态建设、重塑政治信任以及推动社会治理创新等一系列的战略目标。这种统一性不是简单地将各项功能累加起来，而是通过对价值进行编码以及让效能实现深度交融的方式方能达成：个体影响力能够把组织的意图转化成可以进行传播的符号产品，组织功能性则可以为个体实践提供价值方面的规范以及资源方面的支撑。

个体影响力同组织功能性的契合，在“网红”党员的实际践行过程中，展现出了三重作用机制。于价值传导方面而言，个人 IP 带有的情感温度，能够和组织话语具备的政治深度相互补充，进而产生一种互补效应。在效能转化层面，流量获取具有的技术优势以及制度优势给予的资源供给共同构成了增效回路。而关系建构层面，网络圈层拥有的渗透能力与组织系统具备的动员能力相互配合，由此产生协同作用。当“网红”党员采用直播形式去解读民生政策的时候，其个性化的表达方式能够在一定程度上消解官方文本呈现出的抽象感，与此同时，组织的背书可以确保信息传播具备应有的权威性。[1] 在基层治理的场景之下，通过线上收集而来的民意数据，[2] 借助组织渠道能够转化成为治理方面的具体举措，而后再依靠个体影响力来反馈政策所产生的效果，这样就形成了一个“感知—响应—优化”的治理闭环。这种

---

〔1〕 参见张庆园、李欣：《政务社交媒体新闻叙事中品牌“被标签化”的话语分析》，载《新闻与传播评论》2023 年第 3 期。

〔2〕 参见刘伟、李昊霖：《数字技术驱动的协商民主运行机制变革——基于云南省“数字政协”项目的深度观察》，载《探索》2024 年第 5 期。

机制方面的创新，使“网红”党员变成了政治系统和社会系统之间的特殊界面，既打破了科层制传播过程中容易出现的迟滞状况，[1] 又维持住了政治传播所应有的规范性。

个体影响力和组织功能性达成辩证统一有颇为显著的政治社会学层面的意义，其根本上是马克思主义主体性理论于网络空间当中的一种创新性的发展态势。在传统的政治传播情境里，个体与组织二元对立的状况被突破，进而形成了一种“主体间性”的全新关系架构，也就是说党员个体在网络中的存在形式，一方面是其自我价值得以实现的途径，另一方面更是组织功能得以实现的一种技术依托。从内容生产维度来讲，个体创造力被释放出来之后，组织话语能够拥有贴近生活的表达方式，如此一来便打破了官方叙事和民间话语之间存在的语义方面的隔阂；而从传播效能这个维度来看，组织系统给予的制度层面的支持，能够让个体影响力突破流量泡沫带来的局限，进而转化成可以持续下去的政治传播方面的资本。这种统一性在公共政策传播过程当中的表现可以说尤为突出：个体借助短视频这种形式，能够把政策效果以具象化的方式呈现出来，从而将抽象的制度优势转变成能够被人们切实感知到的民生改善情况；组织则通过开展系统的培训活动来提升党员的媒介素养，以此确保传播实践活动自始至终都能符合政治方面的相关要求。

四、虚拟身份与现实责任的结构性关联

“网红”党员具有的虚拟身份以及他们肩负的现实责任，共同构成了其存在的一种结构性特质。而这种特质所呈现出的关联性，从本质上来说，就是网络社会中政治主体存在方式所发生的革命性变化。网络虚拟身份是随着互联网的不断发展而逐渐产生的一种新型权益，[2] 尤其是到了元宇宙时代，人类的虚拟身份绝不仅仅是简单的数字化呈现方式，它也绝不是仅仅局限于被当作一个所谓的“账户”或者仅仅是一个“头像”而已，它实际上是带有一定程度上的价值指向以及道德方面的诉求，并且具备情感温度的一种“分身”

---

〔1〕 参见潘祥辉：《去科层化：互联网在中国政治传播中的功能再考察》，载《浙江社会科学》2021年第1期。

〔2〕 参见黎雪琳：《网络虚拟身份应受到刑法保护》，载《人民论坛》2018年第31期。

状态。[1] 党员的虚拟身份，其实就是党员在网络空间当中的数字化映照。它通过内容的生产、符号之间的互动以及流量的聚合等方式，形成了相应的传播影响力。而党员的现实责任深深扎根于党员自身的政治属性以及组织方面的相关要求当中，具体体现为在意识形态传播、价值引领以及治理协同等方面的使命担当。这二者之间存在的结构性关联，并非单纯的虚拟与现实一一对应的关系，而是通过身份之间的相互构建以及效能方面的转化形成的一种共生关系。也就是说，虚拟身份能够把现实责任转化成为可以在网络上传播的实践活动，而现实责任反过来又会为虚拟身份提供相应的价值规范以及意义层面的锚定。[2]

虚拟身份与现实责任之间存在结构性的关联，在“网红”党员的具体实践当中，呈现出了三重作用机制。就符号层面来看，网络人格化 IP 同党员政治身份会产生一种叠加的效应；从效能层面来讲，虚拟空间具备的情感动员能力[3]和现实世界的组织动员能力能够发挥出协同的作用；在关系层面上，线上圈层渗透以及线下治理实践二者共同构成了闭环回路。当“网红”党员在开展直播活动并对乡村振兴相关内容进行讨论的时候，其虚拟身份赋予的亲和力能够有效消解政策传播过程当中的距离感，与此同时，现实责任要求的内容准确性也切实确保了传播在政治方面的正确性。在面对突发舆情并进行处置时，由虚拟身份构建起来的即时互动通道可以迅速收集民意诉求，[4]而现实责任驱动的组织反馈机制会把这些诉求转化成为具体的治理举措，这样一种虚实相互联动的情况，既使响应速度得以提升，又保障了治理效能。

虚拟身份和现实责任之间存在的结构性关联，催生出了政治传播领域的范式创新之举。这一创新具体表现在，传播主体呈现出双重在场的情形，并且传播效能在多个维度上得以提升。就内容生产方面来讲，“网红”党员会把

---

〔1〕 参见曹克亮：《元宇宙：虚拟身份认知及交往实践逻辑》，载《南京理工大学学报（社会科学版）》2023 年第 6 期。

〔2〕 参见靳梦戈：《数字身份识别：未来人机交互中法律、道德与技术问题的交锋》，载《北京邮电大学学报（社会科学版）》2024 年第 3 期。

〔3〕 参见徐丹丹：《虚拟空间的生产、控制与修辞：一个装置运作的视角》，载《扬州大学学报（人文社会科学版）》2024 年第 2 期。

〔4〕 参见孙静：《论新媒体环境下的虚拟社会治理——基于社会治理创新视角》，载《观察与思考》2014 年第 3 期。

现实责任要求的政治准确性，巧妙转化成在虚拟空间里的颇具创意的表达形式。他们借助动漫解说、情景剧演绎等多种形式，让制度优势能够以一种可视化的方式呈现出来。在关系建构方面，充分利用虚拟身份具备的互动优势来开展云端组织生活，如此一来，党性教育便能够突破物理空间带来的种种限制。在效能评估方面，则是借助大数据技术，把虚拟空间里的传播数据和现实治理效果紧密关联起来，[1] 进而构建起一个全新的、用于评价政治传播效能的体系。实际上，这种创新实践的本质就是政治传播从以往依靠“机构中介”的模式逐步向“主体直联”的范式进行转型。其重要价值就在于，通过将虚拟身份和现实身份有机统一起来，使意识形态建设一方面能够始终保持其政治性的核心要义，另一方面又能够获得来自网络环境的鲜活生命力，从而为马克思主义政党更好地适应数字文明的发展进程，提供极具参考意义的实践范例。

第二节 “网红”党员的行为模式探析

互联网崛起以后，网络平台已然成为公民发声的主要渠道，[2] 也变成了信息传递、开展社交活动以及价值观形成的重要场所。[3] 在这样的环境当中，“网红”党员作为一种新兴的社会角色出现了，他们凭借自身独特的行为模式，在互联网上开拓出了一个独具特色的信息传播领域。“网红”党员的行为模式，实际上是政治传播规律和网络技术逻辑充分融合之后的实践展现，其本质特征体现为技术具身化、文化转译性以及治理嵌入性这三者的统一。从技术层面来讲，算法推荐机制和流量分配规则对政治传播的底层逻辑进行了重塑，[4] 促使党员从组织化传播的方式朝着技术化生存的方向转变，进而

---

〔1〕 参见牛艳艳：《新媒体在社会治理中的价值、角色与创新路径》，载《传媒》2024 年第 12 期。

〔2〕 参见黄味：《网络平台言论规制的公共属性》，载《科技与法律（中英文）》2024 年第 6 期。

〔3〕 参见李江一、荔迪：《移动社交时代的信任重构：社会互动与信息传播视角的双重考察》，载《系统工程理论与实践》2024 年第 1 期。

〔4〕 参见姚建军、孙文琪、王志超：《算法推荐“遮蔽”主流意识形态的四重向度及应对思路》，载《北京邮电大学学报（社会科学版）》2024 年第 5 期。

形成了“虚实身份同构、线上线下联动”这样的复合行为模式。在文化层面，青年亚文化具有的解构特性和主流意识形态建构方面的需求之间形成了一种张力，[1] 由此催生出了“政治话语符号化、价值传播场景化”的创造性实践活动。从治理层面来看，网络社会的风险传导机制和政治系统的秩序维护功能彼此相互作用，塑造出了“舆情感知—精准干预—效能反馈”的闭环行为链条。这种行为模式打破了传统党员发挥作用的单向路径，通过把政治身份转化成传播资本、将组织优势转变为流量优势、让制度话语变为生活叙事等方式，构建起了意识形态传播的立体化矩阵，其关键之处就在于实现政治正确性与传播有效性之间的动态平衡。

一、内容创作行为模式

“网红”党员呈现出的内容创作行为模式，实则是政治话语经历符号化转译以及网络传播达成具象化实践这双重逻辑相互融合统一的体现。其核心在于针对主流意识形态展开创造性的编码操作，借助生活叙事、情感共鸣以及视觉符号这三重机制来促使价值传播实现形态方面的转换。比如，运用微距镜头去充分展现脱贫攻坚所取得的成果，[2] 通过情景剧这种形式生动且有效地开展普法宣传活动，[3] 依靠国潮元素来重新构建政治符号体系，进而让那些原本抽象的理论能够以具象的方式呈现表达出来。这样的创作模式成功突破了传统宣传对于文本的过度依赖状况，构建起了一条涵盖“政治正确性、传播吸引力以及受众接受度”的价值传导链条，经过算法的适配处理，能够实现内容精准地触达目标群体，并且在青年亚文化形成的场域当中完成对意识形态的一种隐性渗透。该行为模式在理论层面的价值体现为对政治传播的编码解码机制进行重新构建，其创新性主要表现在三个方面的突破上：在符号生产层面，实现了政治话语和流行文化之间的有机嫁接融合；于叙事策略

[1] 参见滕国鹏、张青杨、苏比努尔·艾日肯：《网络亚文化视域下大学生意识形态教育的结构演化——基于扎根理论的质性研究》，载《重庆文理学院学报（社会科学版）》2023年第2期。

[2] 参见卓宏勇：《讲好中国扶贫故事 唱响乡村振兴旋律——关于我国脱贫攻坚新闻宣传工作回顾及思考》，载《中国出版》2021年第1期。

[3] 参见王程伟、马亮：《政务短视频如何爆发影响力：基于政务抖音号的内容分析》，载《电子政务》2019年第7期。

层面而言，达成了宏大主题与个体经验的辩证统一关系；从传播效能层面来看，实现了流量逻辑与价值引领的共生且平衡的状态。这一实践活动进一步拓展了马克思主义大众化得以实现的路径，揭示出在数字时代背景下，意识形态传播正从以往的“意义灌输”模式朝着“意义共创”的范式转型，从而为解析网络空间当中政治认同生成机制提供了新的分析维度考量。

（一）知识输出

在网络时代大背景之下，“网红”党员开展的知识输出实践，从本质上讲，是群众工作方法方面的一种范式创新之举。他们着手对知识生产主体加以重新构建，同时对内容的呈现形式予以革新，并且对受众接纳知识的情境作出优化，如此一来，便颇为有效地化解了主流意识形态在传播进程当中碰到的“解释距离”这一难题。这一创新在三个维度上实现了突破：就主体维度而言，达成了政治权威同网络亲和力的有机融合；从内容维度来看，实现了理论深度和传播效度二者之间的精妙均衡；在效果维度上，推动了知识传递与价值传导达成深度的融合状态。其核心价值并非仅仅体现在提升政治传播的实际效能上，更为重要的一点在于，其在网络空间之中构建起了一种全新的知识权力结构，也就是借由知识共享的途径建立起情感连接的纽带，[1]依靠专业权威来进一步强化政治认同，运用文化共鸣的力量凝聚价值共识。[2]

1. 将理论知识以通俗易懂的方式重新呈现

马克思主义是我们立党立国、强党强国的根本指导思想。[3]然而，因其自身带有高度的抽象特性、概括特点以及很强的逻辑性，[4]普通民众通常是很难直接就将其掌握住的。[5]以一种通俗易懂的方式，把那些理论知识重新加以呈现，恰恰是“网红”党员用来打破传统宣教方面存在的壁垒的最为关

---

〔1〕 参见罗大蒙：《共享、互动与情感生产：城市社区邻里共同体的建构逻辑》，载《理论月刊》2023 年第 11 期。

〔2〕 参见卢黎歌、吴凯丽：《积极文艺作品凝聚社会价值共识的三重思考》，载《江汉论坛》2020 年第 9 期。

〔3〕 参见王伟光：《论马克思主义中国化时代化的百年历程、基本规律、内在逻辑和根本经验》，载《马克思主义理论教学与研究》2023 年第 2 期。

〔4〕 参见杜文平：《马克思主义大众化怎样增强实效性》，载《人民论坛》2017 年第 3 期。

〔5〕 参见刘朋：《推进马克思主义大众化的路径思考》，载《理论导刊》2010 年第 4 期。

键的策略。要知道，整个知识转化的过程，绝不是简单地把信息简化一下，而是要依据传播受众他们自身所具有的认知图式来展开相应的符号重构进程。“网红”党员会在日常的经验跟理论概念两者之间建立起隐喻方面的关联，还会运用多模态的符号系统去替代那些抽象的术语，并且会精心设计场景化的叙事方式，以此来取代以往传统的概念阐释的做法，如此这般，便成功地把政治话语转化成了受众能够切切实实感知到的知识产品。比如，在环保领域有一位党员博主，他把“生态文明建设”这个概念给解构了，将其变成了家庭垃圾分类的指南，还借助可视化的数据对比手段来展示相关政策所取得的成效；还有一些理论工作者，他们会利用虚拟现实技术把历史场景十分逼真地重现出来，[1] 通过动漫的形式对马克思主义的基本原理加以演绎，[2] 把剩余价值理论转化成了工厂生产线的动态演示内容。这种转化机制其实遵循了认知心理学中的双重编码理论，如此一来，那些抽象的概念就能够同时激活语言以及意象这两种表征系统，进而能够非常显著地提高知识的留存比率。在这一过程中，“网红”党员所扮演的角色是专业的“转译者”，他们的创作实践也充分验证了传播学里面的知识沟弥合理论，通过降低认知方面的门槛，实现了政治话语朝着平民化方向的传播，推动了理论传播从以往单向灌输的模式逐步转变成为双向对话的模式。

2. 对专业技能进行实际应用提炼

对专业技能在实际应用方面加以提炼，突出“网红”党员知识输出带有的实用价值导向。这种依靠职业优势形成的知识生产模式，很好地弥合了政策文本和社会实践之间存在的解释方面的鸿沟。他们把专业术语嵌入具体场景，将其转化成实际操作指南，以问题为导向去精心设计知识模块，通过运用经验叙事的方式来提升技术的可信度，从而形成有实践效用的知识传播链条。比如，某电力领域的党员博主把“碳达峰”政策具体化为家庭节电的技巧，还通过对比实验来展现不同电器的能耗差别；司法工作者把《民法典》的条款转化成邻里纠纷调解的案例，借助生活化场景去演绎法律条文适用的

---

〔1〕 参见刘新刚、裴振磊：《虚拟现实技术运用于思想政治教育的学理考察——以马克思现实人理论为视角》，载《思想教育研究》2017 年第 9 期。

〔2〕 参见郜鹏峰：《马克思主义大众化实践微动漫路径探索》，载《中共郑州市委党校学报》2014 年第 6 期。

情境。[1] 这种知识传播有双重效用：在工具层面上，能给受众提供解决问题的方案；在价值层面上，可强化受众对政策的认同。这种实践性的知识输出重新构建了政治社会化的实现路径，使受众在获取实用信息的过程里，不知不觉地完成意识形态的隐性内化。

（二）情感传递

“网红”党员开展的情感传递实践，从本质上来讲是一场有关政治传播情感化的颇具创新性的实验活动。他们对传播主体的情感形象予以重新塑造，在情感叙事的话语策略方面加以创新，并且对情感共鸣的触发机制作出优化，成功实现了意识形态传播范式的转换。这种转换跨越了三个维度：就传播主体维度而言，实现了从制度性权威朝着情感性权威的转变；在传播内容维度上，由单纯的概念阐释转变成了情感体验的传递；至于传播关系维度，则是从单向灌输变为情感互动。其创新价值一方面体现在提升了主流意识形态的传播效能，另一方面更为关键的是开创了网络时代政治认同生成的全新机制，也就是通过情感共鸣来达成价值共识，[2] 借助情感连接去强化组织认同，运用情感能量推动实践参与。

1. 以一种能引起共鸣的方式讲述红色故事

红色故事就是中国革命意识形态的重要载体。[3] 讲好红色故事是用好红色资源的一条重要途径，同时也是弘扬红色传统、延续红色血脉的一种必然需求。[4] 以能够唤起人们内心共鸣的方式去讲述红色故事，[5] 就构成了“网红”党员激活历史记忆所采用的情感编码策略。这种叙事方面的创新不是对历史事件简单的重复叙述，而是运用当代的传播语法对红色文化在情感层面上进行重新诠释。通过设定微观的叙事视角，把宏大的历史主题转化成个体

---

〔1〕 参见杨英：《大数据背景下培养公民法治思维的路径》，载《宿州学院学报》2018 年第 8 期。
〔2〕 参见赵林林：《情感育人赋能思政课教学》，载《思想政治课教学》2025 年第 1 期。
〔3〕 参见石竹青、潘阳：《红色故事学：理论阐释、效应模型及其在主流舆论场的应用之钥》，载《文艺争鸣》2025 年第 1 期。
〔4〕 参见窦秉慈：《红色故事：思政课高质量发展的鲜活教材》，载《思想理论教育导刊》2022 年第 12 期。
〔5〕 参见胡建斌：《讲好红色故事的叙事困境、典型样本与实施策略》，载《青年记者》2022 年第 23 期。

的生命历程；采用沉浸式场景构建的方式，让受众能够真切地获得情感仿佛就在现场的体验；[1] 再去设计多模态的符号系统，以此强化历史记忆的情感唤醒程度。比如，某党史纪念馆的讲解员党员博主采用第一人称的叙事手法，通过重现革命烈士家书中的生活细微之处，使受众在情感代入的过程中理解理想信念的生成逻辑；在展现长征精神的时候，运用虚拟现实技术营造出雪山地貌带来的视听压迫感，[2] 从而让艰苦奋斗精神转化成受众能够亲身感受到的身体记忆。这种情感叙事和文化记忆理论的情感转向是相互契合的，通过情感共鸣机制把历史记忆转化成集体认同的重要资源。在这一过程中，“网红”党员扮演的就是情感工程师的角色，他们的创作实践验证了情感传播当中“具身认知”的理论预设，促使意识形态传播从单纯的理性说服上升到感性认同的层面。

2. 通过激励性的传播方式来分享榜样故事

榜样的影响力颇为深远，其意义就在于树立起重要且正面的形象当作典范，以此来给予个体精神层面的引领，并且对其道德方面的成长予以指导。[3] 借助激励性的传播手段分享榜样故事，恰恰体现出了“网红”党员在构建精神引导方面所具备的情感动员智慧。这种传播策略已然打破了传统典型宣传平面化的呈现模式，进而构建起了立体化的情感激励模型。他们设置一些情感触发点，以此来唤醒受众内心的自我投射，运用成长叙事的方式构建出可供受众效仿的人生轨迹，还设计了互动机制，促使情感能量循环流动起来。这种叙事策略会产生双重的情感效应：在个体层面能够唤醒受众对于奋斗的共鸣，在集体层面则可以构建起精神谱系。其创新性之处在于把政治典型的符号价值转变成了情感动员的关键触点，使榜样力量从抽象的概念变成了能够实际参与其中的情感实践。例如，某消防员党员博主设计的“安全挑战”互动话题，不但传播了专业知识，而且激发了受众的英雄情结，形成了风险认知与价值认同的情感共振。这种情感动员模式成功地破解了典型宣传当中存在的距离感困境，让典型真真切切地成为网络社群的情感坐标。

---

[1] 参见胡伯项、侯世伟：《信息化赋能革命文化资源传播的价值分析》，载《江西师范大学学报（哲学社会科学版）》2024 年第 3 期。

[2] 参见周玉佳、刘军：《长征文化数智化：表现、价值及机制》，载《长征学刊》2024 年第 6 期。

[3] 参见宋晔、魏贝贝：《基于榜样教育的道德自我建构》，载《教育科学》2024 年第 6 期。

（三）生活展示

生活展示成为“网红”党员构建立体化形象极为关键的一个核心维度，它不仅是有效消除党群之间认知隔阂的情感纽带，还是充分展现党员先进性的一个相当重要的实践窗口。在当下社交媒体已经极大程度上重塑了人际连接方式的传播环境中，[1]“网红”党员借助生产以及传播那些充满生活气息的内容，将党性修养巧妙地融入日常的每一个细微之处，[2]进而使其转化成了能够被人们真切感知、实实在在触摸得到的实际行动。作为处在数字时代从事政治传播的实践创新者，“网红”党员的生活展示行为无疑构成了一种独具特色的文化政治文本。这种把日常生活当作载体的内容生产模式，通过对传统政治传播仪式化框架进行解构，构建起了一种既具备真实性又带有引导性的全新互动关系。在公私领域边界变得越来越模糊的网络生态环境里面，“网红”党员凭借对工作场景、服务实践还有个性特质进行可视化的呈现，既成功实现了个体身份的立体化塑造，又圆满完成了组织形象的生活化转译，最终使政治传播完成了从抽象符号到具身体验的范式转换。

1. 志愿服务的场景化展现

党员志愿者服务属于共产党员参与基层治理的关键形式，凭借党员的志愿服务理念来彰显道德理想的引领作用，是维护以及体现党的执政地位的有效方式。[3]“网红”党员于志愿服务领域开展的视觉叙事，呈现出颇为显著的情感动员效能。他们沉浸式地对扶贫济困、救灾抢险、社区服务等诸多实践场景加以记录，由此构建起政治伦理方面具象化的表达体系。这种展现模式大体涵盖三个层面：完整记录服务过程、立体刻画受助对象、精准捕捉情感互动细节。比如，有一位党员医务工作者持续跟拍偏远地区的义诊过程，在镜头当中，既展现了问诊配药的专业流程，又记录下患者家庭的生活困境，还捕捉到孩童收到学习用品时那灿烂的笑容，进而形成了政治关怀的多层次表达。志愿服务的场景化传播具备超越事件自身的意义生产功能。在短视频

---

〔1〕 参见周子云、邓林：《社交媒体人际传播的三个特点》，载《青年记者》2018年第21期。

〔2〕 参见杨业玲、柴贵平：《深化党性教育的困境与思考》，载《党政论坛》2015年第8期。

〔3〕 参见李严昌：《基层治理中的党员志愿服务制度化：意义、困境与路径》，载《理论导刊》2019年第3期。

平台的算法推荐机制之下，助农直播里的方言互动、抗洪抢险中的泥泞身影、社区养老院中的温情对话等碎片化场景，经过平台用户的二次创作与传播之后，逐渐沉淀为带有象征意义的政治文化符号。这一传播现象恰好印证了媒介仪式理论的核心观点，即重复性展演能够构建起集体记忆与价值认同。[1]不过，和普通公益传播存在区别的是，“网红”党员的志愿服务记录始终有明确的政治归因，在叙事框架当中自然地融入对党的宗旨的阐释，从而让感性触动得以升华为理性认知。

2. 兴趣爱好的个性化展示

“网红”党员展现出的个性特质，可以说是在政治人格化传播进程里的一次颇具创新性的尝试。他们把诸如书法研习、运动健身、音乐创作这类原本属于私人领域的活动公开呈现出来，如此一来便打破了大众对于党员形象刻板化的认知，并且在此基础上构建起了政治主体性和个体丰富性两者之间的一种新型关系。这种展示遵循着“有限度袒露”原则：一方面，通过才艺展示有效地提升自身的人格魅力；另一方面还会严格地把控私人生活的暴露程度。比如，海关系统有党员展示篆刻技艺，创作廉政主题的印章，把个人爱好和职业特性很巧妙地融合到了一起；还有青年党员教师分享古典诗词吟唱的视频，在文化传承的过程当中，不动声色地就把思想政治教育元素给渗透进去。兴趣爱好具有的传播价值，主要就集中体现在它所构建起来的跨圈层对话的能力之上。当“网红”党员在健身平台分享体能训练的技巧、在知识社区探讨历史考据的心得、在音乐软件上传红色经典改编的作品的时候，从本质上讲，就是在亚文化场域当中很巧妙地建立起了政治传播的柔性触点。这样的传播策略和传播学当中的“弱连接”理论是相互契合的，借助非政治性的话题切入进去，逐步引导受众对传播主体形成较为全面的认知，从而为后续的价值传导筑牢坚实的信任根基。

二、传播互动行为模式

传播的实质就是互动。[2]“网红”党员展现出的传播互动行为模式，本

---

〔1〕 参见刘敏：《政治仪式的意识形态教育功能分析与实践思考》，载《理论导刊》2024 年第 6 期。

〔2〕 参见吴跃先：《传播就是互动》，载《当代传播》2002 年第 2 期。

质是政治沟通在虚实融合方面开展的实践创新活动。借助即时性、带有情感化特点以及具备参与性的多维互动形式，对数字时代下的党群关系连接机制予以重新构建。在诸如直播连麦、于评论区展开对话、共同创设话题等诸多场景之中，党员充分利用网络传播具有的即时反馈这一特性，打破传统政治沟通存在的时空方面的壁垒，把以往单向的信息传递模式转变成为双向的意义协商模式。在此过程中，既能够凭借弹幕互动去精准捕捉民意的脉搏，又可以借助问答交流的方式有效消解对政策存在的误解，进而形成一个从“传播”到“反馈”再到“调适”的动态沟通闭环。这种互动模式创新性地融合了情感治理以及理性对话这两重逻辑：一方面是运用表情包、网络流行语等亚文化符号来建立起情感上的共鸣；另一方面则是通过政策图解、数据可视化等相关技术手段来强化认知方面的说服效果，以此实现政治传播从单纯注重“抵达率”朝着更为注重“共鸣度”的效能升级。

（一）优化平台选择策略

当下，数字化传播生态日益复杂多变，在这样的情形下，“网红”党员逐渐摸索并形成了一套成体系的平台适配策略。从本质上而言，这套策略其实就是针对网络信息场域分层结构作出的一种具有能动性的回应。要知道，不同的媒介平台在用户认知图式方面、内容传播逻辑方面以及价值传导效能等诸多层面，都存在很明显的差异，所以传播主体需要制定出精准的渠道配置方案。“网红”党员通过搭建起权威媒体平台给予的信用加持架构，利用社交平台进行关系渗透，借助专业论坛来实现认知的深化，如此构建起三重传播架构，进而能够在信息已然过载的网络环境当中，达成政治传播立体化覆盖的效果，不但可以保证主流价值被有效地传递出去，而且能够完成对特定圈层的深度触达。

1. 权威媒体平台发挥关键作用

权威媒体会发出颇具权威性的声音。[1]“网红”党员同主流媒体平台在内容方面展开协同，由此构成了政治合法性的符号再生产机制。传统媒体机

〔1〕参见范以锦：《权威媒体发出权威声音》，载《新闻战线》2009 年第 10 期。

构拥有的传播渠道，凭借其本身就具备的权威属性，[1] 能够给“网红”党员的个体化表达赋予带有制度性的信用背书。这样的合作模式会产生双向增益的效果，一方面，主流媒体能够借助“网红”党员的传播技巧来革新政治话语的表达形态；另一方面，“网红”党员可通过平台的内容审核机制确保传播活动在政治方面的安全性。在实际的实践过程当中，这种协同主要体现为政治话语的代际衔接，也就是把政策文本转化成青年群体比较容易接受的视听语言，同时能维持理论阐释所应有的严谨性。权威平台的战略价值就体现在它对用户认知惯性的深度且有效地激活上。当受众在有公信力的媒体端口去接触“网红”党员产出的内容时，就会自然而然地开启对平台权威性的认知图式，进而形成对传播内容的价值预判。这种传播优势深层的原理在于，主流媒体长期积累下来的品牌势能会转化成“网红”党员内容传播的初始动能，使政治信息在接收的过程当中伴随着潜意识里的信任迁移。

2. 社交平台准确识别并定位受众群体

社交平台已然改变了信息互动的模式，把信息的主要传播空间由物理场域转移到了数字场域。[2] “网红”党员在社交媒体开展的传播实践，本质上就是一场政治传播方面的精准滴灌工程。通过解析依据用户行为数据构建起来的立体化画像，其内容生产便形成了具备动态适应能力的调适机制。不同社交平台的传播特质催生了有差异的内容策略：在短视频平台会侧重于对视觉符号加以密集编码，在图文社区则强化逻辑论证朝着纵深展开，在即时互动场域要设计参与式传播节点。这种策略最为核心的地方在于，把普遍性的政治传播目标转变成特定用户群体的认知适配方案，在确保价值内核稳定的条件下完成形式创新的情境化落地。社交平台的算法机制被创造性地变成了政治传播的增效工具。[3] 基于用户兴趣标签的内容分发逻辑，让“网红”党员能够突破传统传播存在的时空限制，达成信息与受众的智能匹配。这种技术赋能的实质是将政治传播从“广谱覆盖”提升为“需求响应”，借助数据

---

〔1〕 参见骆正林：《传统媒体是引导舆论的权威机构》，载《新闻爱好者》2012 年第 4 期。

〔2〕 参见刘文渊、罗宁：《算法时代社交平台的权力扩张与应对》，载《新闻爱好者》2024 年第 9 期。

〔3〕 参见何晶、李瑛琦：《算法、公众表达与政治传播的未来格局》，载《现代传播（中国传媒大学学报）》2022 年第 6 期。

反馈不断对传播策略予以优化。不过和商业账号秉持的“流量至上”原则不一样，“网红”党员的数据应用一直都保持着价值导向，其用户画像分析不但关注传播广度方面的指标，而且着重评估内容对目标群体认知结构的重塑效能，进而形成技术理性与政治理性相平衡的传播伦理。

（二）精准定位传播

数字化传播格局不断发生深度的演化[1]，这种演化促使“网红”党员形成更为精细化的传播策略。此策略最为关键之处在于，要把受众认知结构呈现出的异质性成功转化为传播效能的新增长点。在网络空间当中，存在由多种社会角色、不同文化惯习以及各异价值取向相互交织而形成的复杂受众生态。面对这样的情况，“网红”党员在开展传播实践的时候，就必须突破传统的单向灌输模式，进而建立起以深度洞察为基础的对话机制。通过构建起用于受众分析的立体模型，打造定制化内容的生产框架，以及搭建动态调适的反馈系统，如此一来，“网红”党员便能够在信息已然超载的环境当中，实现政治传播从单纯的规模覆盖朝着精准触达的方向质效的跃升。

1. 契合不同群体特点，量身打造适合内容

“网红”党员所施行的内容定制策略，从本质上来讲，就是政治话语的再生产工程，其核心之处在于构建起能够实现价值传导的多模态表达体系。考虑到青年网民有特定的信息接收习惯，[2] 那么就可以采用短视频以及互动游戏等这样一些能够让受众沉浸其中的传播形态，从而把政策解读巧妙地转化成可供参与的数字化体验形式；而面向基层群众的时候，可以专门开发方言版的解说栏目，借助地域文化符号来让传播更具贴近性；对于知识精英群体，还可为其设计出具有思辨性的对话空间，在不同观点相互交锋的过程当中完成价值的渗透。这种分层传播策略最为要紧的一点，就在于要极为精准地把握各个群体认知阈限以及接受偏好的临界点。内容适配背后所蕴含的深层逻辑，具体体现为传播形式的符号学转译情况。当“网红”党员把理论话语转

---

〔1〕 参见张开平：《数字时代的政治传播：理论重构、议题革新与范式转向》，载《政治学研究》2023 年第 5 期。

〔2〕 参见张梦晗：《青年网民的互动与沟通：复杂国际环境下的对外传播路径》，载《现代传播（中国传媒大学学报）》2018 年第 12 期。

化成网络流行语汇，将制度优势巧妙地嵌入生活叙事，并且把政治价值植入文化产品的时候，实际上就是在不同的符号系统之间建立起意义转换的通道。这样的转译过程一方面需要确保原初价值的完整无缺，另一方面还得适应目标群体的解码规则，进而形成政治性与传播性的一种动态平衡。比如，在对“生态文明建设”进行阐释的时候，针对环保主义者就可以侧重于将科学数据进行可视化呈现，面对文艺青年则采用生态美学叙事的方式，而对于工商业者就要着重强调绿色经济能够带来的收益，以此来实现针对单一命题的多元阐释可能性。

2. 顺应需求变迁，灵活调整策略

“网红”党员具备的传播调适能力是依托于实时反馈以及前瞻预判这两种机制而得以建立起来的。借助构建起关于内容传播效果的多维评估体系，这里面涵盖了像互动频次、情感倾向、二次传播范围等诸多指标，如此一来，“网红”党员便能够极为敏锐地捕捉到受众需求所发生的结构性变化情况。这种动态调整不单单体现于内容形式方面的不断迭代更新，还深入涉及价值传导策略层面的深度重构事宜。当社会的主要矛盾出现阶段性的演变状况时，那么在传播方面的重心就需要从对脱贫攻坚成果的展示，相应地转向对共同富裕路径的探讨；而当国际局势有所波动的时候，话语策略则应当增强在比较政治阐释方面的深度。需求响应的前瞻性特点要求“网红”党员建立起关于传播趋势的预测模型。通过对热点事件的舆论发酵规律加以分析，对亚文化社群的议题迁移路径予以追踪，以及对技术变革带来的认知方式革新进行预判等操作，“网红”党员能够提前针对传播议题作好布局安排，从而在受众需求还未明显呈现出来之前，就完成相关内容的储备工作。实际上，这种预判能力的本质，就是促使政治传播从以往被动应对的状态，逐步升级成为能够主动引领的状态，进而在网络议程设置当中牢牢掌握价值方面的主导权。[1]

（三）丰富传播互动策略

在新媒体时代，“网红”党员群体成为意识形态传播方面全新的主体。他

〔1〕 参见张波：《从反应性政治到回应性政治：县级融媒体建设中的政治传播逻辑转向》，载《编辑之友》2022年第7期。

们具有的传播互动行为模式，实实在在地展现出了对传统传播路径极为明显的突破，呈现出一种革新的态势。这类群体很特殊，他们身上兼具政治身份以及网络影响力。他们通过搭建起多维度且带有立体化特点的互动策略体系，在虚拟的网络空间当中，对主流价值传播的实践范式完成了重塑的工作。其传播策略丰富多样，这种丰富性一方面映射在内容生产这个极为关键的层面上，另一方面还体现为与传播生态内在规律以及受众认知结构有深度的契合，在此基础上，催生出了带有鲜明时代特色的互动传播机制。

1. 策划趣味传播活动，激发互动参与活力

"网红"党员群体在开展传播实践期间，对网络文化生态有相当精准的把握。其通过精心策划兼具娱乐属性还有社交价值的主题活动，成功地将受众参与式传播的内在动力给激活起来。该传播策略最为关键的地方，就在于能够把严肃的政治话语巧妙地转变成为带有强烈可感性的体验场景。凭借着对文化符号进行创新性的转化，有效地化解了在意识形态传播过程中常常容易出现的刻板印象。就拿角色扮演、情景短剧等青年亚文化形式来说，把社会主义核心价值观融入趣味十足的叙事框架，[1] 促使受众在沉浸式的互动体验当中自主地完成价值认同的建构过程。[2] 这一传播范式打破了传统宣教模式单向灌输的束缚，通过设置带有悬念的话题、具有挑战性的任务等互动环节，激发用户依据社交关系去展开二次创作以及传播方面的行为。要特别说明的是，"网红"党员在活动设计的整个过程里，一直都在努力维持政治立场和娱乐元素二者之间的动态平衡。既防止过度娱乐化使受众认知变得浅薄，又避免政治符号的堆砌显得太过生硬僵化。活动传播链的形成，一般是依靠平台算法推荐与用户社交网络产生的协同效应，从而在虚拟社群当中催生出裂变式的传播效应。这样的互动模式，不但明显提升了政治传播能够抵达的比率，而且通过参与式文化生产，进一步加深了受众对主流价值的理解程度，推动意识形态传播从被动接受的传统模式，朝着主动建构的新模式转变。

---

〔1〕 参见梅萍、张艳斌、韩静文：《论社会主义核心价值观对大众文化的有效引领》，载《思想理论教育》2016 年第 10 期。

〔2〕 参见黄冬霞：《数字时代主流意识形态场景化叙事探析》，载《思想教育研究》2025 年第 3 期。

2. 善用前沿传播技术，拓展互动交流维度

技术赋能给“网红”党员的传播实践开拓出了具有多维交互特性的全新路径。深度融合虚拟现实、智能算法这些前沿且新兴的技术之后，能够构建起虚实相互交融的立体化传播场景。在直播互动的场景当中，弹幕即时反馈机制和面部表情捕捉技术实现了有机结合，如此一来，传播者便能够实时察觉到受众的情绪波动情况，并且依据所察觉到的情况来灵活地对传播策略作出调整。运用人工智能技术，达成了内容生产方面的精准化以及个性化定制。[1] 通过对用户画像展开深入细致的分析，生成契合用户需求的定制化传播方案，从而成功地突破了处在信息过载时代的注意力瓶颈难题。这种由技术驱动的传播革新，并非简单地把技术工具叠加，而是构建起了人机协同的全新传播生态。“网红”党员在应用技术的整个过程当中，始终都能精准地把握好价值引导和技术中立二者之间存在的辩证关系。既充分地发挥出技术所具备的优势，以此来提升传播的效能，又能够高度警觉算法偏见有可能引发的认知偏差问题。其技术实践路径呈现出十分显著的迭代特征，在持续不断地追踪技术演进趋势的同时，还极为注重对受众数字素养的培养，推动技术赋能和价值传播之间形成良性的互动以及相互建构的关系。

三、形象塑造行为模式

中国共产党的形象，实际上就是人们针对中国共产党所形成的一种总体层面的认知状况以及相应的评价情况。[2] 党员的形象，属于政党形象在个体层面的一种呈现方式，而政党形象可看作党员形象汇总起来的整体层面的表达形态。[3] 就“网红”党员形象塑造的行为模式来讲，其本质就是政治权威方面的符号与网络亚文化所具备的资本在数字媒介构成的场域当中进行的一种策略性的结合操作。通过对传统政治传播仪式化框架加以解构处理，构建起一种既具备制度合法性，又带有情感动员能力的全新的政治身份叙事模式。

---

〔1〕 参见袁建：《广告内容智能化生产的核心内涵、实现路径与负面效应》，载《传媒观察》2022 年第 5 期。

〔2〕 参见杨婷：《论中国共产党形象塑造的图像叙事》，载《思想理论教育》2024 年第 7 期。

〔3〕 参见蒋成会、唐可：《中国共产党大党形象塑造的价值意蕴、多维呈现和现实进路》，载《宁夏党校学报》2024 年第 3 期。

该模式依照媒介化的政治逻辑，对政党形象的符号表征体系予以重新构建，把意识形态方面的内核嵌入青年亚文化符号的编码系统，以此达成政治话语从抽象的价值理念朝着具象化的人格特质方向创造性转化。在技术可供性以及社会情感结构这两方面的双重规训之下，形象塑造的整个过程呈现出了身份展演的拟剧化特点，既需要遵循组织纪律具有的刚性规约要求，又要融合网络社群秉持的弹性互动方面的法则，从而形成制度身份与网络人格二者辩证统一的局面。

（一）视觉形象构建

在数字化传播的时代，出现了视觉转向这一情况，它使“网红”党员的形象建构不再受传统政治传播的符号局限束缚，进而形成了一种新型的表征体系，此体系有高度的网络适切性。“网红”党员属于政治主体与传播媒介复合型的存在形式，其视觉形象的符号编码有多方面的重要功能，像承载价值传导的功能，还有身份确证的功能以及情感连接的功能等。“网红”党员借助服饰符号开展的意指实践、利用空间符号来进行的情境建构以及通过身体符号完成的情感传递等活动，在虚拟和现实相互交织的传播场域当中，达成了对政治形象的柔性重塑。其既保证了组织身份要求的严肃性得以维持，又成功构建起网络传播所需要的亲近感，从而给意识形态传播提出了有效的视觉化的解决办法。

1. 着装风格贴合身份与主题

服装可被视作一套政治与文化层面的象征体系，它能够反映出穿着者及其所属群体的精神状态、价值倾向以及政治诉求。中国共产党的着装形象在不同的历史阶段有明显且易于分辨的政治性特点、功能性特点以及审美性特点。[1] 在数字化传播时代出现了视觉方面的转向，这使“网红”党员在服饰的选择上，形成了一种能够将政治身份进行可视化转译的系统，其根本之处就在于借助符号编码来达成组织属性和传播场景之间的动态平衡。在开展政务类内容创作工作的时候，运用标准化的制服或者简约的正装，这样既承续了体制内工作场景包含的权威表征意味，又借助对细节的改良举措来化解刻

〔1〕 参见阚道远：《新时代党员干部着装变化中的政治符号建构》，载《学术交流》2021 年第 4 期。

板印象。比如，解开领口的纽扣能营造出一种轻松的氛围，佩戴党员徽章则能够进一步强化身份标识的作用。在对民生议题进行传播时，选用带有地域特色的服饰或者行业工装，以此构建起职业身份和群众路线之间的符号关联关系。这种着装方面的策略遵循符号学的双重解码准则：从表面来看，它传递出了视觉美感以及和场景相适配的特性；从深层次来讲，它隐喻着政治身份以及价值立场的稳定性。服饰符号所具有的传播效力的根源在于它对集体记忆以及文化认知的唤醒机制。[1] 当“网红”党员身着带有时代印记的服饰来解读党史内容，或者穿戴带有科技感的装备来阐释创新战略的时候，实际上是在视觉层面构建起了历史逻辑和现实发展之间的时空对话关系。这种符号运作的关键点在于要保持政治表达的纯粹性，也就是说服装元素在进行时尚化改造的时候，必须以不削弱身份认同为前提条件，色彩搭配在尝试年轻化的过程中，需要和政治内涵形成一种相互呼应的关系，最终达成视觉吸引力和价值传导力的协同发展。

2. 肢体语言展现活力与亲和力

“网红”党员展现出的身体符号传播，已然形成了一套非语言传播层面颇为精细的表达体系，其借助动态视觉修辞的方式，能够对文本传播过程中或许会出现的情感缺失状况予以弥补。就手势的运用而言，遵循开放性这一原则，比如掌心向上呈现出的邀请姿态，可以在很大程度上有效消除权力距离，而握拳振臂这样坚定的动作，能够起到强化价值信念的作用；面部表情的管控其实存在一定的艺术技巧，微笑往往象征友善，[2] 所以适度地展现微笑是可以传递出亲和力的，凝神注视的状态则能够营造出专注感；体态方位在空间上的配置同样是极为重要的，前倾的身姿能够构建起一种对话关系，以平等的视角打破传播过程中存在的隔阂。身体语言在传播方面具备的优势就在于它具有超越文化隔阂的普适性。当“网红”党员在直播当中自然而然地调整语速以配合手势的节奏，又或者是在短视频里面通过运用跨镜头走位的方式来增强视觉动感的时候，实际上就是在构建政治传播的“体验界面”。而这

---

〔1〕 参见张志安、吕伟松：《符号、形态与场景：面向青年的中华民族现代文明浸润式传播》，载《青年探索》2023 年第 5 期。

〔2〕 参见查少琛：《“微笑”的革命》，载《读书》2022 年第 6 期。

种动态符号系统在运作过程当中的关键之处就在于要把握好表演性与真实性之间的平衡，肢体表达适度地带有一些戏剧化的成分是可以增强传播感染力的，不过一定要注意避免程式化的动作引发信任方面的损耗，进而最终达成政治信念与身体实践在内在层面的统一。

（二）语言风格塑造

语言从本质上讲，就是一个较为特殊的符号体系，[1] 是用来传递信息的一种工具以及媒介。[2] 在网络传播盛行的时代，语言有特定的符号竞争机制，这就使“网红”党员有必要构建能够与媒介生态相适配的语言表征体系，毕竟这种语言风格塑造出来的成效，会对政治传播被接受的程度以及被认同的程度产生直接影响。“网红”党员可作为意识形态传播的一种具身化载体，其在语言实践方面，需在政治所具有的严肃性和传播所具备的亲和力之间构建起一种动态平衡，要对语义系统展开创造性的转化，以此来促使价值传导效能提升。在确保理论纯度不被破坏的前提之下，“网红”党员逐渐发展出了一种复合型的话语策略，这种策略融合了通俗解码、情感共振以及清晰表达等方面，从而让政治传播能够突破文本存在的隔阂，进而形成一种具备网络适切性的全新话语范式。

1. 既通俗又不失精准

“网红”党员开展的语言通俗化实践，从本质上讲是一项有关政治话语的符号转译工程，其最为关键的点就在于搭建起专业术语和日常语汇二者之间能够实现意义对接的通道。具体而言，就是把政策文本里包含的制度概念转化成贴近生活的比喻形式，同时将理论体系当中那些抽象的命题具体呈现为能够被人们切实感知到的实践案例，以此来达成政治信息从精英话语朝着大众话语平稳转变过渡的目的。这样的一个转译流程是遵循着传播学提出的解码理论来进行的，一方面通过对语义进行降维处理从而降低人们在认知方面的门槛，另一方面借助对语境的重新构建来强化信息具有的黏性，并且自始

---

〔1〕参见刘琳琪：《语言·符号·文化——新媒体时代话语生态的变革与传播》，载《文艺争鸣》2021年第6期。

〔2〕参见孔超、刘娟：《人类语言信息传递速率的共性——基于61种语言大规模语料库的计算》，载《外语教学与研究》2022年第3期。

至终都要牢牢坚守住政治内涵在准确性方面的边界要求。比如，在对“新发展理念”加以阐释的时候，能够以生态治理取得的成效和绿色发展的价值作类比，还可以运用科技创新方面的故事去诠释创新驱动的内涵，如此一来，既能保证理论层面的严谨性，又能够充分激活受众群体储备的相关经验。而语言通俗化在深层次上面临的挑战就是要有效规避语义出现耗散的风险。当“网红”党员运用网络流行的语汇对政治话语进行重新构建的时候，就有必要在青年亚文化的编码以及意识形态的安全这两者之间建立起过滤的机制。通过构建起针对隐喻系统的双向校验制度，不但要考察网络用语呈现出来的情感倾向，而且要对其和政治概念之间的兼容程度加以评估，只有这样才能确保语言方面的创新不会导致出现价值方面的误读情况。

2. 既生动又充满情感

以“情感叙事”为切入点，已然变成当下主流意识形态传播极为重要的叙事策略。[1]“网红”党员采用的情感化叙事策略，遵循政治传播里的具身认知规律，其会通过唤起受众的情感记忆来强化价值认同的程度。在话语构建的过程中，植入个体成长叙事，同时嵌入集体记忆符号，并且创设情感共鸣的情境，这样就能让抽象的政治价值拥有可让人亲身体验的情感载体。这种策略实际的运作机理就在于，把意识形态传播从只是单纯的理性说服提升到情感动员的层面，借助故事化的讲述方式来激活受众的共情机制。比如，通过对脱贫攻坚亲历者进行细节方面的刻画来传递制度优势，借由科技创新者的奋斗故事去诠释时代精神，在情感的浸润之下完成政治价值的隐性传导。情感表达在尺度上的把控，构成了非常关键的传播伦理问题。“网红”党员在运用修辞手法强化感染力的时候，得建立起情感唤醒和价值引导之间的对应关系。排比句式虽说能增强话语的气势，可同时也得保持逻辑的严密性；反问手法虽然能够激发思考，不过也得预设好价值导向；感叹词的运用尽管可以渲染情绪，但也得避免出现过度煽情的情况。这种情感管理的实质内容，就是要把传播学的情感诉求理论和意识形态工作的纪律要求相互结合起来，使情感力量变成政治认同建构的增效剂，而不是成为干扰项。

---

〔1〕参见肖唤元、张茂杰：《新时代主流意识形态的情感叙事策略审思》，载《思想教育研究》2024年第5期。

（三）人格特质彰显

在中国共产党自身具备的一系列政治优势当中，中国共产党人拥有的伟大人格无疑是党所特有的一项极为重要的政治优势。[1] 在那漫长且艰苦卓绝的征途岁月里，一代又一代的中国共产党人正是凭借着自身强大的人格力量，接连不断地创造出了一个又一个令人赞叹不已的人间奇迹。[2] 对于“网红”党员而言，人格特质的彰显是其在网络空间里确立起独特身份辨识度的最为核心的要素，它不但是党性修养的一种具体呈现形式，而且是引领网络文明风尚的关键精神坐标。随着数字化传播生态的不断演进发展，“网红”党员的人格特质建构逐渐呈现出了复合性的特征。鉴于其兼具政治主体与网络传播者的双重身份，其人格形象一方面要充分体现出组织属性，另一方面还得与媒介逻辑相适配。通过党性原则来进行价值的锚定，凭借奉献精神展开情感的动员，再加上利用创新思维达成范式的突破，最终形成具有网络适切性的新型政治人格符号。

1. 弘扬奉献精神

淡泊名利、无私奉献当属共产党人应有的政治品格，[3] 这也是党员身份极为重要的一种体现形式。“网红”党员把强烈的服务意识转化成了可视化的实践叙事，采用“场景化呈现以及情感化表达”的策略，搭建起新时代党员形象的谱系。“网红”党员开展的奉献叙事，实际上就是在情感动员层面施行的一种道德资本积累策略，凭借具身化的实践展演活动，重新塑造起奉献精神在当下时代具有的深刻内涵。在内容生产的整个进程中，要着重对服务群众时的诸多细节进行刻画；在互动传播环节里面，需大力强化利他导向的价值选择；而在形象塑造的过程中，要巧妙地把牺牲叙事的符号元素嵌入其中，通过这样的方式来达成奉献伦理的立体化且全方位的呈现效果。这种弘扬策略是紧密依照传播学里的情感共振规律来施行的，持续输出像脱贫攻坚时的艰辛历程、应急处突当中的先锋故事、科研攻关里面的团队协作等一系列叙

---

〔1〕 参见邓纯东：《中国共产党人伟大人格是党特有的政治优势》，载《观察与思考》2022 年第 7 期。

〔2〕 参见王永智：《共产党人要以人格力量赢得民心》，载《道德与文明》2021 年第 5 期。

〔3〕 参见唐志龙：《论奉献精神和利益原则的关系》，载《理论探讨》2004 年第 5 期。

事主题，借此激活受众内心深处对于奉献精神产生的价值共鸣。需要注意的是，“网红”党员在开展奉献展示的时候，务必要躲开自我崇高化的传播风险，通过构建起“付出—收获”的意义循环体系（比如展示群众获得感得到提升反过来又能滋养奉献价值），促使道德叙事摆脱以往单向度输出的陈旧模式，从而形成情感认同与价值认知能够相互强化的双向机制。

2. 彰显创新思维

党员干部身为决策的制定者以及执行者，他们具备的创新思维意识和创新能力，在很大程度上决定着创新实践最终呈现出来的效果。[1]“网红”党员能够把自身的开拓意识成功转化为促使传播形态不断革新的动力，通过采用“技术赋能＋形式创新”的策略，使主流价值传播具备了现代质感，同时更富有活力。“网红”党员针对创新特质进行的展演，从本质上讲，就是一场有关政治传播范式朝着媒介化方向转型的实验，借助技术赋予的能量，重新塑造意识形态工作在表达语法规则方面的呈现形式。从传播形态维度来看，把虚拟现实、互动游戏等这些新兴的技术载体融合起来；在内容生产层面，开发带有模块化以及可定制特征的政治信息产品；就互动模式而言，构建起参与式并且沉浸式的传播场景，通过这样的方式来营造出一个由创新驱动的传播生态环境。这种创新思维最为核心的要义就在于，将政治传播从单纯的信息传递这样的层次，提升到能够实现价值共创的高度，比如借助算法推荐来达成精准传播的目的，依靠大数据分析去优化叙事的策略，运用区块链技术来强化对内容的确权，从而让技术创新真正成为在建构政治认同方面能够起到有力赋能作用的工具。

第三节 “网红”党员的功能作用探析

“网红”党员于网络空间实现其功能，从本质上讲是政治传播主体性重构同公共话语体系转型二者相互构建的一个双向过程。其最为核心的作用就在

[1] 参见黄蓉生、方建：《创新思维的理论逻辑与实践运用》，载《中国高校社会科学》2020 年第 2 期。

于借助数字化人格的构建来消弭制度性权威与网络化传播之间存在的结构性的张力。从政治社会化理论方面来看，这类全新的传播主体，凭借情感化叙事和理性化论证的辩证统一方式，进而创造出了带有渗透性的政治认同培育机制。其话语实践当中蕴含的具身传播特性，能够突破传统政治传播存在的认知上的屏障，从而让抽象的意识形态以具象化的形式转变成为能够被感知到的意义单元，如此一来，在受众进行符号解码的过程当中，便能够实现政治价值观的一种隐性的内化。而这样的一种功能上的转化，并非仅仅体现在内容层面进行的话语调适方面，更为重要的一点是，其形成了一种动态化的传播势能转化机制，通过把政治话语转化成为网络文化资本的方式，在亚文化社群以及主流意识形态二者之间，构建起了一个能够进行通约的意义交换系统，进而为网络时代下政治传播的合法性再生产，给出了一种全新的实践范式。

一、政治引领功能

政治引领属于带有强烈政治属性的社会活动范畴，有鲜明的阶级特性、明确的目的指向、突出的时代特点。[1] 它着重在政治意识、政治信仰、政治立场、政治方向这些方面引导、号召并且带领群众去认可该政党的政治理念、政治目标以及政治纲领，进而让群众支持和拥护政党的领导，一同为实现政党的奋斗目标而努力。[2] “网红”党员具备的政治引领功能，扎根于数字媒介生态当中意识形态话语的再生产逻辑之中，其本质就是借助网络化生存策略，达成政党话语权和网络文化资本的一种符号性的兑换，在化解科层制传播原本就存在的固有张力的同时，构建起一种新型的政治认同范式。

（一）筑牢思想根基

在数字化传播的场域里面，“网红”党员起到的政治引领方面的作用，重点表现在理论传播出现了媒介化的转变。其通过对经典理论原本的表达以及

---

〔1〕 参见邱海锋：《新时代党对青年学生的政治引领：问题缘起、实践经验与发展方向》，载《福建师范大学学报（哲学社会科学版）》2023 年第 3 期。

〔2〕 参见邱海锋：《新时代党对大学生政治引领的现状、问题及改进策略——基于全国 24 所高校的调查研究》，载《思想政治教育研究》2024 年第 2 期。

人们接受的途径加以重新塑造，搭建起在网络化的环境当中思想认同得以产生的机制。“网红”党员作为政治话语和网络文化两者相互交汇的重要节点，在开展理论传播相关实践活动的时候，一方面得保证意识形态始终保有纯粹性，另一方面还得和碎片化传播所遵循的认知规律相匹配，要在解构与重构不断交替、处于一种动态的平衡之下，完成先进理论价值的转化。而这种传播效能最终能够实现，依靠对经典阐释进行符号层面的转译、把现实关联当中的意义给激活起来以及在传播范式上不断地作出创新等这些方面。

1. 强化信念教育，照亮信仰之路

理想信念堪称中国共产党人的精神支柱以及政治灵魂。[1] 党从成立的那一天起，便极为重视理想信念方面的教育。[2] “网红”党员群体凭借数字媒介平台的优势，对理想信念教育传播范式予以重新构建，把抽象的政治信仰转变成具象化的文化实践，借助符号生产和情感共振这两重机制，达成了意识形态领导权的柔性渗透效果。其教育实践突破了传统理论灌输的线性模式，创造性地运用青年亚文化符号来对马克思主义信仰体系加以转译编码，通过动漫角色扮演、互动短视频等全新的叙事形态，使《共产党宣言》等经典文本演变为能够让人真切触碰到、感受到的数字文化产品，进而在用户日常的信息消费过程当中完成价值观念的代际传递。这种符号转换并不仅仅是将理论通俗化这么简单，而是构建起了政治话语和网络美学共生的系统，既保证了意识形态内核的严肃性，又利用视觉修辞策略提升了传播内容在网络环境中的生存能力。

2. 结合时事热点，激活理论生命力

马克思主义理论不是教条而是行动指南，必须随着实践发展而发展，必须中国化才能落地生根、本土化才能深入人心。[3] “网红”党员把对理论的阐释巧妙地融入社会发展的节奏，凭借“热点牵引—理论透视—价值升华”这样一套传播链，达成对主流意识形态的即时引领之效。“网红”党员采用的时事关联策略，构成了用于理论阐释的动态阐释框架，通过针对热点事件赋

---

〔1〕 参见朱执：《新时代坚定理想信念的多维意蕴解读》，载《思想理论教育导刊》2024 年第 12 期。

〔2〕 参见陈娟：《大力加强新时代党的理想信念教育》，载《红旗文稿》2023 年第 15 期。

〔3〕 参见《中共中央关于党的百年奋斗重大成就和历史经验的决议》，人民出版社 2021 年版，第 66 页。

予其理论方面的能量，让那些抽象的原理具备现实层面的解释能力。在舆情开始发酵的阶段，迅速搭建起理论解读的模型，把社会现象提升转化成能够印证制度优势的具体案例；在政策发布的窗口期，则精心设计渐进式的传播方案，促使顶层设计转变成为公众比较容易理解的实践图谱。这种传播智慧从本质上来说，就是要将理论传播从静态的知识传递模式升级成为动态的意义生产流程，比如在重大国际事件当中阐释人类命运共同体理念的实践逻辑，又如在科技取得突破时剖析新型举国体制的创新效能。

（二）贯彻政策方针

在数字化治理不断推进的过程当中，“网红”党员发挥出的政治引领效能，重点表现在对政策传播涉及的认知进行重构以及参与动员方面。其通过搭建起政策文本和社会实践二者之间的阐释性纽带，在诸多不同的利益诉求当中凝聚起关于发展的共识。身为政策话语的转化传播者以及将公众参与联结起来的角色，“网红”党员在传播实践活动中，一方面得破除大众在理解政策时存在的认知方面的阻碍壁垒，另一方面还需激活社会各个主体具备的协同合作的动能，从而在政策落地实施的最为关键的“最后一公里”阶段，形成价值层面的共振以及行动上的协同合力。而这种功能得以真正实现，依靠对政策阐释展开深度的剖析解读以及对参与机制进行创新性的设计规划。

1. 对政策深刻剖析，澄清公众理解上的困惑

“网红”党员开展的政策解读实践本质上就是一项关乎政治沟通的认知调适方面的工程，其最为关键的点在于搭建起专业化的政策语言和大众化的生活经验二者之间意义对接的通道。通过对政策文本复合语义进行解构，也就是把制度术语那抽象的外壳给剥离掉，对目标导向的实践逻辑加以解析，进而提炼出利益调整涉及的核心要义，如此便能够形成一种阶梯式的认知转化模型。这一解析的过程需要遵循双重认知规律，一方面得运用归因理论，从而建立起政策动因的因果链并使其可视化；另一方面还得借助框架效应理论，预先设定好政策效益的认知图式。比如，在阐释经济调控政策的时候，可以将货币工具的操作解构成为市场主体成本变量的传导机制，又或者是通过针对社会福利政策和民生的关联性展开分析，建构起获得感方面的预期，这样就能使复杂的决策转化为可以让人理解的利益关联网络。而要澄清其中存在

的困惑，关键就在于消解信息不对称引发的认知偏差。“网红”党员建立起政策传播的纠偏机制，实时监测舆情场域当中政策被误读的节点，并且有针对性地开发能够进行辩证阐释的内容模块，以此来构建起认知校准的动态响应系统。

2. 促进公众参与，助力政策落实

政策要能良好运行，不光得靠政策制定得正确，还得靠政策能被正确地贯彻执行下去。[1]“网红”党员把执行政策当作一项需全社会齐心协力去做的事情，通过建立起互动机制，也就是“参与式传播—反馈式优化—共创式推进”这样的模式，充分把治理方面的合力给调动起来。“网红”党员采用的参与动员策略，构成了让政策能真正落地实施的社会润滑机制，通过构建起参与式传播的生态环境，激活了治理共同体在建设方面的动能。在政策制定阶段，创设出征集网络意见的场景，运用大数据分析的手段来提炼出民意诉求具有的共性特征；到了政策执行时期，开发出线上监督反馈的平台，设计出能将政策效果可视化评估的工具；在政策优化环节，则组织云端听证讨论活动，形成可以迭代升级的智慧众筹模式。这种参与架构有深层的价值，就是把政策过程从封闭的、由技术官僚来作决策的模式转化成开放的、由社会来协商的实践活动。

（三）弘扬党性精神

党性是政党的命脉所依以及力量的根基。[2] 切实提高党性方面的修养，精心塑造政治方面的风尚，无疑是“网红”党员在网络空间里践行政治引领功能的关键，堪称其灵魂核心。处在当下数字化的传播生态大环境之中，“网红”党员肩负的政治引领功能着重体现在对价值符号展开生产活动以及对传播秩序实施重构举措上。他们会借助将党性通过亲身实践予以具身化的方式，同时配合运用策略性的舆论引导手段，重新塑造网络空间当中的政治文化生态。“网红”党员作为组织形象和个体特质相互融合而形成的复合体，他们的

---

〔1〕 参见刘玉瑛：《党领导下的政策制定与政策执行机制良性互动研究》，载《理论视野》2020 年第 11 期。

〔2〕 参见李敏杰、李红团：《习近平党性观的生成逻辑、核心要义及价值意蕴》，载《湖北行政学院学报》2023 年第 3 期。

传播行为一方面承担着要把党员先进性以可视化的形式呈现的任务，另一方面还肩负着对舆论场进行净化处理的治理方面的责任。而要达成这种具有双重性质的使命，需依靠对价值典范展开符号化的建构工作，并且同步推进舆论引导的机制化运作流程，进而在虚拟与现实相互交融的传播场域当中开辟出一条全新的路径，以实现党性精神的传承延续。

1. 树立价值典范

在如今这个时代，“网红”党员已经变成了传播党员形象极为关键的一种介质。从符号互动理论方面来讲，他们靠着自身的行为模式和价值取向，凭借媒介化叙事的方式，精心打造出了一套有示范意义的符号体系。在数字化传播复杂的生态环境当中，短视频平台、社交媒体等新兴传播途径被充分地运用，“网红”党员把党员身份和日常的生活实践紧密地联系起来，还实现了深度的融合。通过将恪守职业道德、积极践行社会公益以及坚定地坚守党性原则等这些具体场景展现出来，成功地把抽象的政治伦理转变成了能够让人切实感知得到的行为范式。这样的具身传播策略，完全打破了传统宣教模式里那种自上而下、单向度灌输的固有局限。在内容生产方面，“网红”党员运用场景化、故事化的手段，塑造出了一系列既生动鲜活又能让大家可感可知，并且值得去效仿的党员形象。

2. 传递党性光辉

党能够汇聚社会各界精英以及优秀人才，由此形成社会主义建设的强劲动力。同时，凭借党员个体自身散发的党性光辉，还可带动并引领广大民众在能力、品德、精神风貌等诸多方面持续提升。[1] “网红”党员在塑造自身形象的过程中，借助符号再生产机制，实现了党性内涵的现代性转译，将党的理论体系以及精神特质巧妙转变为契合媒介传播规律的文化产品。依据传播政治经济学理论，他们在网络空间的话语实践呈现出颇为鲜明的双重属性。其一，以个体身份展现出真实的人格特征；其二，作为党组织成员来传播集体意识形态。这种双重属性在传播期间生成了一种独特的张力结构。例如，在“网红”党员以第一人称视角讲述脱贫攻坚的亲身经历之际，既凸显出个体奋斗具有的叙事吸引力，又从侧面反映出党组织作为坚实保障所具备的制

---

〔1〕 参见贾立政、陈阳波等：《中国共产党的独特力量》，载《人民论坛》2016 年第 18 期。

度优越性。在直播助农活动当中，他们自然而然地融入党性话语；在日常互动交流时，不经意间便传递了理想信念。这些行为实际上构成了意识形态传播的“毛细血管网络”，使党的执政理念在碎片化传播的情况下实现柔性的渗透。并且，这种传播模式打破了传统政治传播里传者与受者之间硬性的界限，通过构建起平等的对话关系以及情感共鸣机制，让党性光辉不再局限于抽象的理论阐释层面，而是转化成受众能够亲身感受、积极参与的文化实践。当受众观看“网红”党员的工作纪实内容时，并非仅仅在接收信息，更是在经历价值认同的构建过程。

二、形象塑造功能

“网红”党员形象塑造这一功能的本质为政治符号资本于网络空间当中的再生产流程。借助公职身份和网红特质在符号层面的耦合作用，进而建构起一种新型的政治传播主体范式。这样的形象建构遵循媒介化政治具有的逻辑，凭借对视觉符号展开审美化编码的方式，消解掉传统政治传播严肃性的边界。与此同时，还依托身份符号具备的互文性特点，达成政治权威与网络亲和力二者之间辩证的统一状态。在传播机制层面上，多模态符号系统协同开展运作，由此塑造出复合型的媒介形象。其中，制度性符号能够赋予形象内核以合法性，而生活化符号可增强传播界面的渗透性，这二者之间的动态调适，构成了交互仪式链的传播根基。

（一）展现党员风采，树立正面典型

党员先锋模范作用属于无产阶级政党针对党员提出的一项基本要求，它是党员先进性以及纯洁性较为集中的一种表现形式。[1] 对党员而言，展现自身风采并且树立起正面典型，是身为“网红”党员发挥其形象塑造功能的根本。此情形既是新时代党员先进性借助可视化手段予以呈现的体现，又是搭建起党群之间情感联系的重要途径。在网络空间价值生态正经历重构的大背景之下，“网红”党员开展的形象塑造实践正变成新时代党员先进性传播方面

〔1〕 参见孙明增：《新时代党员先锋模范作用的内涵、价值和实践路径》，载《理论视野》2023 年第 6 期。

的创新载体。

1. 彰显先锋作用，体现责任感与使命感

“网红”党员借助对政治身份符号系统予以解构并加以重构的方式，巧妙地把抽象的先锋性转化成受众能够感知到的行为叙事。在开展内容创作期间，他们着重对“党员—先锋”这一身份锚点予以强化，通过把工作场景进行仪式化的呈现来凸显职业伦理，还借助对危机情境展开戏剧化的展演来示范担当精神，并且运用持续更新的创作行为来构建奉献叙事。此形象塑造策略包含三重编码机制：从符号层面来讲，搭建起诸如红船徽章、党员示范岗这类视觉标识体系；就行为层面而言，展现出攻坚克难的专业素养；在价值层面上，则是传递服务人民的宗旨意识。其传播效力源于对集体记忆符号的创造性运用，推动“先锋”概念从政治话语转变为具象的行为镜像。当“网红”党员不断展示深夜加班优化公共服务方案、主动承接急难险重任务等场景时，实际上是在针对政治身份进行行为赋形，依靠日常实践产生的累积效应来强化“先进分子”这一认知标签。

2. 讲述感人事迹，弘扬党员模范作用

中国共产党人向来有先进且优秀的特质，这亦是整个社会尊崇的价值取向。[1] 先进的共产党员典型，无疑是履行党员职责方面的楷模典范。[2] “网红”党员会把先进典型视作能够激发情感共鸣的源头，凭借“细节叙事＋共情机制”这样的策略，让模范引领产生的传播效果充分展现出来。“网红”党员运用情感化的叙事策略，把模范起到的作用拆解成能够用于传播的情感符号系统。他们从平凡工作里提炼出非凡坚守的元素，在普通岗位上找寻卓越追求的闪光点，于日常选择中挖掘价值抉择的关键点等作为叙事主题，进而搭建起具备网络传播特质的模范叙事框架。这种叙事创新涵盖了三重情感动员逻辑：从内容层面来讲，深挖奉献者和被服务者之间情感互动的诸多细节；在形式方面，采用故事化叙述方式来替代结论式的表达；就传播维度而言，精心设计能够触发情感共鸣的关键点，以此来引导二次传播。其深层次的传

---

〔1〕 参见伍处文：《充分发挥先进典型的示范带动作用》，载《学校党建与思想教育》2010 年第 31 期。

〔2〕 参见李烈满：《向先进看齐》，载《党建研究》2005 年第 5 期。

播机理在于借助移情效应，消除模范人物与受众之间的距离感，让受众进行情感代入，使其在共情的过程当中完成对价值的认同。当“网红”党员以见证者的视角去记录同事即便带病也坚守在抗疫一线的事迹，又或者以亲历者的身份讲述扶贫干部和群众之间鱼水深情的时候，实际上就是在对政治情感的能量做转化工作，把制度优势转化成具体且能够真切感受到的个体经验。

（二）打破刻板印象，塑造亲民形象

中国共产党从成立的那一刻起便一直秉持着全心全意为人民服务的宗旨，始终代表着最广大人民群众的根本利益，在推动民族复兴的进程当中塑造出了亲民、爱民且为民的人民公仆形象。[1] 对于“网红”党员而言，打破刻板印象并塑造出亲民的形象，是其在网络空间达成价值传导的基础性工作。这一方面是新时代党群关系朝着数字化转型的必然走向，另一方面也是提升政治传播成效的重要突破点。长久以来，公众对于传统党员形象有“过于严肃、不够鲜活”这样较为固定的认知。在这样的背景之下，“网红”党员搭建起了一个“真实可感—多元立体—双向互动”的形象塑造体系。借助这个体系，他们能够将党性原则转化成带有网络亲和力的人格符号，如此一来，既能够消除政治传播带给人们的距离感，又可以实现先进性与群众性的有机融合。“网红”党员开展的形象塑造实践正在逐步成为消解对政治主体刻板化认知的创新性路径。

1. 融合多种元素，彰显独特个性

“网红”党员运用符号拼贴以及身份重构的策略，把政治主体呈现出的多维形象成功转化成能够传播的复合符号体系。在开展内容创作工作时，他们不再局限于“严肃—刻板”的二元对立框架，而是通过将职业符号和流行文化进行富有创意的嫁接操作、让专业身份与网络表达达成有机的融合状态、促使政治话语和青年亚文化展开符号层面的对话等一系列方式，构建起立体且鲜活的政治主体形象。这种形象塑造的过程遵循着传播学当中的认知协调理论，具体而言，就是把党员角色具备的制度属性拆解成为能够被人们感知到的符号集群：从视觉维度来讲，是对党徽标识以及时尚元素加以整合；从

---

〔1〕 参见蒋永发：《论中国共产党的形象构建》，载《思想教育研究》2020 年第 12 期。

语言维度来看，要在政策术语和网络热词之间找到平衡；从行为维度分析，则是要将职业伦理与圈层文化融合到一起。其传播产生的效力源于对受众认知图式极为精准的把握，当“网红”党员把乡村振兴政策拆解转化成田园生活美学的呈现形式，又或者将科技创新战略转变为极客文化叙事的时候，实际上就是在对政治符号展开创造性的转译工作，借助多重符号系统相互叠加产生的效应，消除传统政治传播过程中存在的距离感。

2. 分享平时工作动态，有效缩小心理距离

“网红”党员运用生活化的叙事策略，把政治主体原本处于后台的行为转化成前台可展演的内容，借助建构起情感方面的真实性，消除身份上存在的隔阂。他们会主动展示在工作场景里那些非仪式化的瞬间，还会适度分享自身在专业领域之外的个性特征，并且有意呈现出制度身份和生活角色之间带有张力的互动情况，通过这些做法来构建政治主体具有的“本真性”形象。这一叙事创新涵盖了三重传播方面的机理：从内容维度来讲，是达成政治话语向生活层面的嵌入；从形式维度来看，是采用碎片化的记录方式取代以往系统化的宣讲模式；从关系维度而言，是通过情感上的互惠来建立起持久的连接。其深层次的价值体现在运用社会心理学范畴内的自我暴露理论，当“网红”党员展示在政策制定过程中出现的思维碰撞状况、分享在基层调研时候的真实所见所闻、记录家庭生活当中涉及的价值选择等情况时，实际上就是在针对政治传播展开“祛魅化”的处理操作，使制度运行的逻辑能够转化成可以被理解的个体经验。

（三）传递价值理念，营造良好风气

政党的价值理念堪称政党意识形态的核心。中国共产党秉持的价值理念，是其为确保政党价值得以切实达成而必须始终坚守的真理性观念，该理念兼具共时性方面的特点以及历时性层面的特性。[1] 传递价值理念并且营造优良风气，这无疑是“网红”党员于网络空间履行使命、担当责任的关键路径。此路径既是巩固意识形态阵地极为重要的战略抉择，又是引领网络文明建设

〔1〕 参见王增国：《中国共产党价值理念的当代样态及其实现》，载《南京师大学报（社会科学版）》2017 年第 1 期。

颇具创新性的实践举措。在当下价值观念多元且相互碰撞的传播环境之中，“网红”党员搭建起了“价值引领—行为示范—生态塑造”这一较为全面的传播体系。借助这一体系，他们能够将党的主张有效转化为网民自觉遵循的行动指南，不但突破了“说教式传播”效率不高的困境，而且促使政治性与群众性达成了深度的契合。“网红”党员的形象塑造实践已然成为主流价值理念在网络上进行传播的创新载体。“网红”党员凭借符号资本的重新组合以及传播策略的更新变革，在虚拟社群里构建起了连接政治逻辑与大众认知的意义网络，其形象传播功能突破了传统价值传导单向的模式，进而形成了具备网络特质的共识凝聚机制。

1. 发挥党员影响力，促进社会共识的形成

凝聚社会共识在中国特色社会主义新时代属于一项重要的工作任务。中国共产党向来有善于凝聚共识的优良传统。[1]“网红”党员能够把自身具备的政治优势成功转化为颇具传播力的势能，其采用“议题设置、理性对话进而凝聚共识”的引导策略，构建起价值方面的同心圆，把抽象的价值理念转变成为可以被感知到的共识生成机制。在开展内容创作期间，他们会运用话语框架整合相关技术，把党的理论主张拆解成为公共议题讨论时可用的认知坐标，通过设置议程的方式将个体诉求和集体利益关联起来，运用隐喻叙事的手段来弥合价值方面存在的分歧，进而形成带有网络传播特质的共识生产模式。这一传播策略是遵循传播政治经济学当中的价值传导规律的，当“网红”党员把共同富裕理念具体呈现为乡村振兴的实践案例，又或者是把生态文明思想转化成低碳生活指南的时候，实际上就是在对价值符号作创造性的转译，通过构建起“价值、利益以及情感”三维的认同框架，将政治话语转变为社会共识的认知基础。

2. 弘扬文明风尚，引导社会潮流

“网红”党员凭借“文化符号再生产—行为模式示范—价值标准确立”这样的传播闭环，成功地把文明风尚的培育转变成能够让大众参与进来的文化实践活动。在开展内容生产的时候，他们颇具创造性地对传统文化符号以

---

〔1〕 参见侯辰龙：《新时代以中国式现代化凝聚社会共识的现实基础与实现路径》，载《南京理工大学学报（社会科学版）》2024 年第 3 期。

及现代传播语法加以整合，借助仪式化的展演方式来强化价值方面的认同，并且运用互动机制构建起相应的行为规范，进而形成了带有网络特质的文明传播范式。这一传播实践遵循文化领导权理论的核心逻辑，当“网红”党员把诚信价值观拆解成商业伦理方面的讨论内容，又或者是将孝道文化转变为代际沟通的指南时，实际上就是在对文明标准展开网络化的重构操作，通过搭建起“认知—情感—行为”的转化通道，使文明风尚从原本抽象的概念升华为群体开展的实践活动。其深层次的价值就在于能够运用网络社群具有的模仿传播机制，把文明标准转化为可以被复制的行为模板，比如通过精心设计“文明挑战”这样的话题来引导网民参与到道德实践当中，从而让价值引导的整个过程呈现出游戏化传播的特点。

三、党群互动功能

能否始终和人民群众保持良好的互动关系已然成为关乎党的群众基础是否得以巩固的重要问题。[1] 构建互动型党群关系，本就是建设学习型、服务型、创新型政党所应具备的内涵要义。唯有紧密地与群众相联系，切实增强互动方面的特性，始终保持先进性，才能够在真正意义上推动党和国家决策朝着科学化、民主化的方向发展。[2] “网红”党员具备的党群互动功能的本质是政治传播民主化转型呈现出的具体实践形式。通过构建起去中心化的双向传播回路，对政党与社会之间的关系连接模式予以重新构建。这样的互动机制，成功突破了传统党群沟通存在的科层化方面的壁垒，凭借网络空间具有的强连接这一属性特点，形成了虚实相互交织的对话界面。

（一）拓宽沟通渠道，搭建交流桥梁

沟通渠道作为沟通主体用以表达诉求以及交流信息的载体，是开展沟通活动所必备的条件。[3] 沟通渠道呈现出多样化的特点，这一特点能够方便快捷地将党的相关信息及时传达给广大群众，与此同时，群众的各类需求也能

---

〔1〕 参见高新民：《论构建良性互动的党群关系》，载《中国党政干部论坛》2007 年第 4 期。

〔2〕 参见曹政：《新时期互动型党群关系构建战略思考》，载《人民论坛》2015 年第 29 期。

〔3〕 参见孙绪民、邵勇、孙小源：《治理现代化背景下新时代党群沟通中的矛盾及破解之道》，载《理论探讨》2020 年第 6 期。

及时反馈给党。[1] 对沟通渠道加以拓宽，并搭建起交流的桥梁，是“网红”党员在网络空间之中进一步深化党群关系的一条极为关键的路径。它既是在新时代背景下能够密切党群之间如同血肉般紧密联系的有力技术支撑，又是在网络时代提升执政能力方面极具创新性的一种实践举措。当下，信息传播渠道显得颇为零散，而群众的诉求又是多种多样的，面对这两方面的挑战，“网红”党员着手构建起一个“全平台覆盖—精准化触达—沉浸式互动”的立体式沟通网络。借助这个网络，可以把传统的党群对话模式升级，使其转变为数字化、场景化的全新连接方式，如此一来，既能够有效解决“信息孤岛”引发的认知隔阂方面的问题，又能够充分激发人民群众参与社会治理的内在驱动力。“网红”党员开展的传播实践活动正在逐步成为组织与群众对话关系实现转型的一个相当关键的变量。

1. 利用多种平台进行信息传播，有效减少信息传递中的障碍

“网红”党员靠着搭建起“平台矩阵—内容适配—场景嵌入”的传播体系，成功把制度性话语转变成为能够触达大众的网络传播流。在具体的传播实践活动当中，他们充分利用平台生态呈现出来的差异化特点，把政策信息拆解成短视频平台上的视觉符号、社交媒体里的互动话题以及直播平台中的即时对话等多种不同模态的传播形态，进而构建起一个具备较强网络穿透力的信息传播网络。这种传播策略是依照媒介环境学的技术逻辑来施行的，当“网红”党员把组织作出的决策转化成为可视化的数据图表，又或者是将制度文本拆解为一系列的互动问答时，其实就是在对信息编码展开创造性的转换操作，通过搭建“平台特性—内容形态—受众认知”的三维适配模型，使政治信息的传播效率提升到一个全新的层面。其创新之处就在于能够运用平台经济的流量分配机制，比如借助算法推荐来达成精准触达的效果，依靠圈层传播来实现裂变扩散的目的，让信息传递得以突破传统科层制架构在物理方面的限制，从而在虚拟社群当中形成多个中心的传播节点。

2. 通过即时互动对话，有效打破沟通障碍

新媒体在即时性以及互动性这两方面具备的优势颇为显著。[2] 如此一

---

〔1〕 参见杨新红：《党群沟通：目标取向、运行机理及优化策略》，载《理论导刊》2015年第12期。

〔2〕 参见刘夏青：《融合视域传统媒体与新媒体的比较与发展》，载《传媒》2018年第22期。

来，“网红”党员创造出了能和公众展开实时交流的契机，进而有效突破了传统沟通方式在时间层面与空间层面存在的诸多限制。“网红”党员把原本单向进行的信息传递模式加以升级，使其转变成为双向的价值共鸣模式，还采用了“实时响应＋情感连接”的策略，以此构建起一种全新类型的党群对话生态。“网红”党员运用“实时反馈、情感共振以及共识生产”这一互动机制，成功地将党群对话提升到了价值共建的传播仪式这般高度。在具体的互动实践活动当中，他们极富创造性地对弹幕交流、直播连麦以及话题共创等一系列新型的对话形式加以整合。通过即时给予回应的方式，能够有效消除信息不对称的情况，并且借助情感方面的互动，进一步强化彼此之间的关系连接，最终形成了带有网络特质的共识生成模式。这一互动创新遵循传播仪式观的理论核心。当“网红”党员在评论区迅速且即时地解答有关政策的疑问，又或者是通过直播对话来收集民生方面的诉求时，实际上就是在对政治沟通的范式展开革新之举，也就是把以往单向度的信息传递模式转化成为双向度的意义共建模式。

（二）倾听民众诉求，回应社会关切

在网络空间对政治沟通范式进行重构的时代大背景下，“网红”党员开展的互动实践已然逐渐成为组织和群众诉求相互对接起来的关键枢纽节点。“网红”党员借助技术赋能以及传播赋权双重的机制，在虚拟的社群当中构建起了能够全天候且从多维度感知民意的系统。其具备的互动功能，已然突破了传统诉求反馈机制存在的层级方面的限制，进而形成了带有网络特质的即时响应的模式。这种实践着重聚焦在对民意传导路径加以优化以及对政治回应进行质量提升这两个方面，通过数据驱动和关系重构协同起来开展创新，在逐步消解信息不对称状况的同时，重新塑造了网络时代下党群互动的信任机制，从而为基层治理走向现代化提供了全新类型的对话界面。

1. 广泛收集民众意见，深入了解基层实际情况

网络社区属于一种持续发展的线上交往空间，它既有空间方面的特性，也带有情感方面的特点，是人们用来发表自身观点、彼此交流情感以及分享

日常生活的关键平台,[1] 已然成为基层民众吐露心声的重要依托。“网红”党员把网络社区成功转变为采集民意的“数字田野”，运用了“技术赋能”与“人文关怀”相结合的双轨策略，由此达成了对民意较为全面的感知效果。在具体的互动实践环节当中，他们对社交平台的情绪指数、直播弹幕的实时诉求、评论区的话题聚类等多种来源的数据流加以整合，借助自然语言处理技术对民众表达出来的情感倾向以及利益关切进行解码处理，进而形成了颇具网络穿透力的民意图谱。这种信息收集机制是依照传播政治经济学的反馈逻辑运行的，当“网红”党员把网络社群当中的舆论热点转化成政策调整的参考依据，又或者是将虚拟社群的集体焦虑拆解为治理优化的着手点的时候，其实就相当于在推动一场政治沟通方面的算法革命，通过构建起“数据感知—意义解析—决策辅助”三阶转化模型，能够让基层实况的数字镜像精准地呈现出来。

2. 快速响应民众诉求，体现服务效率

“网红”党员采用一种闭环响应机制，其流程包括即时反馈、协同处置以及效果评估，借此把政治承诺以可视化的服务效能形式展现出来。在互动实践的过程当中，他们颇具创新性地把智能客服即时应答技术、跨部门协作的云端处置模式还有办理结果动态追踪手段整合到一起。通过精简信息传递的诸多中间环节，服务响应速度大幅提升，进而塑造出带有网络特质的敏捷治理模式。这一响应机制遵循新公共服务理论里的效率原则，当“网红”党员把网民的咨询转化成限时办理的工单，又或者将复杂的诉求拆解成多部门协同完成的任务时，实际上就是在对政治回应流程作深度的再造。通过构建起“诉求识别、资源调度、效能反馈”这样的数字化治理链条，使传统科层制下因层级过多而产生的损耗，转变成网络协同模式下的治理增益。

（三）促进党群融合，凝聚发展合力

在数字时代重新构建政治共同体建构路径所处的实践环境之下，“网红”党员开展的互动实践已然成为促使党群关系实现深度整合的颇具创新性的一种介质。这类新型传播主体既带有组织方面的属性，又具备网络基因，其凭

---

〔1〕 参见邹梦瑶:《网络社区交往中的伦理困境与治理策略》，载《学习与实践》2023 年第 12 期。

借关系传播以及价值共创这两个方面形成的双向赋能作用，在虚拟社群当中构建起立体且多维的融合网络。其具备的互动功能成功打破了传统政治动员存在的单向度方面的局限，进而形成了带有网络特质的协同发展机制。这样的实践着重聚焦在情感共同体以及行动共同体这二者的双重构建之上，借助符号共振与行为协同产生的螺旋式的作用，在消除党群互动存在的隔阂的同时，还对网络空间集体行动的逻辑根基予以了重塑，从而为社会治理共同体的建设提供了新型的组织纽带。

1. 深化交流对话，构建党群沟通的稳固纽带

在长期处于执政的状况下，达成党和人民群众之间良好的对话与沟通，是做好群众工作最为关键的首要方面。[1] 和群众展开对话，其目的就在于能够更好地服务群众。[2] “网红”党员凭借媒介化方面的实践活动，重新塑造了党群互动呈现出的拓扑结构，促使其从传统科层制下那种层级传递的模式成功转变为网络化社会里多向度对话的模式。在这一过程中，他们依靠短视频评论区具备的即时互动这一特性，还有直播连麦拥有的共时性交流方面的优势，以及话题共创采用的参与式生产方式，搭建起了能够突破物理界限的虚拟公共领域，推动党群之间的对话从原本依照制度所作的安排转变成常态化的日常实践活动。这种在互动模式上的创新，并非简单地把线下沟通机制直接照搬到线上，而是要借助数字技术给予的相关权力，构建起具备“去中心化”特点的传播架构。在这样的架构之下，权力带来的距离感得以消除，基于情感方面认同的对话伦理也能够确立起来。“网红”党员通过人格化的传播方式，成功地激活了政治传播当中的“弱连接”效应，把原本显得严肃又刻板的政治话语转化成了贴近生活的叙事符号，使党群之间的对话突破了仪式性框架带来的束缚，进而发展成为充满情感黏性且有意义共享特点的进程。从本质的层面来讲，这种深层次的符号互动，形成了数字时代政治认同全新的生成机制。

---

〔1〕 参见赵绪生：《新中国 70 年党的群众工作经验与启示》，载《理论视野》2019 年第 10 期。
〔2〕 参见韦冬雪、宋甜甜：《人民至上：中国共产党治国理政的话语逻辑》，载《河南师范大学学报（哲学社会科学版）》2023 年第 3 期。

2. 通过携手行动，激发共同奋进的强大力量

“网红”党员于虚拟社群开展动员实践期间，运用意义共建机制，达成了从个体行动朝着集体实践的升华，开创出党群协同的全新行动范式。他们采用设置公益性挑战话题、组织云端志愿服务以及发起线上线下联动项目等多种方式，把自身具备的传播影响力切实转化成社会实践的推动力量，推动群众从单纯的“观看者”转变成为积极的“参与者”。这种行动逻辑出现的转变，从本质上来讲，是把党员先锋模范作用由实体空间拓展至数字场域，通过构建“行动者网络”，实现政治动员和社会参与的深度融合。比如，当“网红”党员开展助农直播的时候，观众的打赏能够直接转化为农产品订单，弹幕互动也能够演变为分销渠道拓展方面的建议，而粉丝的关注度同样能快速催生出产业链升级的动力。这种传播链和价值链进行的创新性耦合，不仅重塑了党群协作于经济层面的维度，还在群众心里塑造起“发展共同体”的集体认知。需要注意的是，此类实践往往会形成“示范—跟随—创新”这种螺旋式的演进模式：一次成功的环保倡导活动极有可能引发跨地域的模仿与创新之举，一个精准扶贫的典型案例也能够激发群众自主创业产生的连锁反应。这种由“网红”党员引发的行动网络，凭借数字化手段，将分散的个体力量汇聚成有明确方向的社会动能，不但打破了传统动员模式在时间以及空间方面的限制，而且营造出了带有自组织特征的协作生态环境。

四、舆论引导功能

网络舆论引导是一项关乎意识形态安全以及国家软实力建设成效的极为重要的工作。[1] 中国共产党于革命以及执政的实践历程之中，一直都对舆论引导工作给予高度重视，把它当作借助马克思主义理论来武装全党，进而统一思想、凝聚人心、提升共识的重要载体与形式，由此积攒下了丰富的经验。[2] “网红”党员具备的舆论引导功能，深深扎根于网络社会符号权力的重新构建机制当中，凭借算法作为中介形成的传播网络，能够把制度性权威

---

〔1〕 参见郭海威、黄楚新：《论中国共产党的网络舆论引导能力》，载《传媒》2021年第9期。

〔2〕 参见刘从德、杨科：《中国共产党舆论引导工作的历史经验》，载《中南民族大学学报（人文社会科学版）》2022年第9期。

转化成液态化的文化领导权，在虚实相互交织的舆论场里面，达成对意识形态的柔性规训。该功能将网络社群的认知图式当作其作用的界面，运用符号互动具有的双重解码策略，既能够把主流价值转化翻译成为青年亚文化符码，又可以将民间话语提升维度变成政治表达，在情感产生共振以及理性展开说服的辩证运动过程之中，完成对舆论生态的重新塑造。

（一）重塑舆论场域，占领舆论高地

重塑舆论场域并占领舆论高对于“网红”党员而言，是其在网络空间践行使命担当极为重要的战略抉择。它一方面是巩固意识形态阵地在当下时代提出的必然要求，另一方面也是提升网络综合治理能力的一个关键之处。数字化舆论场的结构发生转型赋予了“网红”党员重构信息传播秩序的特殊使命，而其舆论引导功能若要得以实现，就得依赖新型传播范式的构建以及扩散机制的创新。作为从事网络意识形态工作的实践主体，“网红”党员的核心任务就是突破传统传播存在的路径依赖问题，通过革新信息生产机制并且对传播网络进行立体化布局，在充满价值博弈的舆论场当中确立起主流话语的主导权。

1. 打破传播壁垒，重构舆论生态

在当下这个信息量极为庞大的时代当中，网络空间里的信息传播展现出了碎片化的显著特点。[1] 在传统舆论传播构建的体系架构之下，那种单向度并且呈现出层级化的信息传递模式，到了数字化媒介蓬勃兴起、发展迅猛的时代，便遭遇了来自多维度层面的有力解构。“网红”党员群体通过巧妙融入新媒体传播矩阵的相关策略，凭借话语实践活动既带有扁平化特点又具有交互性的优势，成功地突破了因科层制传播而形成的一道道阻碍的壁垒，进而实现了对多元舆论生态展开重新构建的目标。作为一类特殊的行动主体，他们具有政治身份，同时拥有颇为显著的网络影响力，凭借能够横跨体制内外的极为强大的话语穿透能力，将主流意识形态涉及的符号十分巧妙地转化成了具备网络亲和力的文化表征具体形式。在这一转化的具体过程之中，既有

---

〔1〕参见郑冬芳、李进荣：《碎片化语境中社会思潮传播的三维透视》，载《内蒙古社会科学》2021年第4期。

效避免了传统宣传话语和青年亚文化两者之间有可能产生的符号方面的冲突，又彻底消除了官方舆论场与民间舆论场之间存在的结构性的差异以及隔阂。

2. 把握话语主导，抢占舆论前沿

党员群体中的“网红”，就其在舆论场域里开展的主体性实践行为来讲，从本质上分析的话，是一场有战略层面意义、意在争夺网络空间话语领导权的行动。他们凭借对创新话语表达机制的运用，还有传播策略的实施，达成了对舆论前沿阵地予以系统性占据的效果。这一群体对于网络传播背后蕴含的符号政治逻辑有较为深刻的理解以及精准的把握，能够把抽象的政治理念切实转化成公众可以真切感知并且积极参与其中的文化实践活动，从而在碎片化传播这样复杂的环境当中，构建起一种既持久又稳定的话语影响力。他们运用戏仿、拼贴等属于后现代范畴的叙事技巧，对主流话语展开富有创造性的转译操作，在保留政治传播具有的严肃核心内涵的基础之上，赋予其契合网络审美标准的外在表现形式。这样的双重编码策略，确实有效地打破了在意识形态传播过程中存在的“次元壁”障碍，不仅是对传统刚性宣传模式的一种有益补充，更是意识形态工作在介入网络空间治理进程当中的一种富有创造性的转化实践。

（二）化解舆情危机，重塑舆论生态

当网络舆情危机出现的时候，因为网络有放大的效应，所以很容易激起社会层面的不满情绪。[1] 如此一来，强化网络舆情方面的治理的意义是十分重大的。怎样正确地处置网络舆情，是关系到党执政以及施行善政的重大事情。[2] 化解舆情危机，并且重塑舆论生态，这属于“网红”党员在网络空间当中践行政治担当的核心使命。这一方面是维护意识形态安全在战略层面的需要，另一方面也是提升网络治理能力的一条关键路径。

---

〔1〕 参见张筱荣、郭圳凝：《突发公共卫生事件网络舆情危机及其治理》，载《北京交通大学学报（社会科学版）》2023 年第 2 期。

〔2〕 参见蒋述卓：《网络舆情的发展与加强党的执政能力建设》，载《暨南学报（哲学社会科学版）》2011 年第 2 期。

1. 预警潜在风险，迅速响应引导

预警工作在整个网络舆情当中属于核心环节。[1] “网红”党员作为新兴起的网络意见领袖，在舆情风险预警体系里扮演的角色颇为独特，恰似哨兵一般。其既有体制内的政治身份，又具备网络传播影响力，这一双重特性使其拥有敏锐察觉到社会情绪波动中潜藏的那些非理性端倪的能力。借助即时互动机制，“网红”党员可以将碎片化的公众诉求转变成为能够被识别的舆情信号。而这种预警功能之所以得以实现，是因为他们对网络话语场域有深度的融入。从一方面来讲，他们对于主流意识形态的价值坐标十分熟悉；从另一方面来讲，他们也很了解网络社群的交流规则。这样一来，便能够在亚文化表达以及主流叙事之间搭建起动态解码机制。相较于传统舆情监测系统以技术为主导的特性，“网红”党员的预警行为更加凸显主体的主观能动性。他们通过不断产出蕴含价值导向的原创内容，在营造理性讨论氛围时，无形中构建起了一道能够抵御极端言论侵蚀的认知防线。这种基于情感认同的风险干预模式，有力地打破了机械式舆情管控中存在的“技术理性掩盖价值理性”的困境，推动风险化解从被动应对朝着主动疏导转变，为舆论生态的自我净化提供了具备持续性的弹性空间，使舆论生态能够在自我调节的过程中不断优化。

2. 澄清事实真相，修复舆论创伤

当突发公共事件使公众认知陷入混乱状态时，“网红”党员在阐释事实真相方面起到的作用彰显出别具一格的修复功效。他们舆论公信力的构建并非单单凭借体制给予的权力，而在更大程度上源于长期网络实践积攒起来的“信任资本”。这样一种复合型的权威让他们在开展澄清事实的相关行为时，既有官方话语具备的严谨特质，又未缺失民间传播带有的亲和力。在重新构建事实真相的整个进程之中，他们比较擅长运用场景化叙事的策略，把抽象的政策逻辑转化为生动鲜活的生活场景，借助搭建起“政策文本—现实境遇”之间的意义关联，消除公众针对官方信息存在的陌生感与距离感。这种修复机制最为关键的点在于，通过重新塑造认知框架的方式来达成对舆论创伤予以治愈的目的，也就是在澄清事实的根基之上，更加着重于价值共识的再度

---

[1] 参见刘海明：《规范网络舆情预警活动问题研究》，载《中州学刊》2016 年第 2 期。

生成。和传统辟谣模式仅仅进行单向信息纠偏相比，“网红”党员的舆论修复呈现出颇为显著的对话特性。他们不但运用可视化的手段去剖析并且拆解谣言传播的链条，而且通过引发情感共鸣的途径来重新构建集体记忆，最终在事实层面以及价值层面均形成了双重修复的良好效果。这种涵盖多个方面、具有立体层次的修复路径，不但能够有效地对次生舆情的产生加以抑制，而且更为重要的是，在针对谣言进行祛魅以及对正确信息赋予魅力的这种动态平衡的过程当中，重新塑造了公众对于体制话语的接受预期以及解读的方式，使公众可以以更为理性、更为客观的态度去看待体制话语。

五、社会服务功能

中国共产党是为人民服务的党。[1] 树立为人民服务的意识，是广大党员干部践行党的宗旨、纲领、路线和方针政策的思想前提。[2] “网红”党员具备的社会服务功能的本质为一种中介机制，该机制能够促使政治符号资本朝着治理效能转化。其通过搭建起网络化治理对应的传播界面来达成公共服务供给模式范式方面的转型。此功能的实现依靠传播势能和治理需求达成精准的对接，并且借助符号转换相关技术，把制度性权威成功转化成能够被感知到的服务承诺。在虚拟与现实相互交织的传播场域之中，进而构建起较为具象化的治理图景。在传播期间形成的具备弹性的服务框架，凭借多模态叙事策略，可将政策目标转译成为网络文化资本，这不但能够强化制度性治理具有的合法性基础，而且能激活社会主体参与式治理蕴含的动能。其核心价值就在于构建起制度性权威和网络化动员二者之间双向嵌入的机制，通过持续不断地积累情感能量以及展开符号互动等，建构起一种新型的治理信任关系。最终在公共服务传播经历的拓扑学重构进程里，使治理效能与社会认同呈现出共生性的增长态势，进而为现代国家治理体系朝着社会化方向延伸给予新型的实践路径。

---

〔1〕 参见任友群、张士海：《“中国共产党是为人民服务的党”的内在逻辑与实践要求》，载《人民论坛》2024 年第 20 期。

〔2〕 参见杨蕾、殷焕举：《基层服务型党组织建设的路径探析》，载《中州学刊》2013 年第 6 期。

（一）聚焦民生需求，提供精准帮扶

党始终将增进人民福祉当作自身需要坚守且奋力践行的伟大使命。[1]“网红”党员在网络空间践行初心使命的核心实践就在于聚焦民生方面的各种需求，并且能够提供精准的帮扶举措。在新时代背景下，一方面是密切党群关系的一种创新路径，另一方面也是能够彰显社会主义制度优越性的生动体现形式。当下的情况是，民生诉求已经呈现出多元化的态势，而资源配置也存在差异化的状况，面对这样的现实挑战，“网红”党员精心构建起了一个涵盖“需求洞察—资源整合—效能转化”的服务闭环，进而对传统的帮扶模式进行升级，使其转变成为数字化、精准化的新型服务体系。

1. 聚焦基层，解决实际困难

基层是社会的基本构成单元，是广大人民群众开展生产生活活动的最前沿地带，同时也是党赖以执政的重要根基以及力量产生的源头。[2]“网红”党员凭借新媒体技术赋予的精准触达能力，能够把社会治理层面感知最为细微的末梢部分，进一步延伸到基层治理当中那些极为细微的地方，从而在化解“最后一公里”服务方面所面临的困境难题过程中，重新塑造了政治主体和民众之间相互作用的模式。这类既拥有数字传播能力又具备政治合法性的全新行动主体，依靠在网络空间构建起来的仿佛身临其境般的拟态在场优势，不断地捕捉基层社会当中民众真实诉求的整体面貌，借助直播探访、纪实短视频等能够让人身临其境的沉浸式传播方式，将那些分散存在的民生问题转化成为既可以直观看到又能够广泛传播的公共议题。他们在虚拟社群日常的互动交流过程中，搭建起了并非传统意义上的非正式治理渠道，这样一来，既突破了传统科层制下信息传递在时间和空间方面存在的种种局限，又促成了问题发现与问题解决能够同步开展的闭环机制。其作为媒介化治理节点的功能得以实现，不但重新构建了公共服务供给的数字化途径，而且在符号化传播的进程之中，完成了政治形象的重新塑造——把“人民公仆”的传统形

---

〔1〕参见聂小雄：《中国共产党“为人民服务”宗旨的时代表达》，载《思想教育研究》2023 年第 1 期。

〔2〕参见董海军：《党员干部要积极践行“四下基层”》，载《人民论坛》2024 年第 7 期。

象转变成为能够让人真切感受到的“数字邻人”，进而在虚拟与现实相互交织的治理实践活动当中，强化了执政党和基层社会之间的有机联系。

2. 支持弱势群体，传播温情关怀

“网红”党员于网络空间展开的针对弱势群体的赋权实践，从本质上来讲，构成了政治伦理方面的数字化转译工程。其借助情感化叙事的策略，把制度层面的关怀转化成具身性的传播文本，在促使政治认同得以提升的同时，实现了对社会排斥情况的结构性弥合。这一群体充分运用场景化传播具有的具象优势，对残障人士、空巢老人以及进城务工者等边缘群体的生存状况进行编码处理，使其变成富有传播张力的视觉符号，凭借算法推荐产生的传播裂变效应，推动那些原本属于小众的议题进入大众视野，进而引发集体层面的情感共鸣。他们在开展内容生产活动时，有意识地消解传统帮扶话语里俯视的视角，转而采用共情叙事以及参与式传播的策略，不但激活了社会成员的情感连带责任，而且通过“云端接力”这种公益模式，达成了物质援助与精神抚慰的双向赋能效果。

（二）推动公益事业，激发社会善举

在如今数字化时代下，公益事业正处于转型的大背景之中，“网红”党员被赋予了全新的社会动员方面的功能，其最为关键的点在于要把网络传播具有的势能成功转化为公益行动的协同方面的效能。借助构建能够实现资源整合的智能平台以及可以进行价值传导的沉浸式场景，“网红”党员得以在虚拟的空间当中搭建起用来践行向善行为的通道，这样一来，不但打破了传统公益在参与方面存在的壁垒，而且重新塑造了社会动员的传播方面的范式。而这种对公益进行赋能的深层原理，其实就是把政治组织起到的引领作用和网络社群具备的协作特性以一种创造性的方式结合起来，进而形成关于公益生态的数字化治理的方案。

1. 发动公益行动，汇集多方力量

发展公益慈善事业对于增进人民的福祉而言意义重大，同时也是实现社会公平正义所必不可少的内容。[1] “网红”党员有自身独特的网络动员能力

---

〔1〕 参见方圆：《习近平公益慈善思想述论》，载《湖南社会科学》2017 年第 2 期。

方面的优势条件，他们在公益事业这个范畴当中搭建起了一种新型的社会协同机制。他们的行动逻辑突破了传统公益模式下“政府主导—社会参与”的线性架构模式，通过把自身具有的政治身份符号转化成为能够被大众感知的公益符号，营造出一个更富有吸引力的价值汇聚的场域环境。而这种公益动员效能能够达成的根源就在于他们对网络社会资本具备重组的能力，一方面依靠体制内组织资源具有的公信力来给予支撑，另一方面借助网络社群分布式传播的特性，推动公益项目从以往垂直化的运作方式朝着平台化协作的方向发展迈进。在实际践行的过程当中，“网红”党员通过亲身参与其中来形成一种示范效应，把个体的叙事融入公益架构，以此来激发商业机构、民间组织还有普通网民之间实现跨圈层的联动。相较于传统公益活动当中存在的“施受分离”的这种结构性困局而言，“网红”党员主导的公益模式借助数字化的手段对参与场景进行重塑，在捐赠者与受助者之间搭建起可视化的互动通道，将原本单向的资源输送模式转变成为双向的价值再生产模式，进而构建起一个更具韧性的公益生态体系。

2. 传播公益理念，培养奉献精神

“网红”党员于公益理念传播方面展现出颇为独特的价值塑造作用，其借助符号化叙事策略，能够把那些抽象的道德准则转化成可以切身体验的文化实践活动。这种理念的传播并非局限在单纯的公益倡导范畴内，而是通过构建起“日常生活—崇高价值”这样一种意义关联网络，在碎片化的传播语境当中实现奉献精神的代际传承。其传播效能背后蕴含的深层原理就在于创造性地运用网络亚文化表达范式，把主流价值观编码成为具备传播裂变能力的文化符号，如此一来，既能够保留意识形态内核具有的严肃性，又能赋予其符合青年话语体系的时尚特性。这样的双重编码策略可以有效地化解传统公益宣传过程中存在的“理念悬浮”这一传播难题，使利他主义精神能够借助具象化的故事场景，慢慢地渗入受众的认知结构。在价值内化的进程里面，“网红”党员持续不断地营造“微公益”参与情境，以此来引导公众在互动仪式当中完成从旁观者到实践者的身份转换，这种渐进式的培育机制相较于运动式的道德教化而言，明显更具持续性特点。

（三）促进社区发展，构建和谐家园

社区规模不大，却与千家万户紧密相连。[1] 推动社区不断发展、倾力构建和谐美好的家园，已然成为“网红”党员在网络这片广阔空间当中，针对基层治理展开的极具创新性的实践活动。它一方面属于新时代党建引领社会治理运用的重要方式方法，另一方面也是紧密维系党群之间如同血肉般紧密联系的情感上的有力纽带。当下，社区治理出现了碎片化的状况，与此同时，居民的需求也变得更加精细化，面对此种双重难题的严峻考验，“网红”党员精心构建起了一套涵盖“数字赋能”、“文化浸润”以及“关系重构”等多方面内容的全新社区服务范式，从而成功地将传统社区工作具备的优势充分转化成网络时代下的治理效能。

1. 投身社区建设

相较于社会管理，社会治理会更为看重群众能够以主体的身份参与其中。[2] “网红”党员成功地把网络平台打造成了社区治理方面的“云端议事厅”，凭借“技术驱动”以及“机制创新”这一双轨的策略，有效地激活了居民参与到社区事务当中的积极性与能动性。“网红”党员积极投身于社区建设的一系列举动，实际上就是基层治理朝着网络化转型的一种非常具体的实践形式。在虚拟和现实相互交融的传播生态环境之下，他们借助短视频平台、社交媒体账号等一系列数字化的渠道，较为系统地展示出社区公共事务的运作逻辑以及蕴含的价值导向，进而把原本呈现出碎片化状态的社区议题转化成了既能够可视化又便于传播的叙事文本。这样的实践做法，不但成功突破了传统社区动员存在的空间方面的局限，而且借助场景化内容的生产，重新塑造了居民对于社区事务的认知框架。比如，当“网红”党员以第一视角去记录老旧小区改造的整个过程的时候，其镜头语言一方面能够展现出施工细节体现出的技术理性，另一方面也能够传递出党员冲锋在前的责任伦理，像这样的双重叙事策略，可以非常有效地消除居民对于行政决策的距离感。

---

〔1〕 参见刘珊：《中国式现代化视域下社区治理共同体公共精神的重塑》，载《云南大学学报（社会科学版）》2024 年第 2 期。

〔2〕 参见王东：《社会治理双重属性的逻辑进路及其实践维度》，载《理论导刊》2020 年第 8 期。

2. 促进邻里友好

社区是道德治理方面极为重要的主体，称得上是开展道德治理工作的一股基本力量，与此同时，社区文化还扮演着道德治理有效载体的角色。[1]“网红”党员在修复社区关系出现的裂痕这件事上，呈现出了独具特色的、借助媒介来发挥的调解功能，其在社会当中拥有的影响力，源自政治身份赋权以及新媒体传播赋予的能量这二者相互叠加之后产生的作用。在城市化进程不断推进的过程当中，常常会面临邻里关系原子化的困境，面对此种情况，“网红”党员们借助策划诸如“虚拟楼宇群组”“线上互助平台”等这一类数字化的中介系统，把在物理空间层面相互疏离的居民重新引入能够持续开展互动的信息网络。这种依靠技术赋予能量实现的社交关系重新构建，并非局限于比较浅层的信息交换层面，而是借助精心打造设计出来的内容生态，培育社区共同体的意识。就拿具体事例来说，当“网红”党员以“社区观察者”的身份对外发布那些关于邻里互助的纪实影像的时候，在镜头当中呈现出来的志愿者为独居老人送餐的细节特写画面，一方面能够非常具体地对党员联系群众的组织原则作出诠释，另一方面还能够在情感这个层面上，唤起观众内心当中的道德共鸣。在开展矛盾调解的实际工作当中，“网红”党员们能够以富有创新精神的方式运用直播连麦、话题讨论等一系列新媒体工具，把原本属于私域化的邻里纠纷转化成为可供公共讨论的治理方面的议题，这种处理问题的方式具有很高的透明度，既能够让居民对基层党组织的信任程度增强，又能够推动社区治理朝着更为开放、更加包容的方向发展。

六、文化传承功能

“网红”党员具备的文化传承功能深深扎根于政治传播和文化资本二者相互转化的机制当中。其本质便是凭借网络化的符号实践活动，重新构建起传统文化资源在现代社会中的表达路径。在传播的整个过程里，会采用多模态的叙事策略，把文化符号加以解码处理，使其变成能够让人们参与其中的交往仪式，进而在虚拟空间当中搭建起一个带有情感黏性的文化认同场域。这

---

[1] 参见闫平：《社区文化：新时代道德治理的有效载体——以乡村社区文化建设转型为视角》，载《山东社会科学》2021年第7期。

样的转化机制通过建立起文化基因和网络符码之间适配性的关联，有效消解了传统与现代在文化传播方面存在的张力。其核心就在于借助交互式的传播方式，构建起关于文化记忆的拓扑学网络，并且依靠节点化传播产生的裂变效应，达成文化价值的分布式传承，与此同时，依托情感共振机制，充分激活文化符号在当代进行阐释的潜在能力。

（一）弘扬红色文化，赓续革命精神

红色文化是中国共产党的文化血脉，亦是民族复兴进程中的精神坐标参照。[1] 中国共产党始终对红色文化的发展与建设给予高度重视，充分彰显出中国共产党极为强烈的文化自觉意识以及文化自信自强的特质。[2] 大力弘扬红色文化，持续赓续革命精神，此乃“网红”党员于网络空间肩负的传承红色基因的重要使命与职责担当。当下之际，红色文化的传播正遭遇代际隔阂以及价值多元化带来的冲击影响，“网红”党员着手构建起“深度挖掘—创新转化—情感共鸣”的传承体系架构，从而将革命历史巧妙转化为具备时代穿透力的文化符号象征。如此一来，既能突破传统教育单向灌输的固有模式，又能够让广大民众在沉浸式的体验过程当中筑牢自身的信仰根基。

1. 深入研究红色文化遗产，生动讲好先辈们的革命故事

在党的100多年奋斗历程当中，留下了诸多红色文物以及感人故事，产生了不少革命圣地和历史事件，还涌现出一大批英雄先烈、榜样模范，形成了一系列伟大精神，构筑起中国共产党人的精神谱系等丰富的红色资源。[3] “网红”党员作为新时代意识形态传播领域中极为关键的实践主体，从系统研究的角度出发，对红色文化遗产蕴含的内在结构以及核心精神价值展开细致剖析，进而搭建起革命历史叙事和当代价值阐释之间稳固的纽带。在虚拟网络空间这样独特的场域里，他们凭借个体化的叙事角度，融入集体记忆的再

---

〔1〕 参见周耀杭、刘建平：《论中国共产党红色文化的建设与传承》，载《理论视野》2021年第10期。

〔2〕 参见王海亮、熊晓琳：《中国共产党铸就红色文化的历史演进、基本经验与实践向度》，载《理论探讨》2024年第3期。

〔3〕 参见刘晓哲、魏巍：《充分运用红色资源的理论价值及实践价值》，载《人民论坛》2022年第2期。

造过程，把革命文物、重大历史事件还有英雄人物等承载着革命历史的具象符号，精心打造成极具感染力的叙事文本。通过对场景进行生动还原以及在细节方面深入挖掘，打破了时间与空间的限制，使革命先辈们崇高的理想信念，从档案文献里那种沉寂的静态状态，转变成受众能够切实感知并且可以与之对话交流的鲜活文化形态。在重塑革命历史传播范式的过程中，“网红”党员始终秉持着意识形态的严肃性，同时运用人格化传播策略，极大幅度地提升了受众在认知层面的参与度，实现了红色基因在数字时代的创新性传承与发展，让红色文化在当代社会绽放出新的生机与活力。

2. 革新传播手段，促进情感共鸣

传统红色文化在传播的时候存在不少弊端，如传播对象不够明确、传播手段较为单一等。[1] 然而，“网红”党员借助网络平台的多样特性以及创新特质，成功打破了这样的局限。处在媒介技术快速更新换代的时代大背景之下，“网红”党员运用富有创造性的思维，对红色文化传播的符号体系进行重新构建，还通过跨媒介叙事的策略，精准地把革命精神转变成契合数字传播规律的情感连接要点。他们能够充分利用虚拟现实技术，极为逼真地复原历史场景，同时开发出互动式的红色教育程序，精心打造出系列化的短视频产品，从技术赋能以及内容创新这两个不同方面，极大程度地拓展了意识形态传播的想象范围以及传播界限。这种传播手段方面的革新，不是简单生硬地照搬商业传播的那套逻辑，而是着重聚焦于红色文化传播依靠的深层情感架构。通过用心设置能让人沉浸其中的体验情境、巧妙安排交互式的参与环节、精准打造符号化的记忆定位点等多种方式，成功地把受众内心深处对革命传统的情感认同给激活起来。

（二）传承传统精粹，守护民族根脉

在当今数字化的时代环境之下，文化传承无可避免地遭遇到了解构以及重构这两方面的重重挑战。“网红”党员充当起了传统和现代相互衔接的角色，其在文化方面发挥的功能呈现出价值守护跟创新转化二者辩证统一的态

---

〔1〕参见吴智军：《新时代红色文化数字传播的价值、特点与路径》，载《思想教育研究》2024 年第 8 期。

势。他们借助构建起经典阐释所具备的学术层面的深度，还有生活渗透所拥有的传播层面的广度，在将文化断层予以消除的同时，成功激活了传统在当下时代蕴含的生命力。而这种传承实践从深层次来讲的意义就在于，把文化遗产由原本静态的保护模式转变成为动态的发展模式，进而塑造出一种既有历史赋予的厚度，又带有时代赋予的锐度的全新的文化传承范式。

1. 深入研究经典著作，重新诠释文化内涵

中华优秀传统文化是中华民族智慧凝结而成的成果，[1] 其文献当中包含着极为丰富的哲学思考内容、道德原则方面的阐述以及满满的人文关怀之情。“网红”党员以独特的文化解码者的角色，深度且切实地参与到传统经典价值重塑的整个进程里面。他们依靠自身专业的学术素养，再加上敏锐的时代洞察力，针对典籍文本的深层语义，还有其所处的历史语境展开较为系统的解构工作，目的在于打破传统精粹和现代阐释之间存在的认知壁垒。在数字化传播这样全新的场域环境之下，“网红”党员运用符号学转化的相关机制，巧妙地把《论语》《道德经》等典籍里那些抽象的哲学命题转化成具象化且场景化的文化产品。借助隐喻叙事的手法，能够将晦涩难懂的哲理用生动形象的方式展现出来；通过意象再造的策略，可以跨越古今话语体系存在的巨大差异，使经典文化能更加容易被当代的受众群体理解。这一诠释实践绝不是对文本表层意义进行简单的复述而已，而是努力通过跨时空的对话形式，构建起经典文本和当代价值诉求二者之间的互文关系。“网红”党员在对文化阐释路径进行重塑的时候，一方面始终保持着对原典精神的敬重与敬畏之心，以此确保经典文化的内核不会遭到侵蚀；另一方面，又积极地融入带有时代特点的解读维度，赋予经典新的生命力，从而开拓出一条独具特色的文化传承路径，为经典文化在当代社会的传承与发展提供了新的思路与办法。

2. 融入现代生活，促进动态传承

“网红”党员精心构建起文化符号的日常生活嵌入机制，成功把传统精粹转化成具备现代生命力的文化资本，于消费社会的复杂语境下，开拓出非物质文化遗产活化以及民俗复兴的全新实践领域。他们会灵活采用文化混搭策

---

〔1〕 参见周婷、李嫣然：《中华优秀传统文化融入青少年德育：价值与路径》，载《教育学术月刊》2024 年第 12 期。

略，积极开展诸多创新实践活动，像是策划汉服数字化展演活动，把传统汉服文化和现代数字技术融合起来，以新颖的形式将汉服之美展现出来；开发二十四节气主题应用程序，让古老的节气文化能以便捷、实用的途径融入现代人的生活；创作戏曲跨界短视频，打破戏曲与其他艺术形式存在的界限，吸引更多年轻受众。经过这些符号赋魅以及意义再生产的流程，充分激活了传统文化元素在当代社会具有的价值。这种传承模式的创新，完全突破了博物馆式静态保护存在的局限性，不再只是把传统文化搁置起来，而是在商业逻辑与文化逻辑相互博弈并且协同发展的过程中，构建起一个可持续发展的传承生态系统。

第二章
“网红”党员与传统党员的异同探析

第一节　新媒体语境下党员群体的话语实践创新研究

在数字化革命如浪潮般汹涌推进的大背景之下，传播格局正实实在在地经历一番前所未有的重大重构过程。就拿元宇宙来说，它凭借自身高度互联极为显著的特点，正在逐步构建起一个全新的、涵盖多维度且横跨诸多不同领域的信息交流框架。[1] 而这一重构的过程，也在切切实实地对政党话语体系的表达范式以及实践逻辑产生极为深刻的影响，不断地对其进行拆解与重新塑造。“网红”党员借助情感化的叙事手法，在一定程度上削弱了长期以来政治传播带有的严肃性；并且运用颇具互动性的话语形式，成功打破了以往组织传播存在的既定边界。在这样的情形之下，传统党员一直以来基于科层制形成的话语方式，就无可避免地面临着此前从未遇到过的严峻挑战。这种话语方式呈现出来的代际差异情况，不仅映射出媒介技术对政治传播规律进行重塑时其内在运行机制的相关情况，更彰显出政党意识形态话语权在如今的网络空间当中所不得不面对的适应性危机问题。

党员作为党组织的基本构成部分[2]以及社会进步力量的重要构成部分，其表达方式在信息传播期间起着极为关键的作用。话语能够反映出时代的跳

---

〔1〕 参见匡野：《主流媒体视域下元宇宙多维跨维信息传播格局建构》，载《中国编辑》2022 年第 2 期。

〔2〕 参见郑传芳、周晨露：《增强党员意识是强党性的必然要求》，载《思想教育研究》2024 年第 4 期。

动脉络。[1] 每一位党员发表的言论都不单单是个人见解的一种呈现，更是传递政党形象、价值观念和政策导向的重要途径。不过，网络社会蓬勃发展起来之后，带来了传播权力方面的重新构建，在促使“网红”党员兴起的同时，也形成了理解“网红”党员和传统党员话语差异的深层次时代背景。随着传播场域从报纸、广播以及电视转移到互联网和社交媒体，政治传播的整个过程发生了根本性的转变，[2] 尤其是社交媒体独有的算法推荐机制以及圈层传播结构，完全打破了传统政治传播的中心化模式，从而催生出以用户节点为核心的分布式话语网络。在这样的发展过程当中，“网红”党员凭借平台资本和技术赋权这两方面的助力，逐渐形成了有别于传统体制内传播者的全新话语主体。他们通过精心构建人格化 IP、生产贴合受众的场景化内容、开展即时性的互动反馈等多种多样的方式，把原本较为抽象的政治话语转变成网络原住民世代能够直接感知到的意义符号。从本质上讲，这种转变其实是对政党传播长期存在的“机构化困境”作出的一种突破尝试。当传统党员依靠组织渠道开展的政策宣讲出现“传播失灵”的情况时，“网红”党员以具身传播这种创新的方式实现了政治话语的“再中介化”。这种话语实践具有的革命性意义就在于，它不再仅仅把传播效力的实现寄托在行政权威的层层传导上，而是通过引发受众的情感共鸣以及价值认同，对政治传播的接受机制展开了重新构建。

一、同根同源：内核一致的话语根基

网络化生存和政治性身份深度融合的时代大背景，使“网红”党员在话语实践方面呈现出颇为鲜明的技术特性。不管其外在表现形式发生怎样的改变，其价值内核都一直和传统党员一样，共同享有马克思主义政党的话语基因，都把马克思主义信仰当作精神上的支柱与依靠。[3] 这两类群体的话语方

---

〔1〕 参见赵绪生、孙进宝：《论新时代党建话语体系建设》，载《中共中央党校（国家行政学院）学报》2020 年第 5 期。

〔2〕 参见张开平：《数字时代的政治传播：理论重构、议题革新与范式转向》，载《政治学研究》2023 年第 5 期。

〔3〕 参见蒙云龙、杨勇诚：《论共产党人必须坚信马克思主义信仰》，载《学术论坛》2012 年第 3 期。

式虽说在技术性表达层面存在一定差异，可它们深层的话语根基始终扎根在党的意识形态核心范畴当中，这里面涵盖了马克思主义中国化的理论体系、有社会主义核心价值观的目标导向以及秉持“以人民为中心”的政治伦理。这种同源性，一方面源自中国共产党严密的组织原则以及长期以来的思想建设传统，另一方面则是深深扎根于政党传播作为意识形态再生产工具的本质属性之中。即便技术革命对话语的传播形态以及接受机制进行了重构，然而政党话语体系的根本逻辑并没有什么动摇。不管是传统党员依靠组织权威来开展仪式化的宣讲活动，还是“网红”党员借助算法规则去进行场景化的叙事，它们最终的目标都是指向主流意识形态的合法性构建以及政治认同的再生产。

（一）核心价值导向的同向共行

当下，媒介正处于深度融合的进程之中，而这一情况也有力地推动着全媒体时代逐步到来。此时，话语生态迎来了重构，其呈现出诸多显著的特征，像话语信息的记录变得全程化，话语呈现的方式呈现出全息化特点，话语内容的生产达到全员化程度，话语传播终端更是实现了全效化。如此的话语生态重构，给话语的生产、传播以及表达等方面都带来了极大的影响，还重塑了党在执政方面的话语生态空间。[1] 不过，我们也应当注意到这种情况，那就是数字化浪潮虽然使党员话语的传播形态发生了改变，实现了重塑，但党员话语价值内核的同一根基并未被其改变。“网红”党员和传统党员的话语形态始终围绕着根本价值导向来协同共振，在话语创新和价值传承形成的辩证统一关系当中，鲜活且生动地彰显出党的先进性以及时代性，既能够做到与时俱进地创新话语表达，又可以一脉相承地传承核心价值。

1. 坚守初心，践行人民至上理念

人民性属于马克思主义的本质属性。[2] 从马克思主义政党理论层面来讲，“人民性”作为根本政治立场的要义，是中国共产党极为突出的鲜明底

---

〔1〕 参见吴阳松、朱建铭：《全媒体时代话语生态变革与党的话语能力建设》，载《理论导刊》2024年第8期。

〔2〕 参见任晓伟、张雨寒：《论人民性是马克思主义的本质属性》，载《理论学刊》2023年第2期。

色，也是党始终秉持、一以贯之的价值追求，[1] 更是党员话语价值导向遵循的根本逻辑。传统党员在进行话语建构时，一直都紧密围绕“从群众中来，再到群众中去”这一根本准则，其语言组织也是严格按照为人民服务的价值指向开展的。在经历长期组织生活的不断磨砺过程中，传统党员逐渐积累起了颇为深厚的理论自觉，他们能够非常巧妙地把那些抽象的政治理念转化成为通俗易懂、让群众易于理解的群众语言。这种话语方式虽说呈现出的是一种庄重且稳健的表达风格，然而在其文本的深层次里面其实始终都包含着对群众利益的深切关怀之情。“网红”党员在话语方面的创新并没有偏离人民立场这一根本的框架范畴，反倒是借助传播形态的革新举措，有效提升了价值传递方面的效能。在话语生产的整个过程当中，自始至终都以人民利益为核心要点，并且将其认定为最根本的价值观、立场以及判断的标准。[2] 通过对政治话语展开生活化的转译、情感化的包装以及场景化的呈现，在保证价值内核始终保持纯粹性的同时，进一步拓宽了话语传播的范围，使更多的人可以接触到并且理解主流价值。这样的表达策略上的转变，本质上就是群众路线在网络时代进行的创新性实践活动，通过对话语姿态加以调适，达成与人民群众，特别是青年群体之间的深度交流沟通，从而增强主流价值在年轻一代群体当中的影响力以及认同感。

2. 凝聚共识，弘扬主流价值精神

社会主义核心价值观是社会主义意识形态本质属性极为重要的一种表征，[3] 它堪称意识形态建设方面的“最大公约数”，党员话语要成为凝聚社会大众共识的带有象征意味的权力工具。以往传统党员的话语传播是极为注重理论阐释的系统性以及完整性的，会通过构建起逻辑上相当严密的价值阐释框架，在深度的思想相互交锋过程当中，筑牢价值共识的根基。这样的话语方式虽说延续了理论传播的经典范式，然而，在价值传导具有的持久性以及渗透性方面，却是独具自身优势的。通过建立起稳定可靠的价值参照系，

〔1〕参见张丽丽：《中国共产党“人民性”话语的历史演进及当代价值》，载《理论月刊》2022 年第 3 期。

〔2〕参见韩强、王野：《论党的人民中心价值观的效能转化》，载《理论探讨》2021 年第 2 期。

〔3〕参见史巍：《以社会主义核心价值观引领文化传播的历史经验与实践重点》，载《大连理工大学学报（社会科学版）》2023 年第 6 期。

传统党员能够为社会思潮指明方向，进而引导社会舆论朝着健康的方向发展。“网红”党员开展的价值传播活动，意在打破“圈层化”传播面临的困境状况，借助创新式的话语表达来突破在价值共识传播方面存在的障碍问题。通过构建起价值传播的“意义之网”，在保证价值内核始终维持不变的基础之上，增强话语具有的适配性以及感染力，使抽象的价值理念能够转化成为具体的文化实践活动。这种传播策略方面的转变，实际上就是主流价值引领方式在时代发展进程中的一种升级体现，使更多的人能够在潜移默化中接受并且认同主流价值。

（二）政治责任伦理的同频共振

随着社会交往媒介不断地迭代更新，政治话语传播形态也在持续地发生重构变化。不管话语表达形式出现了怎样的改变，共产党员政治伦理具有的恒定不变的底色都始终是清晰可辨的。“网红”党员和传统党员在话语实践过程中，始终一同坚守着政治忠诚、公共精神以及廉洁操守等核心的伦理价值。这种深层的伦理同构特性，一方面是马克思主义政党保持先进性的本质要求，能够充分体现出该政党区别于其他政党的独特品质；另一方面也是在不同传播语境之下，党员展现出的政治自觉的一种必然体现，它反映出党员不管自己身处何种环境当中，都能够牢牢地坚守住政治以及道德方面的底线；此外更是党的政治文化基因在话语实践活动中实现的一种创造性转化，通过新的话语形式来将党的优秀政治文化传统传承下去。

1. 忠诚为基，筑牢政治责任堤坝

政治忠诚是马克思主义政党最为首要的伦理方面的要求，它同时也是中国共产党一直以来秉持的优良传统，[1] 是全体党员都务必要具备的政治层面的品格以及行为方面的准则，[2] 还是党员话语具备合法性的根本性规则。传统党员在进行话语建构的时候，始终把政治忠诚当作价值核心来看待，其语言符号系统在组织逻辑上严格遵循党性原则。这种话语方式虽说带有一定的

---

〔1〕参见付晓倩、李新仓：《新时代对党忠诚的内涵意蕴与践行路径》，载《学校党建与思想教育》2022 年第 21 期。

〔2〕参见刘先春、毛峰：《中国共产党“忠诚”概念的历史溯源与话语变迁——以党的历史文献为中心的文本考察》，载《社会主义研究》2024 年第 5 期。

程式化的特点，不过通过建立起话语能指和政治所指之间紧密的对应关系，传统党员也就构筑起了一道能够抵御价值出现漂移情况的坚固的思想防线，进而维护党的团结统一以及思想层面的稳定状态。“网红”党员于话语方面的创新之举，并没有对忠诚的伦理根基造成任何动摇，相反，其借助传播技术革新这一契机，有效强化了政治认同建构方面的效能。在话语生产过程中，始终严格坚守维护党中央权威这条不可逾越的红线，并且能够巧妙运用网络传播具有的圈层渗透机制，成功地把政治忠诚转化为青年群体比较容易感知到的文化符号。

2. 廉洁为本，坚守清正政治本色

清正廉洁是政治伦理方面的底线要求；[1] 维护清正廉洁的政治品质，是党和人民对党员领导干部的一项基本期望；[2] 建设党的廉洁形象，是彰显党的先进性与纯洁性方面的必然要求。[3] 就传统党员的话语传播来讲，其一直严格依循慎独慎微的伦理准则，在对语言符号进行选择与运用时，也是按照廉洁自律的价值标准来执行的。在参与组织生活以及展开政治交流期间，传统党员会着重营造清正廉洁的话语示范情境，从而建立起话语纯洁性和政治先进性之间的内在关联，借此塑造出具备道德净化功能的话语生态环境。“网红”党员在话语方面展开建构，积极地探寻廉洁文化传播具有的创新路径，让表达方面的创新始终能够对增强廉政教育在当下时代具备的影响力起到作用。把廉洁自律方面的相关要求转变成网络传播当中可视化的符号，在维持政治具有的严肃性的情形下，还融入了艺术层面的创造力，由此搭建起能让传统廉政理念和现代审美融合起来的通道。“网红”党员话语策略出现转变，并非要突破纪律设定的底线，而是要凭借增强话语的感染力以及警示性，在虚拟的网络空间当中筑牢“不想腐”的这一思想防线。

（三）规范表达原则的共通共享

中国共产党的政治话语体系始终处在动态发展的过程之中，其话语方式

---

〔1〕 参见田旭明：《清正廉洁：马克思主义执政党的政治本色》，载《学术论坛》2013年第1期。

〔2〕 参见刘宏宇：《党员干部为何要恪守清正廉洁底线》，载《人民论坛》2019年第15期。

〔3〕 参见史海燕：《新时代中国共产党廉洁形象建设的逻辑必然与推进路径》，载《世界社会主义研究》2024年第3期。

一方面传承着传统的基因，另一方面也展现出与时俱进的创新活力。在如今数字化传播的大环境下，“网红”党员凭借新颖的话语在网络空间里十分活跃，他们和传统党员一同构建起了新时代意识形态传播的立体式格局。这二者虽说在表达所借助的载体以及呈现出来的形式上存在差异，却共同遵循着同源共生的规范表达原则。这种内在的统一性不但保障了政治话语具有权威性以及延续性，让其在历史的发展进程里始终保持着庄重、严肃的特点且一脉相承，而且进一步拓展并深化了传播效能，使之能够适应不同时代以及传播环境的种种需求，进而形成了意识形态工作守正创新的一种良好范例。

1. 严谨措辞作为意识形态安全的话语防线

政治话语具有的严谨性是中国共产党在开展意识形态工作过程当中极为关键的核心特质，其在传统党员群体以及“网红”党员群体里，呈现出一种颇具辩证统一特性的实践形态。传统党员往往会借助诸如理论宣讲、政策解读这类制度化的传播渠道来开展相关工作，在此过程中，他们会严格依照政治话语的规范要求行事，从而确保对概念的表述、理论的阐释能够做到准确无误，而这样的严谨性实际上构成了保障意识形态安全的一道基础防线。当“网红”党员对表达方式予以创新时，他们并没有消解掉政治话语蕴含的严谨内核，反而是依据新媒体传播遵循的规律来作出适应性的转化。两种话语主体共同遵循严谨性原则，实际上就是在守护意识形态安全的双重维度。传统党员着重于理论体系的完整性以及逻辑的自洽性，凭借层层推进的论证结构来搭建起严密的理论防线，依靠理论的深度及其系统性来保障意识形态安全；“网红”党员则聚焦于话语传播的精准性和可控性，借助算法推荐、用户画像等技术达成严谨内容的精准推送，从传播效果以及受众接受程度方面来维护意识形态安全。这样的互补实践充分显示出，严谨的措辞绝非刻板的形式主义，也不是单纯的语言规范，而是意识形态工作者在政治层面自觉意识于话语方面的具体展现，是维护主流意识形态安全所必不可少的话语策略。

2. 群众语言实现意识形态的生活化转译

通俗化的话语表达形式是新中国马克思主义话语权得以生成的极为关键的条件。[1] 推动话语体系同群众生活达成深度的交融状态向来是中国共产党

---

〔1〕 参见周银珍：《新中国马克思主义话语权生成逻辑》，载《湖南社会科学》2019年第3期。

在开展意识形态工作方面始终秉持的优良传统。步入数字时代之后，这一优良传统便被赋予了全新的、带有鲜明时代特征的内涵。传统党员一直遵循着“从群众中来，到群众中去”的工作路径，比较注重对群众语言原生性以及在地性的维持，他们会凭借诸如方言俗语、民间谚语这类元素来达成政治话语的本土化转换。而“网红”党员群体在此基础上更是往前迈进了一步，其进一步拓展了群众语言涉及的外延边界范围，把网络流行语、青年亚文化符号等一系列新兴的话语元素巧妙地融入自身的表达体系，通过运用模因传播、互动叙事等一系列技术手段来增强话语的传播黏性，进而创造出一种更富有时代气息的、用于意识形态转译的独特方式。这种转译实践存在共通之处，那就是这两种话语主体都始终恪守意识形态传播的准确性这一重要原则，他们既不会对民间话语进行简单的挪用，也不会盲目地跟从网络潮流，而是借助话语创新的方式来实现主流意识形态与日常生活场域之间的无缝衔接。

二、同途异辙：传播路径的差异分野

在人类的历史进程之中，每一回出现媒介方面的重大革命，往往都会促使相应的话语生态发生改变，还会催生出与之对应的话语生产的具体方式、传播的特定模式以及关系呈现出的格局，进而塑造出带有相应媒介所处时代特征的话语范式以及话语表达形式。[1] 随着媒介技术不断地快速更新换代，再加上政治传播范式也一直在持续发生变革，中国共产党党员群体在话语实践方面正经历着传播路径存在差异带来的极为深刻的话语形态重塑。“网红”党员作为数字时代里政治传播主体呈现出的一种全新形态，其话语方式和传统党员的话语方式相比，已然形成了颇为显著的结构性方面的张力。虽说二者在传播意识形态的根本目标上保持着一致的状态，然而在符号编码的相关策略、主体身份构建的具体情况以及受众互动逻辑等不同层面上，存在着能够让人明显察觉到的区别。这种差异其实反映出了在传播学领域当中，媒介环境对于政治话语生产起到的塑造机制，其根本性质是政党传播体系为了能够更好地适应数字媒介生态而作出的一种适应性方面的调整，它也象征着传统科层制话语体系和液态社会传播逻辑之间相互产生碰撞并且逐步走向融合。

---

〔1〕 参见吴阳松：《新媒体时代中国共产党话语建构的现实审思》，载《理论探索》2024 年第 2 期。

(一) 媒介选择偏好的径路有别

意识形态的领导权同政党的兴衰成败有直接的关联，它是政权获取合法性的重要根基。[1] 政治话语是一种能够有效维持并且再次生产出意识形态权力的机制，是用来传播意识形态的载体和工具。[2] 中国共产党在开展意识形态传播工作的时候，一直都遵循着与时俱进的方法论原则，不同历史时期当中的话语主体会依照媒介生态发生的变革情况，持续地对传播路径作出相应的调适动作。在当下这个媒介技术对传播格局进行深度重构的时期，“网红”党员和传统党员虽说共同享有政治话语的核心价值，却在媒介选择这个层面上，呈现出了颇为明显的实践方面的差异。这种差异既不是在意识形态立场方面出现了偏离的情况，也并非在传播目标上有了背离的表现，而恰恰是同一政治话语体系为了能够更好地适应媒介环境出现的变迁状况，进而作出的带有差异化特点的策略方面的选择。

1. 传统媒体深耕是传统党员舆论阵地固守的稳态机制

在传统媒体所处的那个时代，在报纸、广播以及电视充当着主要的信息传播工具之际，中国共产党着手构建起了一套颇为严密的信息控制系统，以此来强化对各类信息源的管理工作。[3] 传统传播媒介从诞生之初便带有一种天然的权威性，而且其报道极具严谨性，[4] 所以在日常生活当中，它们始终都在发挥着极为重要的文化传播方面的作用。[5] 传统党员群体之所以会对主流媒体有深度的依赖，是因为中国共产党在长期的发展进程中形成的意识形态传播方面的传统。像党报党刊、广播电视等这些主流媒介，它们作为带有制度性的传播渠道，自身具备的权威性、规范性以及系统性等诸多特征，和传统党员话语传播内涵的要求是高度契合的。通过在传统媒体这片领域深耕

[1] 参见孙绍勇：《百年大党意识形态领导权建构的理路演进及其当代启示》，载《湖湘论坛》2021年第4期。

[2] 参见朱亚娇：《中国共产党政治话语的发展历程、功能阐释与经验启示》，载《哈尔滨工业大学学报（社会科学版）》2023年第2期。

[3] 参见丁建芳、郭国祥：《新媒体背景下党的执政形象建构》，载《学校党建与思想教育》2021年第1期。

[4] 参见刘夏青：《融合视域传统媒体与新媒体的比较与发展》，载《传媒》2018年第22期。

[5] 参见马德坤：《论新时代加强党内政治文化建设的实践路径》，载《学术界》2020年第9期。

细作，传统党员便能够确保政治话语可以完整地呈现出来，并且能够实现精准地传递，进而在诸如版面编排、时段分配等这些已经制度化了的传播框架之中，构建起一种具备高度稳定性的舆论引导机制。和新兴媒介呈现出的碎片化传播特质相比，传统媒体具备的议程设置能力以及舆论定调功能，对于传统党员开展系统性、连续性的意识形态建构是更为有利的。这种关于媒介的选择策略尽管在当下遭遇到了传播效率方面的挑战，然而它在维护意识形态传播应有的严肃性、确保政治话语解释权等诸多方面的战略价值依旧是其他方式无法替代的。

2. 新兴平台发力是“网红”党员话语空间拓展的流动策略

新媒体等新兴平台快速兴起并得到广泛运用，这一情况使党建工作所处的外部信息环境发生了改变，同时也给党组织建设带来了全新的平台以及更为丰富多样的信息资源。[1]“网红”党员群体对短视频平台以及社交媒体展开战略层面的进驻行动，这一行为标志着意识形态传播已然开始深度契合数字时代的媒介逻辑。与传统媒体单向度的传播模式有所不同，新兴平台具备的即时互动功能、算法推荐机制以及用户生产内容的机制，为政治话语创新开辟出了具有流动性特征的传播空间。在诸如弹幕互动、直播连麦这类新型的传播场景中，“网红”党员会把政治话语转化成为能够让大众参与其中、能够让大众亲身体验的数字化内容产品，进而创造出意识形态传播方面的“轻量化”实践范式。这样的媒介实践一方面坚守住了政治立场的根本原则，另一方面又借助话语形态的弹性转换，使传播效能得以增强。

（二）表达风格形式的大相径庭

中国共产党在开展意识形态传播工作之际，始终把原则坚定性和策略灵活性极为巧妙地融合起来，达成一种辩证统一的状态。不同代际的党员群体一方面坚守着共同的价值内核，另一方面又各自形成了颇具特色的话语风格体系。传统党员往往凭借体制化的话语形态，构筑起理论传播方面如同坚固堡垒一般的存在；而“网红”党员借助对亚文化符号展开创造性转化的方式，积极开辟出网络化传播的崭新战线。这二者在表达风格上存在十分显著的差

〔1〕 参见熊银：《新媒体推动党建工作迈上新台阶》，载《人民论坛》2019 年第 3 期。

异，这种差异反映出媒介生态发生变革之后对政治话语带来的深刻的塑造作用，充分展现出在意识形态工作当中守正创新蕴含的实践智慧。实际上，这种风格差异并非意味着价值立场出现了根本对立的情况，只是政治话语体系为了能够更好地适应传播格局不断分化的态势而作出的策略性调适。

1. 平实是传统党员体制性符号资本的再生产逻辑

传统党员群体呈现出的话语风格是深深扎根在党的意识形态传播传统之中的。其表述方式平实，而这恰恰将政治话语生产的制度化特征很好地体现了出来。传统党员作为体制内符号资本极为重要的承载者，他们凭借对理论术语规范且恰当地使用、论证逻辑严密地构建以及修辞策略有所克制地运用等，不断对主流意识形态的权威性进行着持续的再生产。这种话语风格的形成机制和组织传播体系有高度同构性。平实风格具备的深层价值体现在它能够构建起认知方面的稳定性以及解释上的确定性。当传统党员采用概念清晰明确、结构条理分明的话语形态时，实际上就是在构建一套不容他人置疑的真理叙述体系。这种话语风格会对模糊性与多义性加以排斥，比如在开展政策宣讲活动的时候会严格依照文本的表述内容来进行，在参与组织生活期间会十分谨慎地把握言论的边界范围，在制定党内法规时会全力确保用词规范以防产生歧义的情况，[1] 如此一来便能够保证意识形态的传播始终都处在可以控制的解释框架范围之内。从符号学的维度看，平实的表述方式能够强化政治话语具有的仪式感以及神圣性，让每一个理论概念都转变成体制性符号资本的具象化承载之物。

2. 活泼多元是“网红”党员亚文化符号体系的重构密码

网络语言有简洁、形象且颇具幽默的种种属性特点。[2] “网红”党员群体会对网络流行语、表情包以及视听特效等青年文化符号加以解构，而后进行重新组合，通过这样的方式构建起带有鲜明时代特征的意识形态传播新的话语形态。这种话语风格既活泼又呈现出多元的特点，它突破了传统政治传播遵循的美学范式，把主流价值巧妙地编码成更具网感的符号产品，比如将

---

〔1〕 参见祁净玉、唐皇凤：《新时代党的监督保障法规体系的主要创新及其基本经验》，载《河南社会科学》2024 年第 5 期。

〔2〕 参见王秋艳：《网络语言成因的传播学及心理学探析》，载《传媒》2019 年第 1 期。

政策解读转变为趣味十足的动画形式，把理论阐释巧妙地嵌入互动游戏，让价值引导悄然潜藏于段子叙事里面。亚文化符号的创造性运用其实蕴含着颇为深刻的传播政治经济学方面的逻辑。当“网红”党员把主流意识形态巧妙地嫁接到网络流行文化之上时，其本质就是在全力争夺青年群体对于符号的解释权。他们通过构建起“政治正确”以及“文化潮流”两者间的价值共鸣，成功地把体制性话语转变成了能够被分享且可以进行二次创作的文化模因。这样的话语策略一方面很好地保持了意识形态当中的核心要素，另一方面又借助符号能指具有的丰富性，充分激活了受众参与式传播的积极性。这种风格方面的转型，也标志着意识形态传播已经从以往的单向灌输模式开始向双向互动模式发生范式上的革命。

（三）目标受众与传播效果的各有侧重

中国共产党在开展意识形态传播工作的过程中，始终依照战略定力和战术创新相互辩证的法则来行事。不同代际的党员群体在始终坚守共同政治使命的基础之上，会依据传播格局出现的分化以及演进情况形成有差异的受众定位方式以及效果生成机制。就传统党员而言，他们凭借组织化的传播体系，能够达成对全民的广泛覆盖；“网红”党员则借助精准的圈层触达手段，开辟出了网络化传播的全新战场。二者在受众定位、效果机制以及功能导向等层面存在的差异从实质上来说，构成了主流意识形态传播体系当中的多维张力结构，并且能够在差异互补的情形之下，实现传播效能的最大化释放。

1. 圈层化触达与全民性覆盖的受众定位差异

传统党员群体在开展传播实践活动时，一直将实现对全民的广泛覆盖当作战略层面的目标来对待。其进行话语设计的内在逻辑源于广泛凝聚社会层面的共识这样一种需求状况。依靠党报党刊、广播电视这类大众媒介具备的议程设置方面的能力，传统党员群体构建起了能够跨越地域限制、突破年龄界限以及打破阶层隔阂的传播网络体系，以此来保证主流意识形态可以传达到全体民众那里。这种实现全民性覆盖的情形，一方面彰显出了政治传播秉持的普惠性原则，另一方面更是在维护意识形态领导权方面的一项根本要求。随着互联网技术不断发展演进，网络社交生态逐渐呈现出圈层化的明显特征。在这样的圈层化网络社交情境中，社交媒体的用户会凭借特定的话语体系在其所属圈子里构建起身份方面的认同，同时制定并协商社交方面的规范以及彼此间的关系，进而共同塑造出针对外部世界的认知框架。[1]“网红”党员开展的传播实践把关注点聚焦在特定圈层的精准触达上，其话语的方式和网络社群具有的亚文化特征实现了深度的融合。借助算法推荐、兴趣标签以及社群运营等一系列技术手段，针对青年群体、垂直领域爱好者等这些特定的受众来展开定制化的传播活动。这种圈层化的策略并非背离全民覆盖的目标，反而是通过借助分众传播的方式来达成意识形态传播的全方位渗透效果。从符号学的角度加以审视，“网红”党员会对主流价值进行编码处理，使其成为带有圈层认同感的符号体系，然后利用模因传播、互动仪式等全新的传播机制，让政治话语能够自然而然地融入网络社群日常的交流场景。上述两种受众定位的策略彼此之间相互补充，实际上构建形成了意识形态传播中“广泛覆盖”与“精准传播”相互结合的立体化格局态势。

2. 参与式认同与制度性服从的效果生成机制差异

传统党员群体话语传播达成的效果，往往是依靠由体制性权威构建起来的制度性服从机制实现的。传统党员在传播活动当中，借助政治话语具备的规范性特点、呈现出的系统性特质以及自带的权威性，持续不断地强化受众对于意识形态合法性的一种自觉认同状态。而这种效果的生成机制，是建立在组织化传播体系给予的制度保障基础之上的，其核心的逻辑在于，通过理论阐释拥有的逻辑自洽性、政策解读展现出的阐释权威性，还有价值传导体现的叙事完整性等，构建起一个带有强制约束力的意义解释框架。在这样的一个过程里面，受众对于意识形态的接受情况，一方面源于其自身理性认知不断深化的结果，另一方面也会受到制度环境带来的规训压力的影响，如此便形成了稳定且持久的政治社会化效果。“网红”党员开拓出参与式认同方面新型的效果生成路径，其在话语方式上着重于激发受众的主体性建构能力，从而让受众于互动以及展示过程中收获成就感，并且使积极性与能动性都得以增强。[2]借助设置互动话题、开放内容共创、设计传播游戏等参与机制，

---

〔1〕 参见邱月：《圈层化网络社交生态下社交媒体用户话语建构及媒介审视》，载《郑州大学学报（哲学社会科学版）》2025 年第 1 期。

〔2〕 参见仇园园：《参与式传播视角下中国国家形象的国际传播》，载《中国出版》2021 年第 20 期。

把意识形态传播转化成能够体验、可以参与的数字化实践活动。这种效果生成机制，从本质上来讲是政治传播从“意义灌输”模式转变成“意义共构”模式的范式变化，受众在作出点赞、评论、转发等行为时，会在不知不觉间将主流价值予以内化。

三、追根溯源：差异成因的多维剖析

作为在意识形态传播方面起关键作用的实践主体，党员话语方式的演变情况能够极为清晰地映照出媒介技术革命以及社会结构转型这两方面蕴含的内在逻辑。传统党员的话语是深深根植于科层制组织具有的制度惯性当中的，其线性传播模式遵循“权威—服从”的符号编码规则，通过带有仪式化特点的话语实践来维系政治传播具有的严肃性以及神圣感。“网红”党员则得益于网络传播无边界的特点，[1] 借助新媒体平台具备的交互特性，把政治话语编码转化成能够被分享、能够让大家参与进来的文化符号，在算法推荐机制以及用户生产内容这两者共同发挥作用的情况下，使意识形态传播从“课堂模式”转变到“市集模式”。这种转变一方面源于媒介技术对社会关系进行重新构建带来的影响，另一方面也受到了后现代文化环境当中受众认知结构出现深刻变化的影响，并且更加体现出了政治传播从“硬权力”朝着“软实力”转化这样的战略方向上的调整。

（一）社会环境因素的塑形之力

中国共产党的意识形态传播向来都是深深扎根于特定历史阶段的社会土壤之中的，其话语形态经历的演变情况，深刻地反映出了社会结构的变迁规律。“网红”党员和传统党员在话语方面存在的差异，并非一种偶然出现的文化现象，实则是社会环境当中多种因素共同发挥作用带来的必然结果。当技术层面发生革命进而重构了传播秩序，舆论生态出现变化从而重塑了认知模式，传播领域产生变革以致加速了话语更新时，这两种不同的话语主体在努力适应环境变化的整个过程里，便形成了各不相同的表达策略。这样的差异，一方面是传播主体为了应对环境带来的挑战而作出的主动调整举措，另一方

---

[1] 参见竟辉：《以辩证思维引深网络空间意识形态治理》，载《理论探索》2023 年第 6 期。

面也是意识形态相关工作为了顺应时代发展而开展的创新探索行动，其背后体现出来的正是政治传播与社会环境相互作用的深层次逻辑。

1. 技术革命赋能，催生“网红”党员新表达

数字技术不断发展从根源上改变了意识形态传播依赖的物质基础，对“网红”党员在话语方面进行革新给予了技术层面的有力支持。智能算法、移动互联以及多媒体技术深度融合在一起，一方面创造出了全新的传播场景，另一方面也重塑了政治话语的生产逻辑。当传统党员还只是依靠文字、声音这类单一符号来传递意义的时候，“网红”党员已经开始运用虚拟现实、互动视频等一系列技术手段，把抽象的意识形态成功转化成能够被感知到的数字化体验。技术革命给表达方式带来的改变，并非局限在工具这一层面，实际上还对话语权力的生成机制产生了颇为深远的影响。在传统媒体所处的时代当中，话语权威往往建立于传播渠道被垄断的基础之上。然而，“网红”党员借助技术平权产生的效应，凭借用户生产内容这一机制，重新构建起了话语生产的链条。算法推荐能够赋予个体话语极为强大的传播势能，数据反馈则能够构建起可实时进行优化的话语调整系统，而云端存储更是形成了话语资源永久性的沉淀。正是这样由技术驱动的话语生产方式，让“网红”党员有能力突破体制性传播具有的固定框架，进而在技术逻辑和政治逻辑相互作用的情况下开辟出意识形态传播的全新路径。

2. 舆论生态变迁，塑造传统党员话语风格

党的执政形象不单单与自身内部建设紧密相关，同时还在很大程度上受到社会舆论环境直接或者间接的影响。[1] 社会利益格局发生了极为深刻的调整，价值观念也呈现出多元分化的态势，这二者一同催生出了复杂且多变的舆论生态环境。在这样的环境压力之下，传统党员群体就需要对自身的话语策略作出适应性的调整。当网络空间里形形色色的多元声音使传统权威话语的解释效力被削弱的时候，传统党员在维持政治话语严肃性的基础之上，探寻更具包容性的表达途径与方式。这种调整一方面表现为对民间话语当中部分元素的吸收，另一方面也体现在对理论阐释方式所作的灵活处理上，舆论生态呈现出的碎片化特征，给传统话语体系带来了两重挑战。一方面得突破

〔1〕 参见储连伟：《新媒体视域下中国共产党执政形象建设研究》，载《探索》2015 年第 4 期。

单向灌输式的传播模式，另一方面还得维护政治话语的完整以及权威性。传统党员通过构建多层次的话语体系来应对这样的挑战。在核心表述方面会始终坚守规范性，在传播策略方面则着力增强灵活性。这样辩证的调整，能让传统话语既可以保持住抵御错误思潮的理论上的定力，又能够具备引导舆论热点的现实层面的效力。要知道，传统党员在话语调整的时候，一直是遵循“变器不变道”的原则的，其话语风格不断演变的过程，也十分清晰地反映出了意识形态安全边界发生的变化。

3. 传播变革加速，拓宽双方话语差异面

在当前的时代背景下，5G 技术引发的传播速度方面的巨大变革[1]、算法机制催生的“信息茧房”效应[2]以及智能设备营造出的沉浸式体验[3]共同汇聚起来，形成了推动话语创新的三股重要驱动力，并且持续不断地使“网红”党员和传统党员在话语方面的差异进一步拉大。在传播渠道从原本的稀缺资源转变成如今的过剩资源之际，这两类不同的话语主体针对传播资源制定的配置策略呈现出了十分明显的不同之处。传统党员往往会侧重于对传播渠道展开集约化的运用方式，也就是通过在重点平台上进行深入的耕耘来维系话语传播能够产生的规模效应；“网红”党员则会采纳分布式的传播策略，凭借平台矩阵具备的协同效应，使话语影响力得以快速地增长。传播主体的角色出现了转变，进一步使话语差异越发明显。在如今用户生成内容已然成为主流生产模式的传播环境当中，“网红”党员借助身份的转换，构建起了既是“政治传播者”又是“网络原住民”的双重角色，他们的话语方式很自然地融入网络文化。然而传统党员却依旧保持着制度性传播者这样单一的角色定位，其话语形态也不可避免地带有体制化传播留下的印记。正是这种角色方面的差异，让二者在话语温度、传播节奏以及互动模式等多个方面都形成了十分鲜明的对比，它们共同构成了用来观察政治传播代际演变的重要样本。

---

〔1〕参见李继东、项雨杉：《审视 5G 迷思：传播生态与范式变革》，载《西南民族大学学报（人文社会科学版）》2022 年第 3 期。

〔2〕参见张省、蔡永涛：《算法时代“信息茧房”生成机制研究》，载《情报理论与实践》2023 年第 4 期。

〔3〕参见徐铷忆、陈卫东等：《境身合一：沉浸式体验的内涵建构、实现机制与教育应用——兼论 AI + 沉浸式学习的新场域》，载《远程教育杂志》2021 年第 1 期。

（二）党内教育的潜移默化

中国共产党成立之后的100多年间，党内教育始终贯穿党组织建设的全过程，[1] 其在塑造党员个人品质方面发挥着重要意义。[2] 中国共产党自身的本质属性致使党内教育体系并非仅仅充当知识传授的一种工具，而更是成为了意识形态再生产以及话语模式塑造的核心机制。当然，不同教育路径经过长期的不断积累，塑造出党员群体呈现出的不同表达特征。“网红”党员和传统党员在话语方面存在的差异，从本质上讲，是党内教育体系为了适应时代发展需求从而实施策略性分流带来的必然结果。当常规教育持续不断地强化政治话语的规范性时，特色培训正在着力培育话语创新方面的突破力量，而这种教育侧重点方面的差异不但没有对意识形态传播的整体性造成破坏，反而借助功能上的相互补充构建起了一个更具弹性的传播体系。

1. 常规教育沉淀，夯实传统党员话语根基

传统党员群体在话语方面呈现出的特征，向来深受党内常规教育体系长时间作用的影响。实际上，其话语方式逐步形成的这一过程，恰恰就是党的意识形态生产机制于教育领域予以具体展现的一个过程。借助党校培训、组织生活以及理论学习等这些已然制度化的教育渠道，政治话语具有的规范性方面的要求，便被系统且深入地内化为党员在表达上的一种自觉意识。在不间断的教育强化作用之下，关于马克思主义经典著作的研读具体方法、对政策文件进行解读的范式以及政治术语的使用规范等内容，也渐渐变成了传统党员群体在话语方面的一种内在基因。常规教育有深层次的作用，其构建起了政治话语生产的标准化流程。当传统党员阐释理论时，其话语结构往往会依照这样的经典框架，即先梳理历史脉络，接着解析理论内涵，最后阐发现实意义；而在开展政策宣传之际，会严格依循“上级精神传达，之后对接本地实践，再进行群众动员部署”这样的标准化叙事模式。这种带有程式化特点的话语生产，并非思维僵化的体现，实则是党内教育经过反复训练而形成

---

〔1〕 参见蒯正明：《中国共产党党内思想教育探索的百年历程与启示》，载《思想教育研究》2021年第2期。

〔2〕 参见黄小华：《新时代党内思想教育对党员人格的型塑及其意义》，载《探索》2019年第3期。

的政治话语安全机制。它能够确保意识形态传播在大规模复制的过程中不会偏离既定的方向，从而让党的理论创新成果可以凭借规范化的话语载体精准地传递到基层。

2. 特色培训赋能，激发“网红”党员话语创新

面向新兴传播领域开展的特色教育项目，为“网红”党员群体在话语革新方面提供了方法论层面的指导，同时也提供了相应的技术支撑。常规教育侧重于体系化的知识传授，特色培训与之不同，它把更多的关注点放在了对媒介素养的培育、网络思维的养成以及创新表达能力的培养上。特色培训打破了传统教育科层制的结构，进而构建起一种新型教育范式，其涵盖了“政治原则、技术工具以及创新思维”等诸多要素。虚拟现实技术模拟出来的传播场景[1]、借助大数据分析指导的内容策略、依据交互设计理念培养的用户思维，这几方面共同发力，重新塑造了党员的话语认知结构。特色培训在教育方面具有的变革性特点鲜明地体现在其对政治话语的能力评价体系予以了重新构建。传统教育往往着重于理论储备达到的程度以及对政策把握的精准程度，然而特色培训却额外增添了诸多新型的考核维度，像是传播创意呈现出的热度情况、用户互动展现出的频繁程度、内容裂变涉及的广泛程度等。这样的转变使“网红”党员不再局限于扮演单纯的政策传声筒这样的角色，而是摇身一变成为具备内容创作能力的政治传播者。他们在接受教育的过程当中掌握的诸如符号解构重组方面的能力、热点捕捉转化方面的能力以及跨平台叙事方面的能力等，最终共同塑造出了有别于传统话语的极为鲜明的表达特征。

3. 教育侧重不同，引发话语方式分野潮流

党内教育体系在对待传统能力以及创新能力方面存在差异化的侧重情况，这一情形直接使党员群体的话语方式出现了代际方面的演变。常规的教育往往会着力塑造党员的政治话语守正能力，通过这样的方式来确保传统党员可以始终坚守在意识形态传播涉及的底线以及红线之上；而特色培训会重点培育党员的话语创新能力，推动“网红”党员持续不断地探索政治表达具有的

---

〔1〕参见王源、李芊芊：《智能传播时代沉浸式媒介的审美体验转向》，载《中国电视》2020 年第 1 期。

边界以及其中存在的各种可能性。教育方法论存在的代际差别，让话语方式的分化态势变得更为严重。传统教育采用的灌输式教学手段以及重复性强化做法，很自然地就产生了带有权威性、规范性的表达特点；特色培训推行的项目制学习方式还有沉浸式体验途径则促使互动性、实验性的话语风格得以形成。这种分化情况并非意味着教育质量存在高低的差别，实际上它是党内教育结合传播格局发生的变革而作出的一种战略性安排。当常规教育在不断夯实政治话语的基础时，特色培训也正在着力培育话语创新的生长点，这两者协同发挥作用，能够让党的意识形态传播一方面保持坚定的立场，另一方面又充满蓬勃向上的活力。

（三）个人素养与角色定位的影响殊途

党员的话语实践一方面深受制度性规约的有力塑造，另一方面也在很大程度上受到个体素养以及角色认知方面存在的差异带来的显著影响。党员若能具备良好的话语能力以及展现出不错的话语形象，不但有助于提升个人魅力，而且对于塑造良好的政党形象极为有利，同时这更是身处全媒体时代党员履行自身职责的内在必然要求。[1] 从根本上来讲，“网红”党员与传统党员之间存在的话语差异，实则是主体性要素和结构性条件相互作用后产生的必然结果。当知识储备在深度上的差异、性格特质方面的明显区别以及角色定位形成的功能区隔共同对话语实践产生作用的时候，便会自然而然地形成意识形态传播的多元表达谱系。这种差异既非组织培养过程中出现的偶然偏差，也不是个体随意作出选择导致的结果，而是党组织在确保核心价值具有统一性的前提之下，通过充分激活党员个体具备的特质，使传播效能达到最大化的一种战略层面的设计，其背后体现的正是马克思主义政党人才建设方法论在时代发展进程中的创新之处。

1. 知识储备差异，造就话语内容丰富度

传统党员群体在话语生产方面是建立在对经典理论体系以及政策文件加以系统掌握的基础之上的。他们具有的知识结构明显呈现出体制化的特征。

---

〔1〕 参见吴阳松、李承恒：《变革与回应：全媒体时代党的话语能力建设》，载《理论探讨》2024 年第 3 期。

长期以来，他们参与诸如理论学习、政策研讨以及文件起草等一系列组织化的知识积累活动。正因为如此，他们形成的话语体系本身就自然而然地带有理论阐释方面的严谨特质，在政策解读上也具备权威性。这种在知识储备上的优势使他们在开展意识形态传播工作的时候，能够准确地把握理论的渊源所在，能够清晰地梳理出政策的脉络走向，还能够严密地构建起论证体系，进而打造出有深厚学术底蕴的理论话语。相比而言，“网红”党员具备的知识储备在跨学科特性以及实践导向特性方面表现得更为突出，其知识图谱当中融入了传播学、心理学、网络技术等一系列新兴学科涉及的相关要素。这样复合型的知识结构使他们拥有了别具一格的话语创新能力，一方面能够精准地把握网络传播遵循的规律，另一方面还可以对经典理论展开创造性的转化；他们不但对青年亚文化符号体系有较为深入的了解，而且能够牢牢掌握住意识形态传播过程中的核心。当传统党员借助理论推演的方式对政策加以阐释的时候，“网红”党员却更善于通过知识迁移的手段来构建起跨领域的话语连接，进而把政治话语转变成为兼具科普性质以及趣味性的文化产品。实际上，这两种不同的知识结构彼此互补发展，共同构成了在意识形态传播体系当中理论深度和传播广度的平衡机制。

2. 性格特质有别，演绎话语风格多样化

在传统党员群体之中，普遍存在审慎型的性格特质，而这一特质实实在在地影响着他们话语表达呈现出的稳健风格。这种性格特征同组织化传播提出的规范性要求是极为契合的，具体表现为在话语节奏方面能够做到适度的把控，在情感表达上可以实现理性的克制，并且在观点陈述的时候会留有余地。当面临较为复杂的舆论环境时，传统党员通常会凭借严谨的逻辑推演以及克制的情绪管理方式来构建起带有防御性质的话语策略，以此确保政治传播能够始终处在安全且可控的轨道之上。“网红”党员群体具有的外向型性格特质催生出了全然不同的话语风格。他们在表达方式里天然就有的亲和力、表现力以及创新冲动，在开展传播实践的过程中转化成了极具感染力的情感动员能力。凭借对个性化语言风格的塑造、对戏剧化叙事策略的运用以及对即时性情感共鸣的营造，他们顺利打破了传统政治传播存在的距离感，进而构建起带有网络人格化特征的话语标识。这两种性格特质呈现出差异化的发展态势，从本质上讲，其实是党组织在人才选拔培养环节当中尊重个体特质的一种智慧体现，而它们的共同目标便是要达成意识形态传播中理性说服与感性动员的有机统一。

3. 角色定位不同，决定话语传播侧重点

党员角色的构建的源头首先在于个人对自身身份形成的理解以及对此身份的认同感。[1] 传统党员在组织传播体系当中拥有的角色定位使他们在进行话语实践时，必须将保障意识形态安全以及确保政策传导的精准程度放在优先位置。他们身为体制内传播的“守门人”，其话语生产始终紧紧围绕着几个关键方面，比如理论阐释要具备权威性，政策解读要保证准确性，还有价值引导要维持稳定性等。当开展理论传播相关工作的时候，其话语的重点在于维护马克思主义理论体系拥有的解释权；在进行政策宣传工作之际，则着重于构建能够论证政策合法性的体系。“网红”党员在网络舆论场中扮演着类似于“开拓者”的角色，其角色定位更多地偏向于意识形态传播方面的渗透力以及吸引力。在确保政治方向无误的前提下，他们开展话语实践时，重点在于摆脱传统传播存在的路径依赖情况，凭借构建起带有年轻化特点、兼具时尚化风格且具备互动化特质的话语形态，在网络空间争夺话语权。这两种角色定位在功能上彼此互补，实际上形成了在意识形态传播体系里守正与创新的辩证关系，其中前者能够稳固筑牢传播的根基，而后者可以进一步拓展传播的疆域，二者共同维护着主流价值在网络时代拥有的传播主导权。

第二节 “网红”党员与传统党员形象塑造异同剖析

网络空间形成了一个有别于传统现实世界的全新治理领域，[2] 它不单单是能够快速展示并交换信息的场所与工具，[3] 其影响力已然渗透到社会生活

---

[1] 参见张凤池、胡守钧：《论社区治理中的党员角色构建》，载《探索》2015 年第 5 期。
[2] 参见李东坡、李媛媛：《论网络社会心态的现代治理》，载《思想理论教育》2024 年第 11 期。
[3] 参见张智、李欣明：《以网络文明促进人的现代化》，载《江苏社会科学》2024 年第 6 期。

的方方面面，使政治传播的过程出现了根本性的转变。[1] 5G技术有高传输速率以及低时延的特性，[2] 这消除了信息传播存在的地理障碍；算法推荐可实现精准的信息匹配和分发，[3] 进而改变了受众的认知结构；短视频平台具备碎片化和移动性的特点，[4] 这改变了严肃话语的表达形式。在这样的发展进程当中，“网红”党员群体作为构建政党形象的全新主体，逐渐进入公众的视野。传统党员形象的塑造以往长期依靠组织化、层级化的传播途径，其叙事框架侧重于突出集体主义精神以及模范事迹具有的权威性，借助对典型人物展开符号化提炼的方式来传递主流价值观念。不过，在媒介化社会里，这种单向度的宣导模式慢慢陷入传播效能持续降低的困境。与之形成对比的是，“网红”党员的形象建构呈现出十分鲜明的媒介逻辑，一方面延续了政治传播的核心价值，另一方面借助短视频、直播等具身化传播手段引发情感上的共鸣，通过生活化的场景来消解政治话语的严肃性，从而在青年亚文化场域里达成主流意识形态的柔性渗透。

“网红”党员开展的形象塑造实践，从本质上来讲，已然成为政治传播朝着平民化方向转变的典型范例。它和传统党员形象塑造存在差异，而这种差异的根源就在于传播主体与受众之间的关系发生了根本性的变革。在传统模式当中，党员形象是被建构起来的客体，其主要起到的是意识形态载体这样的功能，其符号意义得以确立是依靠体制内的话语赋权。然而“网红”党员不一样，他们凭借主体性的内容生产，积极主动地参与到传播过程之中，把政治身份和网络人格特质巧妙且有机地融合起来，进而在虚拟社群当中构建起一种新型关系网络，这种关系网络既有政治认同，又具备情感黏性。这种双重身份相互交织的情况，一方面拓展了政党形象传播的维度，另一方面也有可能引发个体表达和组织纪律之间存在的矛盾。其传播效果不光取决于内容生产秉持的价值导向，还考验主流意识形态针对网络亚文化元素的整合能

---

〔1〕 参见张开平：《数字时代的政治传播：理论重构、议题革新与范式转向》，载《政治学研究》2023年第5期。

〔2〕 参见谢俊：《5G驱动下网络意识形态传播的新特征、新风险及应对策略》，载《探索》2022年第6期。

〔3〕 参见谢俊、吴阳琴：《智能算法推荐对主流意识形态话语权构建的挑战及其应对》，载《西南大学学报（社会科学版）》2024年第6期。

〔4〕 参见谢思：《融媒体背景下短视频的传播特色与创新》，载《编辑学刊》2022年第4期。

力。这种创新实践对于增强政党在数字空间的引领力而言，有极为重要的探索价值，不过与此同时，需要警惕可能出现的过度娱乐化情况，因为这有可能致使符号意义被稀释的风险出现。

一、相同点

政党形象是衡量一个政党文化软实力的关键指标之一。[1] 中国共产党一直都极为重视自身形象塑造以及维护方面的相关工作。[2] "网红"党员作为政党形象建构的实践载体，和传统党员形象塑造在价值内核以及目标导向上有深层次的同构特性。虽说二者在传播形态还有话语策略方面存在代际上的不同之处，可它们的本质都是要满足增强政治认同这样的一个核心诉求，凭借符号化叙事的方式，把抽象的意识形态转变成具体的、能够让人切实感受到的社会认知。传统党员形象是依托典型人物具备的崇高性来开展建构工作的，通过对其事迹加以提炼并且对其精神进行升华来确立起道德标杆；而"网红"党员在数字媒介赋予权力的情况下，打破了单向传播存在的局限。不过，这二者都是在努力将政治理念融入日常生活的场景，借助人格化的表达来实现政治社会化的相关功能。这种延续性不但体现在对集体主义价值体系的传承方面，而且反映在符号生产机制里"典型性"和"亲近性"的辩证统一之上。

（一）形象塑造的思想内核

数字时代下，政治传播领域发生了极为显著的变革，不过即便如此，也未曾对党员形象建构所有的价值根基产生丝毫动摇。在媒介形态历经代际转换的过程当中，传统党员以及所谓的"网红"党员在思想内核方面始终维持着一种高度的相似性，也就是同构性。而这种同构性并非仅仅停留在技术表象层面，它其实是一种能够超越技术表象的精神共鸣。这种共鸣一方面源于政党文化基因在时间长河里的历时性传承；另一方面则更加充分地体现出在

---

〔1〕 参见刘伟、刘玉晨：《新时代中国共产党政党形象的建构逻辑及价值彰显》，载《社会科学家》2023 年第 10 期。

〔2〕 参见孙景峰、刘佳宝：《中国共产党形象建设面临的机遇与挑战》，载《中州学刊》2016 年第 8 期。

意识形态传播的整个过程中，其本质规定性对于形式创新起到的约束作用。当“网红”党员凭借新媒体技术来重新塑造政治沟通的界面时，我们可以发现，其形象生产遵循的底层逻辑依旧是深深地嵌入到党性原则、初心使命以及信念伦理共同构成的价值矩阵里面的，并且和传统党员形象塑造之间形成了一种颇为独特的辩证关系，这种关系既是相互呼应的，又带有一定的创新性。

1. 以党性为基，塑造忠诚担当形象

党性是将党锤炼成无坚不摧的坚固钢铁的关键要素，同时也是党员干部安身、成就事业、确立言论、培育品德的根基。[1] 党性原则是贯穿党员形象塑造整个过程的核心脉络，在“网红”党员以及传统党员的价值践行当中呈现出本质规定性同形式创新性的辩证统一状况。传统党员会针对典型事迹展开系统化的提炼以及符号化的编码操作，把忠诚担当具体落实为抗震救灾时逆行的身影，还有脱贫攻坚中艰难跋涉的脚印，其形象构建是依靠体制化叙事构建起来的集体记忆的崇高特质，凭借对事迹报道进行的仪式化呈现来强化组织认同具有的象征意义。“网红”党员则是在新媒体平台之上把政治忠诚转化为日常化、场景化的互动实践活动，借助直播问答里即时的立场阐释，以及短视频情境下隐喻价值的渗透作用，将抽象的组织原则转变成为青年群体能够切实感知到的情感共鸣。这两类形象塑造虽说存在“纪念碑式”庄严叙事与“碎片化”生活叙事的形态方面的差异，可二者都严格依照“政治属性统领个性特征”的构建逻辑来行事。比如驻村的“网红”党员在开展助农直播时巧妙地融入乡村振兴政策的解读内容，活泼的网络表达方式背后始终有对党章准则的敬畏之情在跃动；社区干部通过情景剧短视频来演绎基层治理的案例，在带有娱乐化的外在表现之中坚守着政治话语的严肃核心。这种对党性原则的坚守做法，既保证了网络时代形象创新具备政治方面的安全性，也为意识形态传播给出了从形式发生变革到本质始终坚守的辩证范例，使“忠诚担当”的价值核心在媒介代际更替的过程中一直维持着符号能指与政治所指的一致性状态。

---

〔1〕参见丁俊萍、穆睿：《新时代增强党性的出场逻辑、科学内涵与实践路径》，载《陕西师范大学学报（哲学社会科学版）》2024 年第 4 期。

2. 用初心领航，构建为民服务形象

中国共产党是全心全意为人民服务的政党。[1] 为民服务这一价值取向，已然成为党员形象塑造方面始终不变的重要主题，在所谓的“网红”党员以及传统党员各自的实践脉络当中，呈现出了既有历时性传承又有共时性创新的双重特性。传统党员往往依靠扎根在基层具身化的实践活动构建起自身服务型的形象，他们会把“俯首甘为孺子牛”这般的政治伦理实实在在地转化为走村入户时沾满泥土的胶鞋模样，还有扶贫手册之上一笔一画都很细致的批注笔迹，其叙事的框架着重凸显的是奉献精神以及集体功绩具备的崇高特质，凭借能够被看见的劳动来积攒起公信力层面的视觉资本。“网红”党员则是凭借数字技术的力量去打破服务场景原本存在的物理方面的界限，借助云端之上的政策解读、在线开展的民生协商等全新的交互模式，把政治方面的承诺转化成当下立刻就能触摸到的服务供给内容，进而在虚拟的空间当中重新构建起党群关系蕴含的情感联结。比如抗疫期间那些成为“网红”的医护工作者，他们在通过短视频科普防护知识的过程当中，嵌入了志愿服务里感人的片段，这样既延续了“白衣执甲”代表的职业精神，又创造出了“云端守门人”这般能够引发共情的符号；驻村书记在直播助力农业发展的过程中，实时解答网友们提出的各种疑问，把农产品销售方面遇到的难题成功转化成全民都能参与进来的依靠数字化手段来解困的实践活动。这两类不同的服务路径虽说存在空间上是实际在场还是虚拟介入这样不同的场域差异，可实际上都一同遵循着“从群众中来，到群众中去”的方法论本质。这种对于初心本色的坚守，既沉淀成为传统叙事当中“撸起袖子加油干”代表的实干意象，又转变成为在新媒体语境之下“在线接单秒回应”体现的服务承诺内容，它们共同构成了跨越不同媒介形态的政治合法性再生产机制。

（二）形象塑造的行为准则

“网红”党员和传统党员在行为准则方面，自始至终都维持着深层次的价值同构特性。这种规范共识跨越了媒介代际之间的差异，其根源一方面在于

---

〔1〕 参见任友群、张士海：《“中国共产党是为人民服务的党”的内在逻辑与实践要求》，载《人民论坛》2024 年第 20 期。

政党文化对其成员行为提出的本质性要求，另一方面则体现在组织纪律于不同传播场域当中完成的适应性转变，最终在虚实相互交融的实践维度里面，形成了一套有关形象建构的共通准则体系。党员身份是党员有别于党外人员的独一无二的标识，同时也是党员用来开展自我身份认知以及确认的一种心理层面的标识。[1] 身份认同对于党员而言，是牢记党的宗旨、铭记党的初心使命的一条十分重要的路径。[2] 不管传播技术怎样持续不断地更新迭代，政治身份具有的核心约束始终都构成了党员形象塑造过程中的刚性框架，从而使“网红”党员在新媒体空间当中展开的个性化展示，一直都遵循着和传统党员相同的行为逻辑。

1. 依规守纪，规范自身形象行为

严格的纪律作为强化党性建设的逻辑遵循，是保持党的性质始终不变质的必要条件。[3] 党的纪律其实就是党的各级组织以及全体党员务必遵守的行为准则。[4] 纪律具有的刚性特征，是党员形象构建过程中的底线原则，在“网红”党员与传统党员所处的实践场域当中，呈现出差异化承载和同质性坚守二者辩证统一的态势。传统党员会借助组织生活的制度化规训举措，还有作风纪律的系统化约束手段，把纪律意识逐渐内化成在言行上谨小慎微的行为习惯，其形象塑造往往依赖体制化监督形成的相对稳定的框架。在典型事迹报道里面，像“带病坚守岗位”“拒收礼品礼金”等这类标准化的叙事主题，实质上是借助符号化编码来强化行为规范的可视化呈现效果。而“网红”党员是在流量经济带来的诱惑以及网络舆论的注视之下，通过主动设置内容审核机制，并且强化言行边界方面的意识等一系列数字化的自律方式，将纪律要求转化成在虚拟空间生存需要遵循的伦理准则。比如，驻村的“网红”党员在直播助农的时候，会极为严格地避免商业推广方面的灰色地带；社区干部在制作政策解读短视频时，也会自觉地对敏感信息进行过滤。这种对纪律底线的坚守，一方面体现为传统党员以组织纪律为镜子来端正自身行为的

[1] 参见孟献丽、郝玉洁：《全面从严治党视阈下党员身份自觉的实现》，载《中州学刊》2019 年第 3 期。
[2] 参见刘芮杉：《共产党员身份认知的三重境界》，载《前线》2020 年第 11 期。
[3] 参见陈雪雪：《论马克思主义党性观》，载《中共福建省委党校学报》2019 年第 4 期。
[4] 参见王庭大：《全面从严治党重在加强纪律建设》，载《理论视野》2024 年第 9 期。

庄重仪式感，另一方面也外化成“网红”党员将网民监督当作尺度来调整自身言行的敏捷适应状态，从本质上讲，都是依靠行为约束机制把政治身份转化成能够让大家信赖的公共符号，以此来维持党员形象的价值纯度以及政治方面的安全性。

2. 履职尽责，展现敬业形象风采

对于共产党员来讲，敬业奉献属于其品格与境界当中极为重要的构成部分。[1] 党员形象建构呈现出的精神高度，是由职业伦理的践行状况决定的，这一点在“网红”党员还有传统党员的行为表现图谱之中，展现为能在不同媒介间延续下去的专业主义方面的特质。传统党员在诸如脱贫攻坚、抢险救灾这类重大任务里面，凭亲身实践，把敬业精神以一种非常具体的方式转化成了“功成不必在我”的实干形象，而其形象塑造主要是依靠在物质空间当中开展的那些能够被看见的劳动。像田间地头沾满了泥土的胶鞋、防汛大堤上被磨破了的手套等，这些都已然变成了敬业奉献在物质层面的象征之物。“网红”党员则是在虚拟的场域当中开拓出了履行职责的全新维度，借助在政务直播里对政策精准解读，还有在知识科普过程当中对专业体系的输出等，把自身的职业素养成功转化成了能够传播的内容资本。比如，那些抗疫的“网红”医护工作者，他们连续数十个小时开展直播，专门讲解防护方面的知识，这既是在新媒体时代履行职责的一种创新做法，又是“医者仁心”这一传统在数字化方面的一种转化体现；社区干部把日常巡查所作的记录转变成了视频日志（vlog）纪实内容，在展示工作具体细节的过程当中构建起了专业且权威的形象。这两类履行职责的模式虽说存在“在场服务”与“在线服务”形态方面的差异，可是它们都在追求对岗位价值最为极致的体现。前者通过那被汗水浸透了的衬衫上面的褶皱来书写公仆形象在物质层面的印记，后者则借助屏幕界面进行的信息交互来完成专业形象在数字层面的确认，它们的行为从本质上来看，都是把政治承诺转化成了能够被人们感知到的服务效能，以此来筑牢党员形象公信力的实践根基。

---

〔1〕 参见裘东耀：《铸牢共产党人的政治品格》，载《党建》2016 年第 6 期。

（三）形象塑造的价值追求

在数字时代，政治传播研究出现了范式方面的转变情况，[1] 它不断地对党员形象的表达界面予以重塑。然而，“网红”党员和传统党员在价值追求的终极目标上，一直都保持着深层次且高度一致的同频共振状态。这种跨越了技术代差而存在的精神层面的共识，一方面是因为政党文化基因在漫长历史进程当中得以传承延续下来，另一方面则更凸显出在意识形态传播过程里，其本质规定性对于形式创新具有的统摄作用，最终在代际交替的过程当中，形成了价值追求能够协同演进的良好机制。不管党员形象的建构是依靠传统媒介来展开庄严的叙事，还是凭借新媒体去进行碎片化的传播，始终都是遵循着理念传播、道德示范以及力量凝聚价值同心圆的，如此一来，便使不同代际的受众在各不相同的传播场景之中，都能够深切地感知到统一的价值内核。

1. 传播先进理念，塑造思想引领形象

意识形态传播的历史可视为中国共产党发展历程的一个缩影。[2] 意识形态具备的传播效能，实际上为党员形象的建构搭建起了精神层面的坐标系，这一点在“网红”党员以及传统党员开展的实践活动当中，呈现出了方法论创新和价值论守正二者辩证统一的态势。传统党员往往会通过构建起较为系统的理论宣讲架构，并且开展具有一定制度化特征的事迹报告展演等活动，把先进的理念具体转化成有“真理味道很甜”之感的信仰叙事。其在形象塑造方面，主要是依靠权威话语体系赋予的符号权力，借助对典型人物崇高特质的构建，进而达成在思想引领方面的象征意义。而“网红”党员身处由算法占据主导地位的信息生态环境之中，他们借助知识科普短视频进行的生动演绎，还有针对热点事件评析而展开的即时互动交流等方式，将政治理论解码转化成在青年亚文化语境当中所说的“思想种草”的情况，并且在二次元表达以及网络梗文化的巧妙包装之下，完成了对意识形态的柔性渗透操作。

---

[1] 参见张开平：《数字时代的政治传播：理论重构、议题革新与范式转向》，载《政治学研究》2023 年第 5 期。

[2] 参见赵璇、刘莎：《中国共产党意识形态传播的历史演进及经验总结》，载《中国广播电视学刊》2021 年第 12 期。

例如，驻村的“网红”党员会运用无人机航拍技术，以一种可视化的方式去解读乡村振兴战略的空间布局，这样既传承了传统党课蕴含的深厚理论深度，又在传播形式方面实现了创新，还带来了较为强烈的感官冲击；社区干部则会把政策文件当中的精神转化成动漫角色的台词对白，从而使政治话语能够成功突破圈层壁垒，精准地触达Z世代[1]群体。这两种传播模式虽说在形态方面存在“殿堂式”的庄重与“市井化”的灵动这样极为显著的区别，但是它们都有价值引领这一核心诉求。前者是通过体系化的阐释，筑牢在意识形态主阵地方面的认知根基；后者则是借助碎片化的渗透，激活青年群体的政治想象。

2. 践行道德规范，树立品德楷模形象

强化党员的道德品质构建工作，属于新时代下中国共产党党员队伍建设方面极为关键的一项任务。[2] 党员展现出的道德修为示范力度大小，会对党员形象构建达到的伦理层面高度起到决定性作用，这一点在“网红”党员以及传统党员开展的价值实践活动当中，呈现出一代又一代传承下来的精神脉络体系。传统党员会凭借在抗震救灾过程当中逆行而上的坚毅身姿、在脱贫攻坚时期坚守岗位的执着行动轨迹等以身体力行来展开叙事的方式，把道德方面的规范要求升华成为“俯首甘为孺子牛”这般极具审美意味的意象。他们的形象塑造往往是依靠在物质空间当中实实在在能够被看到的那些奉献举动，像是被汗水浸透而出现褶皱的制服、布满老茧的手部特写画面等，这些都变成了道德感召力得以具象化的承载之物；“网红”党员则是在虚拟的领域当中开拓出了道德实践的全新维度，借助政务直播期间流程的透明化呈现、公益短视频里正能量的传递等方式，把自身的品德修为转化成能够进行量化的信用资产，并且凭借数字痕迹的可视化留存特点，构建起全新类型的信任凭证。例如，抗疫期间的“网红”护士长借助vlog真实记录下防护服之下压痕的演变状况，这样既传承了传统典型具备的“轻伤不下火线”的奉献精神，

[1] Z世代（Generation Z），是一个网络流行语，指出生于1995—2010年的年轻一代，也被称为“互联网原住民”或“数字一代”。他们具有鲜明的时代特征成长于互联网高速发展的时代，具有独特的价值观、消费习惯和社会行为模式。

[2] 参见朱其锋：《中国共产党人道德自觉的理论意涵、价值意蕴与培育路径》，载《广西社会科学》2024年第3期。

又创造性地催生出了“勒痕妆”这一能够引发网络共情的符号；驻村书记在直播助力农业发展的时候，会严格把控产品的质量标准，从而将商业伦理转化成为政治信用层面的数字性确认依据。这种道德传承具有的持久性特点，既在传统叙事当中沉淀成为“桃李不言，下自成蹊”那样的教化力量，又在“网红”党员的互动社区里面转变成为“一键三连”体现出的价值共鸣情况，在媒介形态持续不断发生更迭的进程当中，持续不断地强化党员形象具备的道德权威性。

二、差异处

“网红”党员和传统党员在形象塑造方面存在差异，这种差异深深根植于媒介生态以及传播范式的代际更替情况之中，其本质是政治符号生产机制从组织化叙事朝着网络化交互的深刻转变。传统党员形象的构建依靠的是体制内权威话语的垂直传播路径，〔1〕是通过对典型人物展开符号提纯以及精神升华操作，进而构建起集体主义价值标杆的，其传播效力源自制度化渠道给予的合法性认同。“网红”党员则融入数字平台特有的流量逻辑，把政治表达转化成具身化、场景化的内容实践形式，借助短视频互动、直播对话等全新的传播形态，来消解掉传统政治话语带有的仪式感，通过情感动员以及圈层共鸣的方式，达成意识形态的“软着陆”。这种差异一方面表现在传播主体性出现了显著的位移情况，在传统模式下，党员是作为被建构的符号载体而存在的，其形象呈现会受到组织规训框架极为严格的制约，而“网红”党员是通过主体间性的话语生产活动，主动参与意义的协商过程。另一方面则更多地体现为权力关系的重新构建，前者是依赖体制赋权进行的单向度教化，后者则是在算法推荐与用户反馈的循环互动过程里，形成能够动态调适的传播策略。

（一）形象传播的媒介平台

媒介不断地迭代以及技术持续地迭变，〔2〕从根本上对党员形象传播的底

---

〔1〕参见常纾菡：《政策传播：理论模式与中国实践》，载《编辑之友》2018 年第 6 期。

〔2〕参见胡智锋、祝明：《媒介迭代与技术迭变背景下视听发展趋势与新思》，载《中国电视》2025 年第 1 期。

层逻辑进行了深度重构。“网红”党员与传统党员在形象塑造方面存在差异，首先就体现在传播平台的媒介属性上，二者截然不同。这种技术介质有明显的区隔，它一方面塑造出了不一样的形象呈现方式，另一方面还催生出了全然不同的传播效能以及受众感知模式，从而使这两类党员形象在数字时代展现出了一种互补共生的传播图景。

1. “网红”党员：借新媒体打造多元传播形象

创新党的传播载体无疑是扩大党的形象传播范围极为重要的关键。[1] 新媒体平台具备的去中心化这一特征，[2] 赋予了“网红”党员形象建构方面前所未有的表达灵活性。其传播实践紧密且深入地融入短视频、直播以及社交媒体的技术脉络，在算法推荐机制和用户生成内容这双重因素的驱动之下，塑造出了既带有政治性又充满生活化气息的复合形象。与传统媒体单向输出的模式相比，“网红”党员依靠弹幕互动、实时连麦等全新的传播形式，巧妙地把政治话语转化成了在青年亚文化语境里的“数字表演”。在表情包制作、vlog 记录等呈现碎片化特点的叙事进程当中，对政治话语的严肃性进行了解构，从而改变了大众脑海中认为共产党员生活单调乏味、思想陈旧古板的刻板印象，[3] 成功构建起了那种仿佛“可触摸”的拟态人格。这样的传播平台给予的技术赋能，使形象生产突破了组织化叙事带来的框架方面的束缚，凭借个性化 IP 的精心打造以及在垂直领域的深入耕耘，实现了从“政策解说员”到“知识博主”等多重角色的灵活自如切换。不过，其形象具有的流动性在拓展政治传播维度的同时，也面临着该如何平衡价值导向与流量逻辑这样十分严峻的挑战。

2. 传统党员：依传统媒体构建稳重传播形象

官方渠道自身带有很强的权威性以及相当高的公信力，[4] 正因如此，官

---

〔1〕 参见孙万君：《习近平关于党的形象建设重要论述的生成逻辑、科学内涵及实践进路》，载《理论导刊》2021 年第 3 期。

〔2〕 参见隋斌斌：《新媒体时代政党的信任危机与应对——以新加坡人民行动党为例》，载《理论导刊》2024 年第 6 期。

〔3〕 参见代玉启、陈宇轩：《中国共产党形象建设的探索与实践》，载《治理研究》2021 年第 3 期。

〔4〕 参见张洪忠、梁爽、王競一：《官方渠道、人际传播、自媒体：有关新冠肺炎疫情的传播渠道公信力分析》，载《新闻与写作》2020 年第 4 期。

方拥有的传播渠道往往占据明显的优势。[1] 传统媒体具备的建制化的传播渠道，为党员形象的塑造提供了一个高度结构化的表达空间。它借助报纸通信、电视专题以及事迹报告会等这些标准化的媒介形式，构建起了带有强烈仪式感并且极具权威性的形象谱系。和“网红”党员形象的碎片化状况相比，传统媒体塑造出来的党员形象会更着重于整体性以及连续性，其叙事逻辑遵循着“典型事迹—精神升华—价值传导”这样的固定程式，通过不断反复强化的符号系统，确立起稳固的道德标杆。这种媒介平台具有的选择性过滤机制，虽说保障了形象传播的规范性，可在青年群体的感知当中，也容易产生一种“距离感”，并由此进一步形成传播代际之间的认知裂隙。

（二）形象呈现的风格特点

数字技术给政治传播实践带来了不少新变化，[2] 让政治传播在美学层面出现了深刻转变，使党员形象呈现的风格发生了明显变化。“网红”党员和传统党员在形象建构时运用的视觉修辞以及叙事策略方面，形成了相当鲜明的区别。这种风格上的差异，一方面是因为传播介质本身具有独特的技术特性，另一方面则更深刻地反映出不同代际受众的认知习惯对政治符号生产过程起到的塑造作用。最终，在公共传播场域当中，形成了个性张扬和集体叙事同时存在的丰富形象谱系。

1. “网红”党员：突出个性，塑造鲜活生动形象

新媒体平台有自身独特的传播逻辑，而这一传播逻辑对“网红”党员形象的建构起到了极为明显的倒逼作用，促使其挣脱掉传统政治传播程式化框架的束缚。“网红”党员会凭借极具个性特色的人格化表达方式以及贴近生活的叙事手法，重新搭建起党群对话的审美界面。和传统党员形象带有的深刻集体主义印记不一样，“网红”党员往往会着意凸显个体的特质，在开展政务直播的时候会穿插运用一些方言俚语，在解读政策的进程中还会融入自身经历，甚至还会巧妙地借助萌宠出镜、进行才艺展示等多种多样的元素来弱化

---

〔1〕 参见喻国明、张洪忠等：《面对重大事件时的传播渠道选择——有关“非典”问题的北京居民调查分析》，载《新闻记者》2003 年第 6 期。

〔2〕 参见韦路、陈曦：《人工智能时代政治传播的理论创新》，载《现代出版》2024 年第 3 期。

政治话语原本具有的相对刚性的边界。就拿驻村的“网红”书记来说，其运用说唱（rap）的形式来演绎乡村振兴政策，顺利地把枯燥乏味的行政文本转变成了节奏明快且富有感染力的视听符号；社区干部则是通过 vlog 完整记录调解纠纷的整个过程，在看似平常琐碎的日常事务当中充分彰显出基层治理的智慧。这种带有个性化的策略并非对政治属性进行消解，而是借助对“前台表演”以及“后台展示”精心细致的策划编排，将党员身份巧妙地转化为带有强烈网络感特质的“数字人设”。

2. 传统党员：注重共性，展现严谨正统形象

传统党员形象的塑造向来遵循“典型性高于个性”这样的美学原则，其风格方面的特征主要表现在高度提纯而形成的符号系统，还有那标准化的叙事模板上。在关于党员事迹的报道当中，模式化的情节设置常常会出现，像带病坚持工作、舍弃小家为了大家、坚决拒腐防变等这类标准化的母题总是反复地呈现出来，借助这样的做法，把个体的经验一点一点地升华为集体精神的象征。这种偏于共性化的塑造机制着重强调党员形象具有的统一性以及延续性，不管是驻村的书记，还是科研领域的先锋，在媒体的报道当中基本上都共同享有相似的修辞结构，他们的个性特征往往会被抽象概括成“爱岗敬业”“无私奉献”等这类带有体制化特点的标签。和“网红”党员形象具有的流动性比起来，传统的塑造模式会更加看重符号的稳定性，中山装、笔记本、党徽等这些视觉符号共同构成了固定的意象，标准化的事迹结构则保证了意识形态在传播过程当中是可控的，从而形成那种如同“千帆一道带风轻”一般的审美统合效果。

（三）形象塑造的互动方式

网络拓展了人类认识的范围以及深度，如此一来，当代群众工作便有了在网络环境中生存的技术依托，其空间也得到了相应拓展，还给党群沟通创设了便利的渠道，使党群互动的结构得以优化。[1] 在塑造形象期间，“网红”党员和传统党员形成了全然不同的互动模式。这种差异，一方面是因为数字

---

〔1〕 参见左雪松、夏道玉：《网络群众路线的哲学意蕴、运行逻辑及实践要求》，载《理论导刊》2016 年第 1 期。

社会交往方式出现了代际的更新变化，另一方面则彰显出政治传播从以往单向灌输的模式朝着双向对话模式转变的路径轨迹。最终，在虚拟与现实相互交织的传播场域当中，形成了一种相互补充、共生共存的互动局面。

1. “网红”党员：强线上互动，形成亲民互动形象

互联网作为一种“元媒介”，[1] 跟广播、电视以及纸质媒体等传统媒介相比，在信息传播速度、所涉及的覆盖范围还有受众规模这些方面，都呈现出极为突出的优势，它能够很好地克服传统媒体存在的时效性欠佳、地域方面局限性较为明显等一系列问题。[2] 其具备的即时交互这一特性，让“网红”党员形象的建构能够深深地融入数字化交往的各个层面。借助弹幕答疑、直播连麦、评论区展开对话等实时互动机制，“网红”党员成功地把传统政治传播里“我说你听”的单向模式，转变成为“共商共建”的参与式实践形式。和线下交流在时间与空间上存在的限制相比，“网红”党员凭借话题标签互动、挑战赛接力等网络文化的形式，在虚拟空间之中构建起了全天候在线的“数字分身”。其形象亲和力的塑造，源自对青年群体话语体系的精准且准确的把握，比如用“表情包大战”的方式来化解对于政策方面的误解，通过“梗文化”解构理论当中那些艰深、晦涩的地方，甚至还能够借助虚拟形象定制来实现政治传播的“次元破壁”。这种有高频次、低门槛特点的互动策略，尽管面临着可能会因为信息过载而产生的稀释方面的风险，但是成功地塑造出了那种能够“秒回群众诉求”的十分敏捷的形象，使政治沟通从高高在上的状态走向了贴近大众的实际情况。

2. 传统党员：重线下交流，塑造务实交流形象

传统党员形象的塑造往往倚仗由具身化实践构建起来的深度信任，借助诸如走访调研、开展座谈会商、进行田间指导等在实体空间开展的互动活动，把政治沟通转变为能够切实感知到的情感连接。相较于“网红”党员即时互动的方式，这种线下的交流明显更具仪式感，也更富有沉浸性。驻村党员带着脚底沾满的泥土去走访农户，社区干部亲手书写民情日记，他们形象的构

---

〔1〕 参见赵星植：《论元媒介时代的符号传播及其特性》，载《四川大学学报（哲学社会科学版）》2017 年第 3 期。

〔2〕 参见刘红凛：《网络舆论监督的发展态势与有效运用》，载《中共中央党校学报》2017 年第 3 期。

建是依靠持续性对话积攒下来的情感资本。在防汛抢险过程当中，党员突击队凭借肩扛沙袋这样的身体叙事，强有力地传递出担当精神；脱贫攻坚的典型人物则借助手上厚厚的老茧这一触觉符号，满含深情地诉说着奉献的故事。这种互动模式着重强调在“面对面”交流时的信息保真程度，通过眼神的接触、肢体语言等并非单纯符号化的沟通方式，在着手解决实际困难期间，沉淀出“说话算数”的务实形象。比如，某社区书记能够十年如一日地坚持开展“民情接待日”活动，把群众反映的排水方面的难题转化成改造工程的图纸，其形象具备的权威性是建立在将问题彻底解决的基础之上的，而非取决于传播的频次，进而形成“金杯银杯不如口碑”这样深层次的认同。

三、融合策略

政党形象属于政党极为重要的一项政治资源，它和党的创造力、凝聚力以及战斗力息息相关，也紧密关联着政党的生存发展状况以及前途命运走向。[1] 而要树立起政党的良好形象，离不开每一位党员尤其是领导干部的实际具体表现。[2] 关于“网红”党员与传统党员形象塑造的融合策略，其产生源于在数字时代的政治传播当中，对权威性和亲和力进行辩证统一有极为迫切的需求。它的核心在于重新构建起主流意识形态传播的符号系统以及意义再生产机制。二者融合的实践逻辑具体表现为，把组织传播具有的严肃内核融入新媒体话语的弹性框架，通过政治性和生活化的双向互相渗透来实现传播效能的增值目的。既保留传统典型人物塑造具备的价值高度，又吸纳“网红”党员场景化叙事拥有的共情优势，在虚实相互交织的传播场域当中，构建起兼具思想深度以及情感温度的意义联结关系。这种策略创新并非简单的内容拼凑行为，而是要通过重新构建符号生产过程当中的主客体关系，使政治话语的传递能够从单向灌输的方式转变成参与式互动的形式，既能够延续集体记忆建构具有的文化基因，又可以激活青年群体价值认同方面的情感密码。

---

〔1〕 参见张士海、靳大力：《中国共产党形象塑造的百年历程、历史经验和时代要求》，载《江苏社会科学》2021 年第 4 期。

〔2〕 参见罗嗣亮、江烜：《习近平关于党的形象建设的思考和探索》，载《党的文献》2018 年第 3 期。

（一）传播媒介融合

数字时代下，媒介生态经历着深度的重构过程，这一情况有力地推动着党员形象传播大步迈入全媒体融合的全新发展阶段。就“网红”党员以及传统党员的形象塑造来讲，其正逐步突破媒介设置的壁垒，进而形成一种协同传播的矩阵模式。要知道，这种融合方面的实践不是技术要素的随意简单堆砌，它是通过对传播要素配置逻辑展开重新构建，在充分挖掘并发挥出各自媒介自身具备的优势的基础之上，达成传播效能的范式层面的跃迁，从而为政党形象的建构开拓出能够展开跨代际对话的全新传播图景。新旧媒体之间相互交织且不断渗透，如此一来，使政治传播既拥有即时互动赋予的鲜活且充满张力的特质，又完好地保留着思想沉淀蕴含的厚重且深沉的底蕴。最终，在虚实相互交融的传播场域之中，成功培育出既有鲜明时代感又具备深厚历史纵深的党员形象。

1. 整合新旧媒体，拓宽形象传播渠道

在“互联网＋”的时代大背景之下，新旧媒体相互融合已然成为一种不可阻挡的发展趋向。[1] 媒介矩阵呈现出的立体化布局态势，已经实实在在地成为消除党员形象传播过程中存在代际鸿沟的极为关键的策略。把“网红”党员具备的流量方面的强大势能以及传统党员拥有的权威资源通过富有创造性的方式加以融合，进而构建起一个全媒体传播的生态体系。短视频平台上呈现出碎片化特点的叙事内容，在经过一番深度的加工处理之后，便能够转化成为专题纪录片当中涉及的理论层面的阐释内容；传统媒体报道的那些具有典型性的事迹，会被拆解为一系列可视化的内容，随后在社交网络平台上进行广泛的传播。这样一种跨媒介的内容转译操作，不仅成功突破了单一平台存在的用户圈层方面的壁垒，还借助符号系统进行的适应性转换，达成了意识形态得以有效传播的效果。即时性记录和系统性阐释这两者以一种有机融合的方式结合在一起，最终形成了“在移动端能够触发情感方面的共鸣，而在大屏端可以完成价值层面的升华”这样一种闭环机制，如此一来，政治

---

〔1〕参见张玮、赵军山、张孟军：《“互联网＋”时代新旧媒体融合的关键因素》，载《传媒》2016年第12期。

传播既能够保留新媒体赋予的参与活力，又能够注入传统媒体特有的思辨方面的深度。媒介整合的本质，就是要通过对内容形态展开创造性的转换操作，使党员形象在不同代际的受众群体之间达成认知上的统合效果。既能在虚拟的空间当中引发即时性的互动，又能在现实的场域之中沉淀下历史方面的记忆，最终使其成为连接技术逻辑与价值传承的一个具有关键意义的节点。

2. 新媒体引流，传统媒体定调形象传播

新媒体对于促进党和社会之间的沟通、彰显自身执政形象的作用正变得越发显著。[1] 在融合传播形成的生态链当中，“网红”党员借助新媒体平台极为强大的流量聚合能力，担负起了“形象触点”这一重要角色，凭借轻量化的内容成功将初始关注激活起来；传统媒体则充分施展自身在议程设置方面的优势，针对碎片化传播汇聚而成的注意力资源展开意识形态方面的提纯操作。短视频里呈现出来的即时性服务场景，经过深度的加工处理之后，升华为理论化的叙事内容；直播互动过程中积累下来的情感资本，也被转化成了典型报道具有的价值内核。这样的一种协同机制，成功构建起了完整的传播价值链。前端灵动且多样的内容生产方式，与后端相对稳重且有明确意义锚定的情况，形成了一种辩证统一的关系，不但有效躲开了新媒体传播容易出现的娱乐化风险，而且突破了传统宣传存在的程式化束缚。如此一来，政治传播便实现了从现象级热点朝着价值性共识的转变与跨越，让党员形象一方面能够保持对青年群体的接受黏性，另一方面还能维系住意识形态传播应有的严肃品格，在代际更替的过程中搭建起认知转换的桥梁。比如，“网红”党员在互动直播期间积累起来的群众信任，经过传统媒体的理论化提升处理之后，就转化成了具有普遍意义的政治符号；传统典型报道当中的精神内核被拆解开来，成为新媒体传播的情感触点，进而形成了价值传承的接力机制。这种分工协作的模式，既留存了新媒体赋能带来的传播效率方面的优势，又延续了传统媒体具备的价值深度特点，使党员形象建构得以实现从流量吸引到信仰培育的完整闭环流程。

---

〔1〕 参见储连伟：《新媒体视域下中国共产党执政形象建设研究》，载《探索》2015 年第 4 期。

（二）形象风格融合

当今的数字化时代已然成为中国共产党长期执政所处的全新场域环境。数字技术具备的赋能作用实乃党在形象建设方面的一种客观存在的要求，同时也是必然要作出的选择，[1] 这一情况推动着党员形象风格迈进到创造性融合这一全新的发展阶段。就“网红”党员以及传统党员而言，他们在形象建构这件事情上，正在突破代际存在的隔阂，凭借个性表达同共性特质之间辩证统一的关系，重新构建起党群对话涉及的符号系统。而这种风格的融合，既非对传统典型宣传单纯地作数字化的复刻操作，又非是网络传播会对政治属性展开带有消解性的改造行为，而是要借助对符号生产机制进行重新构建的方式，使意识形态传播从以往单向灌输的模式朝着双向共鸣的模式实现范式上的跃迁。当“网红”党员采用的网感化表达与传统党员秉持的庄重叙事形成共振效果的时候，政治传播便能够在保证价值内核处于稳定状态的基础之上，达成与多元文化语境深度适配的目标。

1. 取“网红”个性，添传统形象活力

个性化是新媒体具备的一项基本特质。[2] 在新媒体所处的语境之下，个性化的表达策略实实在在地为传统党员形象赋予了契合时代发展的动能。一直以来，传统党员形象往往是依靠程式化的事迹架构以及标准化的符号体系来呈现的，虽说在价值引领这个方面确实具备一定的稳定性，却极易和青年群体秉持的文化惯习之间产生一种疏离感。与之不同的是，“网红”党员借助生活化的场景，对政治话语具有的严肃性加以消解，并且在诸如角色扮演、方言演绎等一系列创新形式当中，成功构建起了一种既带有政治属性又富有独特人格魅力的复合式形象。这种个性元素之间的有机融合，绝非对典型人物具备的崇高性予以消解，反而是通过进一步增强叙事过程中的情感温度以及场景呈现出的质感，将那些原本抽象的政治理念转化成为能够被人们切实感知到的具象化符号。比如，驻村的党员干部把政策宣讲巧妙地转化成了在

---

〔1〕参见焦晓云：《数字技术赋能中国共产党形象建设：挑战与路径》，载《思想理论教育导刊》2023 年第 10 期。

〔2〕参见于杰：《新媒体个性化传播对营销影响研究》，载《南京艺术学院学报（美术与设计版）》2019 年第 6 期。

田间地头开展的即兴说唱活动，这样既完好地保留了理论阐释应有的严谨性，又凭借艺术化的表达形式成功突破了代际传播存在的壁垒；社区工作者则是通过对虚拟形象以及动漫元素进行创造性的运用，将基层治理方面的经验转化成为深受青年群体喜爱的文化产品。而这种活力注入行为的本质其实就是通过对传播者与受众之间的审美契约予以重新构建，使意识形态传播能够从以往单向度的道德说教模式转变成为双向度的情感对话模式，在始终保持党员形象政治属性刚性特点的基础之上，还能够赋予其在柔性传播方面的弹性空间。

2. 以传统共性，塑“网红”形象规范

传统党员形象塑造蕴含的价值基因，实际上为“网红”实践框定了创新的边界范围。把集体主义精神以及组织纪律方面的要求，转变成新媒体创作时参照的内容坐标体系，以此来保证网络传播不会偏离政治属性这一本质性的轨道走向。“网红”党员在开展直播互动活动期间，将党旗徽章、宣誓场景这类传统意象融入其中，并且在制作知识科普短视频时，会系统地植入那些典型人物的精神语录内容。这样一种针对共性元素进行的创造性转化操作，切实有效地平衡了流量逻辑和价值导向二者之间存在的结构层面的张力情况。当个性化的表达有可能朝着娱乐化的边缘地带滑落的时候，传统叙事当中那些标准化的母题，像是艰苦奋斗的钉钉子精神、清正廉洁的职业操守等，就会变成能够校准传播航向的罗盘工具，进而指导“网红”党员去开展既带有网络特色又不会丢失政治底色的内容创作生产活动。这种规范层面的建构举措，并非限制表达方面的自由，恰恰相反，它是通过建立起创新传播的参照系体系，使党员形象的个性展示展演始终能够服务于价值传承的终极性目标，从而在代际更替交替的过程当中，维系住意识形态传播的完整性以及连续性状态。

（三）互动模式融合

构建起党群关系的良性互动机制，对于我们党来说，无疑是永葆其先进性的一种必然的内在要求。[1] 在数字时代，党群互动范式出现了革新的情

---

〔1〕 参见张荣臣：《构建常态环境下党群关系的良性互动机制》，载《理论前沿》2008 年第 16 期。

况，如此一来，便推动着党员形象建构迈向了全场景融合的全新阶段。就“网红”党员和传统党员而言，他们之间的互动模式正在突破虚实空间存在的物理区隔，借助线上线下诸多要素的有机重新组合，进而对政治沟通的意义生产机制予以重新构建。这种互动融合绝不是简单的技术方面的迁移或者场景的单纯叠加，它是通过对主客体关系网络进行重新构建才形成的一种新型传播生态。它一方面保留了传统互动具有的深度方面的优势，另一方面又吸收了数字传播具备的广度方面的势能，最终在代际受众的认知当中培育出立体且多维的党员形象。

1. 借鉴线上技巧，增强线下互动形象亲和力

网络具有的双向渠道这一性质，使传授双方能够展开互动，而这已然成为网络传播极为突出的特点之一。[1] 网络平台具备的交互智慧，着实为传统党员开展的线下实践活动注入了情感传播方面的动能。把“网红”党员采用的即时反馈机制以及共情表达策略加以移植，以此来对实体空间当中政治沟通涉及的体验界面予以重构。驻村党员在入户走访的过程当中，参照直播话术呈现出的亲和力表达形式，将原本较为生硬的政策解读巧妙转化成像家常对话一般的“云端话风”；社区干部在对纠纷进行调解的时候，会运用短视频包含的叙事技巧，借助场景还原以及角色扮演等方式来增强群众对于相关事宜的理解程度。这种具有创新性的实践的本质就在于通过汲取“网红”党员在互动过程当中培育起来的对话意识，运用“老铁”式的亲切称呼来消除层级方面的隔阂，凭借“话题共创”的方式精准捕捉群众关切的各类问题，促使那些发生在田间地头的传统交流形式焕发出数字时代特有的沟通魅力，进而塑造出一种“既懂网言网语又能实实在在办实事”的复合型形象。

2. 引导线下受众参与线上互动，丰富形象感知

传统党员服务面向的实体空间受众群体，正逐渐被有系统地引入“网红”党员营造的数字化互动场域。借助二维码进行导流操作、通过活动预告直播这类方式，促使线下积累的信任能够实现向线上关注的一种有机转变。就拿防汛救灾现场来说，在安置点的传统党员会展示政务直播间入口，从而把物资发放的整个过程转变成可在“透明化”的云端被大家见证的场景；而脱贫

[1] 参见徐语曈、贾蓓：《政府在新媒体平台传播渠道的拓展》，载《新闻战线》2015 年第 21 期。

攻坚方面的典型人物，在事迹报告会当中嵌入相应的话题标签，以此引导听众扫码参与到“我的扶贫故事”短视频征集活动里。这样的双向导流策略成功构建起了“线下服务—线上见证—二次传播”的一种闭环式机制。比如，驻村的“网红”书记利用直播镜头去记录修路的过程，观看的群众一方面能在现实场景里真切感受到机械轰鸣带来的震撼，另一方面还能通过弹幕互动提出关于路线优化的建议，如此一来，群众对其形象的认知就从单一的事件记忆提升转化成了持续的情感积累。这种跨场景的互动不但延续了传统党员形象具有的厚重质感，而且吸收了“网红”传播具备的参与势能，在不同代际的受众之间搭建起了一座能够实现形象认同转换的桥梁。

第三节 圈层传播与组织传播的效能博弈与融合研究

当下，互联网技术结构有离散性以及多节点的特征，其为网络传播的去中心化赋予了技术层面的特质，让信息生产还有传播的结构变得更为多样化。信息传播不再是以往“你说我听”的单向且呈线性的传播模式了，而是转变成了“双向沟通”式的网状扩散以及裂变式的传播形态，[1] 这一变化极为深刻地对政治传播的效能生成机制进行了重新塑造。当组织传播遵循的科层制控制[2]与圈层传播具有的流动性解构[3]相互碰撞的时候，意识形态具备的权威性以及认同效能就被卷入了一场悄无声息的权力争斗。传统党员依靠由文件流转、会议宣讲以及基层实践共同组成的“硬性传播网络”，尝试借助对时空进行仪式化的编排来维持政治符号具有的严肃性；而“网红”党员凭借短视频、直播互动以及算法推荐构建起来的“液态传播生态”，通过情感上的共鸣以及参与式的共创，重新塑造了政治认同的生成逻辑。这二者在效能方

---

〔1〕 参见韩云杰：《去中心化与再中心化：网络传播基本特征与秩序构建》，载《中国出版》2020 年第 21 期。

〔2〕 参见张淑华：《新媒体语境下政策传播的风险及其应对》，载《当代传播》2014 年第 5 期。

〔3〕 参见丁玉峰、曾丽：《数字青年网络话语“圈地自萌”现象的展演逻辑、症候透视及“破圈”策略》，载《理论导刊》2024 年第 5 期。

面的博弈，一方面反映出技术逻辑给政治传播带来的结构性重塑情况，另一方面也隐含着意识形态工作从“单向灌输”朝着“双向协商”转变的这种范式上的变化。

这一效能博弈的根源其实就在于传播权力结构出现了根本性的改变。组织传播往往是依赖科层体系形成的封闭循环来开展的，[1] 其效能的生成遵循的是“中心—边缘”的辐射逻辑，借助文件密级、会议层级以及调研路线等方面的制度设计来对符号解释权的垄断性加以维护。而圈层传播遵循的是“节点—网络”的扩散逻辑，是依托算法推荐、兴趣社群以及用户共创等，来对意义生产的权力格局进行重新构建。当驻村书记的抖音账号变成了县域治理的“第二信访窗口”之际，传统组织传播带有权威性的叙事就不得不和圈层传播呈现出的碎片化表达展开话语权的竞争。这种博弈不单单涉及传播效率的量化对比，更关系到政治合法性的代际传承方面的问题，也就是要思考到底是坚守有历史厚重感的制度性仪式，还是接纳有现实影响力的即时性互动？

一、效能评估：圈层传播与组织传播的优势展现

在数字化进程对政治传播格局予以深度重塑的大背景之下，圈层传播和组织传播呈现出来的效能优势方面展现出了两种截然不同的系统理性。组织传播能够被视作政治系统达成自我再生产的一种结构化机制，其效能优势重点体现在依靠科层制的层级设置还有制度化的程序流程来保证意识形态传播可以具备稳定性以及权威性的特质。而圈层传播映射出的是社会系统具有的自组织逻辑，其效能优势在于凭借数字技术拥有的拓扑连接能力，能够在去中心化的网络环境里实现信息扩散具备弹性与渗透性的效果，前者是通过制度规范的方式来降低在传播过程当中产生的熵值，后者则是借助节点自适应的途径来提升针对环境的响应能力，它们一同构成了数字时代意识形态传播的双重效能保障机制。

---

〔1〕 参见张洪忠、斗维红、张尔坤：《圈层的背后：网络信息传播的“巴尔干化”分析》，载《编辑之友》2022 年第 5 期。

（一）圈层传播在“网红”党员中的效能体现

传播生态发生的结构性变革正给政治话语的实践路径带来重塑的影响。在新媒体的环境当中，用户已不再仅仅充当被动接收信息的角色，相反，他们凭借主动创作、分享以及开展互动等一系列行为，重新构建起了传播权力关系。[1] 这一理论框架为理解“网红”党员的圈层传播效能提供了重要视角：当政治传播主体突破以往单向度的灌输模式，进而嵌入网络社群的互动仪式链时，话语实践便具备了穿透圈层壁垒的动力。与传统党员依赖组织传播体系的线性传导模式有所不同，“网红”党员依靠社交平台的圈层化传播机制，达成了意识形态传播从“大水漫灌”向“精准滴灌”的范式转变。这种转变，不光体现在传播范围呈现出几何级数的增长态势，而且更为深刻地在传播效能实现质性提升方面有所反映。

1. 口碑裂变的传播范围拓展

社交网络呈现出节点式的传播结构，[2] 这一结构为政治信息的扩散搭建起了物理层面的基础。当“网红”党员发布的内容成功引发了某个圈层用户在情感方面的共鸣，或者是在价值层面达成认同时，其传播过程就不再局限于点对点的线性模式了，而是转变成为以用户关系链为传导路径的网状扩散形式。每一个用户作出的点赞行为、转发行为以及评论行为等，都能够成为新的传播节点，这些节点凭借强弱关系相互交织在一起，进而催生出了信息传播的裂变效应，尤其是在圈层内部同质化程度较高的群体当中，政治信息的传播会呈现出类似于“波纹扩散”的特点：核心粉丝群扮演了传播涟漪最初的震动源角色，次级受众则借助社交图谱具有的辐射作用来完成信息的接力传递，最终达成跨圈层的话题共振局面。这样的自组织传播模式成功打破了传统组织传播存在的科层壁垒，使政治话语可以顺着社会网络如同毛细血管般的脉络，渗透到范围更为广泛的受众群体之中。传播动力具备的情感赋能机制，进一步推动裂变效应持续不断地发酵。与传统宣传依靠制度权威进

[1] 参见汪金汉：《从“文本盗猎”到“公民参与”：詹金斯的“参与性”媒介受众研究》，载《福建师范大学学报（哲学社会科学版）》2016 年第 2 期。

[2] 参见郭强、欧阳等：《社交网络节点重要性识别研究进展》，载《电子科技大学学报》2025 年第 1 期。

行的刚性传播有所不同，“网红”党员开展的圈层传播更加侧重于构建起情感动员方面的柔性机制。通过采用故事化的叙事方式来激活集体记忆，运用视觉符号去唤醒情感共鸣，[1] 借助互动仪式来强化身份认同等手段，[2] 政治传播就被转化成了带有情感黏性的社交货币。当用户把政治内容当作能够彰显自身价值立场、强化所在社群归属感的情感载体的时候，传播行为也就从原本的被动接受状态上升到了主动参与的层面。

2. 情感共鸣的传播黏性增强

圈层传播具备的深层效能呈现为意识形态认同的一种再生产机制。圈层内部信息具有同质性特点，成员身份呈现多元性，社交方面又有自主性，这些因素致使社会主义意识形态的内容渐渐趋于私密化，其生态也变得越发复杂化，传播更是朝着开放化的方向发展。[3] 当政治话语凭借情感共鸣融入用户的认知结构以及价值体系时，就达成了从单纯接收信息到将意义内化于心的这一质变过程。“网红”党员通过搭建起“情感共同体”的传播框架，能够把抽象的政治理念转化成为可以被感知到、能够亲身体验还可以拿来分享的情感实践活动。这种情感上的联结，既包含着对集体记忆怀旧（nostalgic）式的唤醒，也涉及对现实当中所面临困境的共情式回应，还关联到对理想图景展开的沉浸式想象。在直播进行连麦的时候实时解答民众关切的民生问题，在短视频当中呈现脱贫攻坚过程里的真实故事内容，在话题讨论环节引导青年去思考人生的价值所在，这些不同的传播实践活动分别从各个不同维度激活了用户的情感参与积极性，使政治传播从仅仅停留在认知层面的信息传递进一步升级成为情感层面的价值共振状态。圈层传播实际上创造出了一个有关政治话语的“意义交换市场”，在这个市场里面，用户会通过发送弹幕展开互动、进行二次创作、促使话题衍生等多种方式参与到意义的生产环节当中，在对信息进行解码与编码的循环往复过程里完成对政治话语的个体化重构操作。这种参与式的传播方式，不但增强了用户对于相关内容的卷入程度

---

〔1〕 参见张亚敏：《跨文化传播中视觉符号的差异性分析》，载《包装工程》2015 年第 16 期。

〔2〕 参见徐明华、李丹妮：《互动仪式空间下当代青年的情感价值与国家认同建构——基于 B 站弹幕爱国话语的探讨》，载《中州学刊》2020 年第 8 期。

〔3〕 参见胡梅花、郭琼：《“圈层化”下社会主义意识形态引领力提升的困境与对策》，载《理论导刊》2022 年第 12 期。

以及他们的忠诚度，更为关键的一点在于，在互动的整个过程当中实现了意识形态的“软着陆”，也就是当用户从原本被动的信息接收者身份转变成为主动的意义生产者角色时，政治认同便由此获得了能够自我强化的内生动力源泉。

（二）组织传播在传统党员中的效能优势

作为政党治理体系里面极为关键的核心传播机制，组织传播向来都承担着维系政治共同体保持稳定的核心功能。[1] 在技术赋予权力的情况下，圈层传播于生活世界这个层面重新构建了个体的认知，而组织传播凭借其成体系的制度安排以及层级架构，在传统党员群体当中形成了别具一格的效能优势。这种优势一方面体现为在信息传递方面有权威方面的保障，另一方面还表现为在纪律维护上具备结构的刚性，并且在形象塑造这个层面展现出符号整合具有的稳定性特征。

1. 权威信息的高效传递保障

在政党组织构建的科层体系里面，信息的传递是依循着清晰明确的纵向通道来开展的。[2] 其有党委、支部、党小组这样的三级传导结构，依靠这一结构，能够切实确保政治信息既保持完整，又具备应有的时效性。这种呈现出金字塔式的传播网络，自身有天然的抗干扰特点，它可以有效地避开信息熵增引发的语义耗散情况。与圈层传播里信息节点呈现出的平面化分布状况有所不同，组织传播具有的树状拓扑结构，赋予了信息传递更为突出的方向性以及更强的可控性。在重大政策传达的整个过程当中，逐级动员的工作机制发挥了作用，使信息能够在规定好的时间范围之内，完成在全系统的传递覆盖。而这样的效率优势，根源就在于组织传播特有的制度化的响应能力。与此同时，党内长期以来形成的政治信任这一传统，为信息接收端进行解码的过程当中，提供了一种预先设定好的认同框架，从而在很大程度上降低了信息失真的风险。

---

〔1〕 参见靖鸣、蔡文玲：《“信息暖房”的构建及其负效应消解》，载《出版广角》2021年第13期。
〔2〕 参见杜其君：《“材料”运转：一种科层信息之累的纾解方式》，载《学习与实践》2023年第10期。

2. 组织纪律的严格遵循维护

马克思主义政党的根本组织原则是民主集中制，它在传播层面呈现出统一意志以及集体行动逻辑相统一的态势。定期开展的诸如民主生活会、“三会一课”这类制度安排，实际上是构建起了具有持续性的传播场域，借助反复的言语互动以及行为上的操演，使组织纪律的在场性得以强化。这种传播方面的实践有明确的时空限定特点，和圈层传播表现出的碎片化、去中心化情形形成了极为鲜明的对照。在纪律规范被内化的过程当中，组织传播凭借符号系统的不断再生产，把党章党规转化成党员个体的认知图式。当碰到价值冲突的情况时，传统党员一般都能够依靠组织传播构建起来的认知框架迅速作出决策，而这种思维定式的形成恰恰就是纪律效能的一种具体体现。

（三）两种传播效能的优势比较

传播权力发生的结构性转移，正在从根本上重塑政治传播效能的图谱状况。以无标度网络为基础的传播模型清晰地显示出，信息于网络当中进行扩散的时候，遵循着“枢纽节点优先”的原则，也就是说，在信息流动经过的路径之中，少数具有较高连接度的节点占据着主导性的地位。这一理论方面的框架，为深入剖析“网红”党员在传播效能方面具备的优势提供了极为重要的视角：当从事政治传播的主体能够成功地嵌入社交网络的枢纽位置的时候，其传播信息的效率便会呈现出指数级的增长态势。与传统党员依靠科层制组织形成的传播体系那种线性传导模式相比，“网红”党员借助激活网络社群里的关键节点这一方式，达成了政治话语从“层级渗透”转变为“裂变扩散”的范式性改变。这种在传播效能方面存在的差异，不仅在传播速度达到的量级提升层面有所体现，还在传播效果的多维重构方面有明显的体现。

1. 传播速度与信息覆盖的优势对比

传统党员往往依赖组织传播采用的“金字塔”式传导路径，信息要经过政策解读、文件传达以及会议部署等诸多环节，在这个过程当中，信息出现衰减以及时效滞后的问题是很难避免的。然而“网红”党员能够借助短视频、直播等新的媒体形态，把政策精神转化成可视化的叙事内容，直接让其融入用户的信息流，达成政治话语的“秒级触达”效果。比如对乡村振兴政策进行解读的时候，“网红”党员在田间开展直播，这样既能即时把相关内容传递给数量达到千万级别的用户，又可以借助平台算法，精准地推送给那些关注“三农”问题的受众，由此便形成了“政策—场景—受众”这种三维的精准匹配情况。信息覆盖之所以能有广域性的突破，是因为传播网络经历了异构性的重构。组织传播的覆盖范围会受到行政体系物理边界的限制，通常来讲，其传播半径和组织层级深度之间呈现出负相关的关系。而“网红”党员进行的圈层传播是依托互联网的“无标度”特性的，[1] 通过弱关系链接的方式，突破地理方面以及社交方面的壁垒，使政治信息可以渗透到那些传统传播很难触及的长尾群体当中。当传统党员的宣讲活动因为礼堂座位数量的限制而受到约束的时候，“网红”党员的直播互动已经实现了跨省域、跨圈层的实时且广泛的覆盖。这种覆盖方面的优势不仅体现在受众规模存在量级上的差异，还体现在其触及传统传播盲区的能力有了明显的提升，像Z世代网民、自由职业者等这类非组织化群体就是如此。

2. 传播持续性与稳定性的优势考量

组织传播具备的稳定性在很大程度上深深根植于制度保障搭建起的刚性框架之中。[2] 传统党员开展的传播活动是依托党政系统给予的资源支持以及流程规范来进行的，呈现出抗风险能力较强、可持续性颇高这样显著的特征。其传播的内容历经多层的严格审核以及专业方面的精心加工，从而在保障意识形态安全以及确保政策准确性这两个方面构筑起了双重的坚实保障。不过，这种稳定性在某些情况下也有可能逐渐演变成创新方面的惰性，毕竟标准化的传播模板以及程式化的表达往往容易陷入所谓的“路径依赖”，进而难以很好地适应网络传播快速迭代更新的节奏。而“网红”党员传播活动的持续性主要取决于其内容创新的能力以及社群运营的效能，其优势就在于能够敏锐地对网络文化潮流作出响应。通过把政策话语巧妙转化成富有“网感”的表达形式，并且及时地跟进热点议题，同时对传播框架加以重构，便能够持续不断地激发受众参与其中的热情。但在稳定性方面确实也面临着一些挑战，这些挑战主要源于圈层传播呈现出的生态具有一定的脆弱性。社交平台采用

---

[1] 参见朱恒民、李青：《面向话题衍生性的微博网络舆情传播模型研究》，载《现代图书情报技术》2012年第5期。

[2] 参见魏永征：《关于组织传播》，载《新闻大学》1997年第3期。

的算法偏好以及流量规则构成了双重具有不确定性的因素，比如过度依赖某一个平台的话，就有可能致使传播链毫无征兆地突然断裂，而盲目地追逐流量热点又容易造成传播主题出现偏离的情况。相较而言，组织传播能够拥有稳定性得益于其具备多信道备份机制以及制度纠错机制，即便某一个单一的传播渠道出现了故障问题，也可以借助组织网络实现对信息的补救。所以说，“网红”党员有必要在创新与规范这两者之间构建起一种动态的平衡关系，既要通过持续不断地对内容进行迭代更新来维持传播的活力，又要借助组织拥有的资源去构建起一道有效的风险防火墙，以此来避免陷入“流量焦虑”引发的传播异化困境。

二、博弈分析：圈层传播与组织传播的效能碰撞

数字技术革命对现代社会的传播权力结构予以了深度重构，催生出一场传播权力方面的革命性回归态势，[1] 使圈层传播以及组织传播这两种范式在政党治理领域展开了极为激烈的博弈角逐。法国社会学家卡斯特于《网络社会的崛起》里提出的“流动空间与地方空间”理论框架，[2] 为剖析此类效能碰撞提供了极为关键的视角参照。在圈层传播凭借社交媒体平台搭建起去中心化的流动空间之际，传统组织传播仍旧深植于制度化的地方空间之中，它们二者之间的碰撞从本质上来讲，就是由传播权力重新分配引发的一种结构性张力状况。这种张力不但体现为信息生产权存在分散与集中的纷争，而且表现在价值认同方面有碎片化与整体性的困境难题，还进一步折射出在政治传播当中对于效率以及秩序的双重诉求渴望。在“网红”党员现象蓬勃发展兴起的大背景之下，圈层传播借助情感动员以及符号狂欢的方式打破了科层制的传播壁垒限制，而组织传播依靠制度形成的惯性来维持政治传播的规范性界限范围，它们二者的互动轨迹清晰地勾勒出政党传播生态的逐步演进脉络线索。

---

〔1〕参见喻国明、耿晓梦：《元宇宙：媒介化社会的未来生态图景》，载《新疆师范大学学报（哲学社会科学版）》2022 年第 3 期。

〔2〕参见杨雁斌：《千年之交的社会形态——〈网络社会的崛起〉一书评介》，载《国外社会科学》2001 年第 6 期。

（一）传播资源分配的博弈

传播资源终究是有限的，而这一特性无疑就决定了政治传播主体相互之间会形成特定的竞争生态。赫伯特·西蒙提出的注意力经济理论着重指出，在当下这个信息呈现出爆炸式发展的时代当中，受众的认知资源实际上有颇为显著的稀缺特点，传播效能方面的核心矛盾也已然从信息的生产环节转移到了对受众注意力的捕获环节之上。[1] 这样的理论框架，恰好为深入分析“网红”党员和传统党员在传播资源方面展开的博弈提供了一个逻辑层面的起始点：当组织传播涉及的制度性资源以及圈层传播涉及的关系性资源在有限的市场环境当中展开相互的竞争与合作时，资源配置的效率情况会直接对意识形态传播最终所能达成的效能起到决定性的作用。

1. 注意力资源的竞争态势

在互联网步入移动互联时期的背景下，用户和互联网之间的连接变得更为紧密，平台的规模也越发庞大，如此一来，注意力渐渐变成了稀缺的资源。[2] 注意力资源呈现出的稀缺性，会推动传播主体采取差异化的竞争策略。传统党员往往凭借组织传播具备的权威背书以及议程设置方面的能力，借助像政策宣讲会、主题党日活动这类制度性仪式，使受众的注意力分配模式固定下来，其长处在于能够借助行政方面的力量，强制性地划定出注意力聚焦的领域。不过，这种刚性的分配机制存在“注意力倦怠”的潜在风险。“网红”党员在争夺注意力的时候遵循的是市场逻辑，他们通过在内容方面进行创新以及达成情感共鸣的方式，来激发用户主动去关注。他们的传播实践常常会融入短视频的信息流，也会结合直播的即时互动，还会利用话题热搜的流量池，借助多巴胺激励机制，把政治话语转化成带有成瘾性传播特质的内容产品。注意力捕获过程中深层次的博弈体现为对认知框架的争夺。传统党员会通过系统化的理论阐释去构建认知框架，着重强调政治传播在逻辑上的自洽以及价值方面的统摄；而“网红”党员采用碎片化的叙事策略，把宏

〔1〕 参见张雷：《经济和传媒联姻：西方注意力经济学派及其理论贡献》，载《当代传播》2008 年第 1 期。

〔2〕 参见鄢一龙：《注意力经济、注意力贫困与信息流赋能减贫》，载《理论与改革》2023 年第 6 期。

大叙事拆解成能够被感知、可以拿来分享、便于参与的微内容单元。当青年网民更偏向于在短视频里获取信息的时候，[1] 传统党员长篇论述式的认知框架就会面临“传播失语”的困境。这样的竞争态势会促使传播资源分配逻辑出现革新的情况：组织传播有必要把依靠制度形成的注意力转化成能够持续留存的认知，圈层传播则需要对流量逻辑可能会削弱政治话语深度的情况保持警惕。

2. 媒介资源的抢占策略

媒介资源的争夺，本质就是围绕传播渠道控制权展开的一场异常激烈的博弈过程。传统党员占据着像党报党刊、广播电视这类主流媒介具有的垄断性资源，凭借对渠道的把控，切切实实地保障了政治传播能够拥有广泛的覆盖范围以及不容置疑的权威性。这样的一种资源占有模式在传播这个领域催生出了所谓的“马太效应”，意思就是那些占据优势的媒介资源会接连不断地朝着体制内的渠道集中，而在这个时候，传播形态也慢慢地变得板结僵化。随着新媒体平台如同雨后春笋一般纷纷崛起，传统媒介原本拥有的渠道优势正遭遇着“功能性贬值”这样十分严峻的挑战：在抖音、B 站等平台已然成为青年群体获取信息的主要入口之际，组织传播依靠的媒介资源的效力就出现了具有结构性特点的衰减情况。“网红”党员采取的媒介策略大体上可以归结为一种“寄生式创新”的做法，他们既不会脱离主流媒体提供的内容根基，又能够十分巧妙且灵活地去嫁接社交平台遵循的传播规则，从而在体制内外的媒介夹层当中开拓出全新类型的传播空间。媒介融合的这一大趋势对资源分配的权力图谱进行了重新的构建。传统党员尝试通过建设自主可控的新媒体矩阵，来达成媒介资源扩容的目的，然而，这种所谓“体制内平台化”的尝试常常会陷入传播逻辑方面存在的自我矛盾：一方面想要维持官方话语具备的严肃性，另一方面又不得不去仿照社交媒体那种带有娱乐化特点的表达形式。“网红”党员在对媒介进行抢占这个方面表现出了更强的生态适应性，他们借助多平台账号矩阵协同运营的方式，在不同的媒介场域当中实施差异化的传播策略。在微信生态环境里以一种权威的姿态来开展政策解读方面的

---

[1] 参见白林驰：《短视频场域青年社会思潮认知与引领探论》，载《中学政治教学参考》2020 年第 34 期。

工作；在抖音平台上则采用网感化的叙事手法；在知乎社区当中，又会展开具有理性特点的对话活动。这种针对媒介资源开展的精细化运营工作，从本质上来讲就是把单一的政治话语进行多模态的转译处理，进而实现传播效果能够达到最大化的目标。

（二）传播理念差异的博弈

数字媒介催生出了多元主体共同存在于其中的开放性公共话语空间，这使政府公共关系以及社会舆情生成的样态出现了重大改变，[1] 与此同时，还促使政治传播场域发生了结构性的变革。在这当中，圈层传播和组织传播二者效能方面的博弈，于“网红”党员与传统党员实践存在不同之处的情况下，展现出了十分鲜明的理念上的张力。圈层文化依靠其独特的审美体系以及话语符号，建立起了参与者彼此之间很强的凝聚力，而该特征和组织传播秉持的集体主义逻辑产生了深度的碰撞。当“网红”党员凭借社交媒体去打造具有个性化特点的传播节点的时候，其传播理念本身就带有创新性、个体化以及将效率放在优先位置的特质；传统党员则始终坚守着组织传播要求的规范性、集体性以及对秩序的诉求，这二者之间的博弈，从本质上讲，就是媒介技术对权力关系进行重构之后形成的传播范式方面的争斗。这样的理念冲突，既反映出了政治传播生态具有的复杂性，也揭示出了在政党治理朝着现代化迈进的进程中，对传播效能加以优化的实践路径。

1. 创新与守正的理念交锋

随着技术不断朝着智能化方向发展，并且获得了扩展式的应用，网络圈层也渐渐兴盛起来并逐渐弥散开来，慢慢变成了个体在网络上进行交往的主要场所。[2] 圈层传播因为技术赋权，让“网红”党员有机会突破传统科层制下存在的传播壁垒，凭借短视频、直播等媒介形式，把政治话语转变成具象化且带有情感化特点的符号叙事。这类实践把内容创新当作核心要点，通过对宏大叙事的文本框架进行解构，巧妙地将党的理论嵌入日常生活场景，借

---

〔1〕 参见张国栋、贺浩浩：《数字媒介中公共政策舆情的时空演化逻辑——基于对话范式的系统考察》，载《全球传媒学刊》2023 年第 3 期。

〔2〕 参见张楷芹：《网络圈层生态下凝聚价值共识的困境与应对》，载《思想教育研究》2024 年第 9 期。

助像“萌化”“梗文化”等青年亚文化符号，达成意义的二次编码。就拿淄博市打造的“齐嘟嘟副书记”走基层系列以及“齐嘟嘟副书记”党建知识小课堂系列来说，它们把党务知识转化成了卡通形象和网络热梗相互融合的形式，在抖音平台上得到了广泛的播放，[1] 其传播逻辑从本质上来看是对单向灌输模式进行的一种颠覆性创新。不过，组织传播有守正方面的诉求，它着重强调意识形态传播需要具备严谨性以及权威性，要求在进行信息生产的时候严格按照既定的政治修辞体系以及话语规范来执行。这种守正性表现在对符号系统实施严格的管理上，比如党旗党徽要按照标准来使用、政治术语得进行精确的表述等，其目的是维护政党符号具有的不可替代性以及神圣性。创新和守正之间的博弈并非零和对抗的关系，而是政治传播为了适应媒介生态作出的必然选择。前者通过对形式进行革新来扩大传播能够覆盖到的范围，后者则通过对内容进行把关来确保意义传递的准确性，这二者之间的动态平衡，构成了提升传播效能的结构性基础。

2. 效率与规范的理念权衡

圈层之间存在多维度的关联性，如此一来，信息传播就很容易实现跨边界的扩散，进而呈现出分叉式的裂变性特征。[2] 圈层传播具有的裂变性能够赋予“网红”党员颇为显著的效率方面的优势，他们可以借助算法推荐机制，达成信息的精准触达以及实现指数级别的扩散。这种以效率为导向的传播模式着重强调“第一时间作出响应”“热点即时予以跟进”“优先满足用户需求”等方面，比如可以通过大数据分析来预先判断受众的兴趣点，在重大事件发生之后，便能迅速推出融合了时政热点的微视频。不过，效率至上的这种逻辑，可能会使传播内容的审查深度被弱化，从而致使政治话语在“流量竞赛”当中出现意义变得浅薄、价值呈现工具化等一系列伦理方面的隐忧。组织传播具备的规范性，是通过制度化的审核机制以及伦理准则来对此形成制衡的，它要求信息生产务必经历多层级的内容审核把关，以此来确保政治表述的完整以及意识形态的安全。而这种规范性带来的代价就是传播时效性

[1] 参见朱志梅、孙俊明：《故事为纲、文化为魂　创新区县融媒党建宣传新样态》，载《全媒体探索》2023 年第 8 期。

[2] 参见唐爱芳：《“圈层”的认知逻辑及其价值引领》，载《新闻传播》2024 年第 23 期。

会相对滞后一些，就像传统党课的策划周期往往会长达数月之久，其内容的更新速度实在是难以跟网络舆情瞬息万变的情况相匹配。效率和规范之间的这种博弈，揭示出了政治传播存在的深层矛盾：要是过度追求效率，那么很可能会瓦解话语权威；而要是绝对地强调规范，又容易导致传播出现失效的情况。破解这一困境的关键之处就在于构建起一个弹性化的传播伦理框架，既需要通过技术赋能的方式来提升内容审核的智能化水平，又需要借助动态监测机制来实现传播效率与风险防控的协同优化。

（三）传播效果预期的博弈

传播效果在时空方面呈现出的张力实际上反映出了政治传播主体面临的战略选择方面的困境。P. 戈尔丁提出的传播效果四维模型涵盖了短期的预期效果、短期的非预期效果，还有长期的预期效果、长期的非预期效果等不同情况。[1] 那么对政治传播的效能展开评估时，就需要同时将短期以及长期、预期以及非预期这些因素相互交织的复杂情形都考虑进去。而这样的一种理论框架，为剖析“网红”党员和传统党员在传播效果预期方面展开的博弈，提供了极为重要的一个视角：当圈层传播具有的即时就能爆发出来的力量遭遇组织传播具备的持续不断的渗透力量时，这两种传播模式在效果维度上形成的错位式的竞争情形，本质上就是数字时代里政治传播价值排序方面存在的结构性冲突情况。

1. 短期轰动与长期影响的博弈

社会信息的生产以及分享，在保证能即时传达各种意见的同时，还切实有效地降低了传播需要花费的成本，并且进一步加剧了社会呈现出的圈层化这样一种趋势。[2] 圈层传播具有的即时性特点，为“网红”党员赋予了能够制造出短期传播轰动效果的一种天然优势。比如淄博市借助“网红”作品云发布会这种形式，集中推送月度的精品内容，进而在很短的时间内就形成了舆论聚焦的效应。然而，短期轰动效应需要付出的代价，往往就是传播效果

---

〔1〕 参见李海春、熊晓琳：《传播效果理论与思想政治理论课教学效果评价探析》，载《思想理论教育导刊》2011 年第 3 期。

〔2〕 参见吴洁、许向东：《网络舆论圈层化：逻辑生成、发展深化与生态治理》，载《新闻春秋》2022 年第 4 期。

会呈现出“速朽性”的特点，也就是说当算法转而关注新的热点议题的时候，政治信息的传播效力就会随着流量的不断消退而迅速地衰减下去，很难沉淀下来从而变成具有持续性的认知资源。组织传播则是通过制度性的议程设置，来构建起能够产生长期影响的一种机制。传统党员依靠党政系统拥有的传播资源，按照政策解读、理论学习、主题教育等这些标准化的流程，来逐步推进意识形态的渗透工作，其效果预期是建立在“认知—态度—行为”这样的线性转化模型基础之上的。例如系统性党员教育工程，就是通过周期性的宣讲以及考核机制，来确保主流价值观能够持续不断地输入进去。这种传播模式虽然缺乏即时就能够看到的传播数据，但是能够在时间维度上形成认知累积的效应，它的影响力就如同“滴水穿石”一般，通过反复不断地强化来实现对价值认同的深层次建构。这二者之间的博弈情况，揭示出了政治传播存在的根本矛盾：算法推荐凭借个性化的技术逻辑，改变了主流意识形态生成并且传播的传统权力结构，由此触发的“过滤气泡—信息孤岛”现象，使主流意识形态的传播空间面临着被不断“窄化”的风险，[1] 流量逻辑驱动的对短期效果的追求，可能会消解掉意识形态传播的深度，而要是过度依赖长期效果，又难以适应网络社会当中对注意力进行争夺的需求。

2. 局部突破与整体推进的博弈

圈层传播具有的垂直化特点，能让“网红”党员在特定社群实现传播效果方面的突破。社交平台凭借兴趣分众的机制，把网络空间划分成了诸多亚文化圈层。比如，擅长“三农”议题的党员主播可借助田间直播，较为精准地触及乡村青年群体；聚焦科技创新的博主也能够深度地连接高新技术从业者社群。这种局部突破有显著优势，那就是能够激发“圈层共振效应”。简单来讲，当政治话语和圈层文化基因高度契合的时候，传播内容就会转变成社群内部的价值共识，从而形成自发的二次传播动力。不过，这种局部化的传播策略也存在潜在风险，有可能引发“信息茧房”效应，使主流意识形态的传播被局限在圈层壁垒当中，难以实现社会共识的整体凝聚。组织传播模式的长处在于构建起固定且稳定的传播渠道，确保传播主体具备权威性以及传

〔1〕 参见姚建军、孙文琪、王志超：《算法推荐“遮蔽”主流意识形态的四重向度及应对思路》，载《北京邮电大学学报（社会科学版）》2024 年第 5 期。

播内容的准确性，[1] 只是组织传播的覆盖范围是有限的，其传播效果预期是建立在传播系统的整体性基础之上的。党政系统搭建的“金字塔”式传播结构，能够保证政治信息自上而下地贯穿每一个行政单元。例如，借助“灯塔—党建在线”等平台，开展好线上与线下的教育活动，实现党员教育的标准化覆盖。[2] 这种整体推进的模式虽说能够维持意识形态传播的广度，可也面临着“深度稀释”的风险。原因在于统一化的传播内容很难适配不同群体的认知图式，特别是在Z世代成为网络主力军的当下，程式化的传播模板极易引发青年群体的认知排斥。二者之间的博弈实质上是政治传播在精细化与普适性方面的价值抉择。圈层传播精准抵达的优势得警惕“碎片化陷阱”，组织传播的全域覆盖则务必要破解“深度不够”的难题。

三、融合策略：破局博弈以达成传播合力

数字时代下的政治传播生态，正面临着结构性裂变以及系统性整合带来的双重张力情况。圈层传播跟组织传播在效能方面的博弈，已迫切得要突破对抗式的逻辑，进而转变到共生的范式上来。英国社会学家吉登斯提出的“结构化理论”，能够为破解这样的困局提供相应的理论方面的支撑。[3] 该理论着重指出，社会结构一方面会对个体行动形成制约，另一方面又会借助个体的实践活动持续不断地进行重构，这一核心命题也揭示出了传播效能得以优化的那种处于动态之中的实践路径。当圈层传播依靠技术赋权对传统传播秩序加以解构的时候，组织传播具有的制度化结构并非只能被动消解的客体，其完全可以凭借规则与资源的重新组合，来达成适应性的进化。这二者的融合，从本质上讲，其实就是针对“结构二重性”开展的一种具有创造性的实践活动。这既要求把圈层传播蕴含的流动性势能给激活起来，又得维系好组织传播具备的结构化方面的定力，要在动态的调整过程当中去构建出传播效能的最大公约数。这种融合绝对不是简单的技术层面的叠加，也并非单向的制度方面的吸纳，而是要对传播要素进行重新配置，从而形成一种新型的传播拓扑结构。

---

[1] 参见白旭晨：《互联网群体传播时代基础教育的政策传播模式研究》，载《内蒙古社会科学》2023年第3期。
[2] 参见周琳：《新媒体视域下高校思想政治工作实践路径研究》，载《传媒》2023年第12期。
[3] 参见向颖：《双重超越：结构化理论“化”之意涵及再审视》，载《东南学术》2024年第1期。

（一）传播资源融合

全媒体思维的要义在于打破传统媒体和新兴媒体之间存在的界限，对多元化的传播资源加以整合。[1] 传播资源的整合逻辑正促使数字时代的政治传播范式发生重塑。按照分布式商业理论的核心要点，当组织传播涉及的集中式资源调配方式同圈层传播的离散式资源激活模式形成互补关系时，传播效能便能够突破单一模式带来的局限，进而达成“1+1>2”这样一种系统性的跃迁效果。这一理论框架为剖析“网红”党员和传统党员在传播资源融合方面的情况提供了极为重要的视角。组织传播拥有的制度性资源储备，就好比稳定的能源基站；而圈层传播的关系性资源流动情况，如同构成了动态的神经网络。这二者若能实现深度的融合，那么便能够构建起既具备稳定性又富有创新性的传播生态。传统党员往往是依托党政系统具有的媒介垄断优势以及人力资源体系形成了“中心化”的资源调度模式；“网红”党员则是借助社交平台的算法推荐以及用户关系链，进而激活“分布式”的资源自组织机制。这种融合并非简单的物理叠加，而是要通过媒介之间的互通、人力方面的协同以及数据的共享等一系列如同化学反应般的过程，由此催生出政治传播范式方面的革新之举。

1. 媒介资源互通

近些年来，国家对各媒介资源之间技术的融合给予了高度重视，积极推动电信网、广播电视网以及互联网这三网的融合进程，力求达成三网之间的互联互通，达成资源共享的目标。[2] 媒介资源的融合式开发意味着政治传播已然步入了全媒体整合的时代。组织传播涉及的传统媒介矩阵，像党报党刊、广播电视、党建平台等，承担着传播权威话语的刚性功能，其核心价值就在于能够确保意识形态传播具备应有的准确性以及安全性。而圈层传播依靠短视频、直播、社交媒体构建起来的媒介网络，借助碎片化、场景化、互动化的柔性传播策略，达成了政治话语那种“毛细血管级”的渗透效果。这二者

[1] 参见黄楚新、陈智睿：《多元考量与多维适应：以主流媒体系统性变革推进全媒体传播体系建设》，载《中国出版》2025 年第 1 期。

[2] 参见张君浩、谢誉元：《新媒体时代下电视媒介资源的融合与竞争》，载《当代电视》2013 年第 9 期。

之间的媒介互通并非单向的赋能，而是构建起了“主流媒体定调—社交平台扩散—用户二次创作—组织传播回收”这一闭环生态。比如，某地关于乡村振兴政策的官方解读视频，经过“网红”党员再次剪辑之后，嵌入田间劳作的实际场景叙事，既留存了政策文本的核心要点，又凭借视觉符号的转译，唤起了青年群体的情感共鸣，最终由政务新媒体账号对传播数据加以回收，以便对后续的内容生产进行优化。

2. 数据资源融合

数据资源的整合分析正重塑政治传播的决策范式。组织传播方面，其历史数据经过不断积累，形成了结构化资源库，这里面包含政策文件、舆情报告以及党员教育记录等诸多显性知识；而圈层传播产生的实时数据流中蕴含着用户行为轨迹、情感倾向、内容偏好等各种隐性知识。要将这二者融合起来，不但需突破“数据烟囱”的技术阻碍，还得建立起“数据—知识—行动”的转化机制。数据融合的战略意义就在于能够实现对传播效果的精准预测以及动态调控。传统党员往往依靠抽样调查和凭借经验作判断的决策模式，在面对网络传播的复杂状况和不确定性时，是很难应对的；而“网红”党员虽说擅长进行大数据分析，却容易掉进只看重流量的短视陷阱。把这二者的数据融合起来，可以借助机器学习算法，去识别出意识形态传播的“敏感阈值”以及“传播拐点”。比如说在重大政策宣传的时候，系统通过对历史传播数据加以分析，预测出不同圈层在接受度上的差异，然后自动生成像“青年群体偏好可视化解读”“银发群体适配语音播报”等有差异的内容方案，同时还能实时监测舆情风险，一旦出现状况就触发预警机制并启动应急预案。这种“数据驱动—人工干预”的混合决策模式，既能够让算法的效率优势得以发挥，又能把人文理性的价值判断保留下来。

（二）传播理念融合

传播能力得以提升，关键之处就在于理念要有所革新。[1] 传播理念正协同进化，这种情况重塑着数字时代意识形态传播的整体格局。按照无标度网

〔1〕 参见张晋升：《提高传播能力的理论内涵与实践路径》，载《暨南学报（哲学社会科学版）》2013年第8期。

络的博弈模型理论，网络节点在传播的进程当中，一方面彼此存在竞争关系，另一方面又有相互合作的情况，此时系统便会自发形成一种呈现动态均衡状态的传播生态。这一理论框架能够为剖析“网红”党员和传统党员传播理念的融合状况提供逻辑支撑。圈层传播带有的分布式创新基因，与组织传播具备的中心化传承优势并非相互对立的，相反，它们共同形成了可提升政治传播效能的“双螺旋结构”。二者理念的融合务必要突破二元对立的思维模式，要在创新与传承形成的矛盾张力当中去探寻平衡点，在个体表达和集体意志产生共鸣的情境下实现价值的增值，在对效率的追求以及对质量的坚守形成的博弈当中达成效能的跨越式提升。

1. 创新与传承结合

圈层传播能够获得创新驱动力，其源头就在于网络社群具备的自我进化机制。社交平台成功营造出了开放性的生态环境，在这样的环境之下，“网红”党员便有了突破传统宣传程式化框架束缚的可能，进而可以把政治话语转化成带有强烈网感特质的符号系统。比如，可以把政策解读巧妙地融入短视频的情景剧演绎，还能将理论宣讲和弹幕文化的互动仪式紧密结合起来。如此一来，意识形态传播也就拿到了能被青年群体认可的“文化通行证”。这种创新并不是对传统价值的一种背离，而是通过对传播形式加以“转基因改造”的方式，让政治内核可以在不同圈层之间实现有效渗透。例如在红色文化传播的时候，借助虚拟现实技术设计的沉浸式体验，[1] 使革命历史叙事能够突破时空方面的限制，从而在Z世代群体当中引发极为强烈的情感共鸣。不过，创新得有个边界，这个边界必须以传承为基准点。当解构式传播有可能消解掉政治话语的严肃性时，传统党员的规范性叙事就起到了类似于防止价值异化的“制动装置”的作用。组织传播在传承方面的优势体现为其能够为意识形态的连续性提供制度上的保障。党政系统构建的传播体系依靠标准化的流程，来确保核心价值能够在代际之间顺利传递。比如“三会一课”制度，它就形成了理论学习的周期性强化机制。这种传承不是简单的信息复制，而是通过逐步建构认知框架，来实现价值认同的深度内化。当“网红”党员

[1] 参见易玲、石傲胜：《红色文化资源数字化保护和传承：价值、成效及路径》，载《中南民族大学学报（人文社会科学版）》2025年第1期。

开展的创新实验面临着被流量逻辑裹挟的风险时，组织传播的传承功能就凸显出了“压舱石”般的重要作用，它能够通过主流媒体的权威解读来校正舆论偏差，还能借助党员教育工程来巩固认知根基。这二者的结合从本质上讲就是政治传播当中“变与不变”的辩证统一：创新能够为传承注入属于时代的活力，传承则可以为创新划定相应的价值红线。

2. 效率与质量兼顾

圈层传播在效率方面呈现出优势，其根源在于算法具备的精准适配能力。社交平台设有实时反馈机制，借助这一机制，“网红”党员能够对传播策略予以动态优化。他们会通过开展 A/B 测试来筛选出具有高传播力的内容，同时利用热点追踪的方式，实现对议程设置作出敏捷响应。这种以效率为导向的做法，并非要以牺牲传播深度为代价，反而是凭借技术赋予的能量，提升了政治信息的触达几率。[1] 比如在突发公共事件当中，“网红”党员能够即时作出解读，如此一来便可以迅速填补信息方面出现的真空状态，有效防止谣言肆意扩散。不过，在追求效率的过程中，必须将质量当作底线来坚守。当流量焦虑致使内容生产出现低智化倾向的时候，组织传播具备的质量控制机制就得发挥类似于“过滤器”的功能了，要通过专业的审核流程来确保政治话语既准确又具备应有的思想性。组织传播对于质量的坚守，具体体现为在意识形态安全方面秉持的价值理性追求。传统党员依靠多级审核制度，并且有专家智库给予支持，从而构建起了政治传播领域的“质量防火墙”。在对政策进行解读时，需要经过语义分析的环节，以此来保证表述的精准程度；而在开展理论宣传工作时，需依托学术研究来强化逻辑上的严谨性。这种对质量的保障举措，并非对传播效率的忽视，而是通过对内容进行深耕，实现认知转化的长效效果。当圈层传播产生的碎片化信息有可能导致认知呈现出浅表化状态时，组织传播的系统性叙事便会成为深化价值认同的“认知锚链”。对这二者的兼顾从本质上讲就是政治传播在“快与慢”节奏方面的一种平衡：效率得到提升能够扩大传播覆盖的范围，而对质量的坚守可以确保价值具备足够的穿透力。

---

[1] 参见商艳青：《技术赋能：全媒体触达的破局之路》，载《青年记者》2023 年第 5 期。

（三）传播策略融合

传播策略的协同演化，正在重新塑造数字时代意识形态传播的范式。按照无标度网络的博弈模型相关理论，[1] 当网络节点在进行策略选择的时候，彼此之间既有竞争的情况，又存在合作的情形，在这样的状况下，系统会自然而然地形成一种处于动态均衡状态的传播生态。这一理论框架能够为剖析“网红”党员和传统党员传播策略相互融合的情况提供逻辑方面的支撑点。组织传播采用的中心化策略，就好比网络当中的枢纽节点，依靠制度赋予的权威性来保障传播的稳定性；而圈层传播运用的分布式策略类似于长尾节点，凭借关系网络来激发传播具有的灵活性。这两种策略要实现融合，那就得突破单一模式在效能方面存在的瓶颈，要在内容生产、渠道布局以及效果评估这一三维的框架中构建起协同机制，进而达成政治传播从“物理叠加”到“化学融合”的范式转变。

1. 内容协同创新

内容生产的融合性重构这一情况，已然标志着政治传播踏入共创时代。传统党员依靠组织传播具备的规范性内容生产体系，借助政策解读、理论阐释以及案例汇编等方式，打造出标准化的传播素材库，其最为核心的价值就在于能够切实确保意识形态方面的准确性以及权威性。而“网红”党员开展的圈层传播内容遵循网络文化自身的生成逻辑，会把政治话语拆解成为场景化叙事、情绪化符号还有互动化文本等不同形式。比如，通过制作“乡村振兴 vlog”来展现基层治理当中的微观实践情况，或者是借助“党史知识挑战赛”去激发青年群体参与其中的热情。这二者在内容方面的协同，绝不是简单的内容搬运，而是要构建起一个“官方定调—民间转译—双向反馈”的共创生态系统。组织传播能够为其提供权威的信源以及价值的内核，圈层传播则可以完成形式方面的创新以及情感方面的赋能，最终形成既能够保持政治上的严肃性，又具备网络亲和力的融合性内容产品。内容创新的协同机制是需要去破解价值传导过程中存在的深层矛盾的。传统党员在内容生产的时候，着重强调的是系统性认知框架的构建，其传播效果体现出来的是一种渐进式

[1] 参见吴枝喜、荣智海、王文旭：《复杂网络上的博弈》，载《力学进展》2008 年第 6 期。

的价值内化情况；而“网红”党员采用的内容策略更加注重的是能够即时性地引发情感共鸣，不过也可能会因为过度娱乐化而使政治话语的深度被稀释掉。二者要实现协同，就需要建立起一个“价值锚定—形式适配”的动态平衡。在重大政策传播的过程当中，组织传播要负责确立起核心话语的坐标，“网红”党员则是通过“政策梗图”“互动问答”等这类较为轻量化的形式来完成二次传播，如此一来，既能够避免严肃话语在网络当中出现“失语”的状况，又可以防止娱乐化转译导致的价值偏移问题。这种协同创新从本质上讲就是政治传播当中“硬核”与“软壳”的一种辩证统一关系。

2. 渠道整合优化

渠道融合明显体现着传统媒体与新兴媒体融合发展的态势，同时也是其极为迫切的发展需求。渠道融合呈现出的发展程度、展现出的形态以及采用的模式，在相当程度上对传统媒体与新兴媒体融合发展的未来走向起决定性作用。[1] 传播渠道融合性的布局正在重新塑造政治传播的拓扑结构。组织传播涉及的传统渠道矩阵，像党媒体系、线下宣讲活动、党建平台等，构成了传播网络里的“主干道”，借助制度层面的覆盖来切实保障传播能够达到一定的广度并且具备可控性；圈层传播运用的社交平台账号、直播频道以及虚拟社区等则形成了“毛细血管网”，依靠算法推荐以及关系链的传导作用来达成精准渗透的效果。这二者的整合并非渠道数量上的简单累加，而是要构建起“中心节点辐射—边缘节点扩散—网络自组织强化”这样一种立体化的传播架构。比如，某地的党建部门把政策发布会同步推送到政务直播平台上，安排“网红”党员进行实时解读并且开展弹幕互动，这样既留存了官方传播具有的仪式感，又借助社交平台即时反馈的机制有效激发了受众的参与热情，进而形成渠道协同产生的共振效应。

---

〔1〕 参见严三九：《中国传统媒体与新兴媒体渠道融合发展研究》，载《现代传播（中国传媒大学学报）》2016 年第 7 期。

第三章
“网红”党员作用发挥遭遇的困境辨识

第一节 “网红”党员工作中存在的问题探析

“网红”党员开展的政治传播实践活动面临着组织身份以及媒介角色这两方面的赋权引发的结构性张力。其核心矛盾产生的根源就在于科层制组织遵循的制度化规约，和数字平台凭借算法化生存方式之间，存在关于价值位序方面的冲突问题。制度性权威原本有自身的合法性再生产机制，却在网络空间当中遭遇了魅力型权威带来的消解性挑战，进而使传播主体在政治严肃性以及网络娱乐性的身份认知方面陷入了一种存在裂缝的状态。

更深层次的困境体现于数字时代政治传播存在的现代性悖论，那便是技术赋权促使传播民主化进程不断推进，而与此同时，其与意识形态安全之间的张力也在持续加剧。“网红”党员属于一种复合式的存在，既是制度性主体，又带有媒介化个体的属性，其行为逻辑会在组织纪律以及流量法则的双重约束之下，呈现出一种带有策略性的摇摆状态。这样的主体性分裂情况，会让传播实践陷入工具理性与价值理性构成的伦理困境。平台资本主义秉持的流量逻辑，对政治传播的公共性存在侵蚀作用，具体表现为传播评估体系出现了量化方面的异化现象，并且有点击率至上的绩效导向，这极有可能导致传播内容的符号出现膨胀情况，进而致使政治话语的意义遭到稀释。制度创新存在滞后的问题，这就使既有的管理体系没办法有效地去应对网络空间里传播权力进行的分布式重构情况。传统的舆情应对模式在虚实交融的传播场景之中，呈现出治理效能不断递减的趋势。而这种制度供给和技术创新之间存在的时代差距，使政治传播实现现代化遇到瓶颈。

一、身份定位问题

中国共产党党员自入党宣誓那一刻起，便需明晰自身具备的有别于其他党外人员的鲜明标识。[1] 强化党员意识，实乃增强党性的必然所需。[2] 在数字化媒体迅猛发展的当下，作为党组织于线上平台的重要发言者，“网红”党员将其党员身份予以明确展示，这一点显得格外关键。不过，在细致考察这些“网红”党员的网络行为之后便会发觉，他们的党员身份常常不够明显，这种状况在一定程度上对他们在网络环境里应发挥的政治引领作用以及榜样影响力有所削弱。“网红”党员身份定位这一问题的实质，是政治符号系统同网络传播逻辑之间存在的场域性矛盾，其根源就在于这两种场域针对主体角色有差异化的建构机制。政治身份作为一种制度性的存在形式，凭借政党伦理以及组织规范来构筑起权威性话语，要求个体运用集体理性去克制私人化表达；而网络身份作为媒介化的存在，依从注意力经济与情感动员的原则，借助人格化叙事来重新构建符号权力。这二者在符号资本再生产的进程当中形成了结构性的对抗局面。

（一）党员身份凸显不足

“网红”党员群体在网络空间里进行身份建构的时候，存在颇为显著的张力情况。他们有党员的政治属性，又是网络内容生产者，具备相应的职业特性，然而这两者到目前为止还没有达成一种有机融合的状态，如此一来，党员身份在虚拟空间当中的能见度以及辨识度也就相对降低了不少。这种身份张力的根源就在于，网络传播遵循的规律以及党性表达方面的要求之间的适配机制并没有被完全构建起来。

1. 党性特征在网络形象中体现不足

“网红”党员在构建网络形象时，普遍存在符号化特征不够鲜明的情况。他们的虚拟身份标签往往更多呈现出职业方面的属性，而政治属性却遭到了

---

〔1〕 参见孟献丽：《中国共产党的初心使命与党员身份自觉的同一性探究》，载《湖湘论坛》2019 年第 6 期。

〔2〕 参见郑传芳、周晨露：《增强党员意识是强党性的必然要求》，载《思想教育研究》2024 年第 4 期。

弱化。就社交媒体平台的视觉呈现体系来讲，多数党员的账号头像设计、背景设置以及互动风格，大多倾向于大众化的审美标准，其中缺少诸如党徽、带有红色基调这类有明确政治指向的视觉符号。在个人简介的文本表述当中，常常会着重突出领域专家、文化达人等职业身份，反而将党员身份放在了次要位置，甚至完全隐去。这样的形象设计虽说有利于降低受众接受的难度，实际上却在不断消解政治身份的辨识度，使公众对于其党员属性的感知仅仅停留在形式化的认知层面。

2. 政治理论传播在深度和持久性方面存在不足

在信息体量极为庞大且流动速度飞快的全媒体时代，碎片化传播已然成为一种普遍存在的现象。和信息流动呈现出的碎片化以及零散化的趋势相比，意识形态传播更加着重于信息的完整性、规范性还有连续性，并且十分注重价值性方面的引领作用。[1] 然而，"网红"党员在意识形态传播这个领域当中，呈现出的是碎片化以及浅表化这样阶段性的特征，到目前为止还没有能够形成具有持续影响力的理论传播范式。大多数的政治理论内容仅仅停留在对政策进行解读的层面上，采用的是"原文转述 + 简单释义"的传播模式，在结合网络语境去作创造性转化这方面有所欠缺；其传播节奏呈现出的是一种运动式的特征，往往是围绕着重大的时间节点来集中发声，而在日常化、浸润式的理论传播方面明显做得不够。这样的传播策略虽说能够在短期内让话题热度实现，却很难去构建起一套系统化的认知框架，进而使受众对于党的理论只能形成片段化、瞬时性的浅层记忆。更为重要的是，理论传播在深度挖掘方面受到了创作者自身政治素养瓶颈的制约，部分党员对于党的创新理论的理解仅仅停留在表面上，没办法运用新媒体语言去揭示理论具有的内在逻辑以及实践价值。

（二）角色转换困境

"网红"党员群体于虚拟空间同现实场域的角色转变之际，遭遇了身份认知方面持续性的牵拉之力。其身为网络内容生产者所具备的职业特点，以及

---

[1] 参见郑敬斌、杨雨凡：《全媒体场域主流意识形态传播转向的三重逻辑》，载《东岳论丛》2025年第1期。

作为党员所拥有的政治属性，至今还未构建起有机融合的实践模式。这一角色困境产生的根源在于，网络传播具有的即时性、娱乐化特点与党员角色要求的恒常性、严肃性之间存在结构性的矛盾，进而致使身份认同呈现出碎片化的态势，行为逻辑也出现了割裂的情况。在努力追求传播效果以及严格坚守党性原则的双重重压之下，便产生了价值选择方面的迷茫之感。

1. 线上与线下形象及行为的一致性存在较大差距

“网红”党员虚拟形象的建构往往存在过度迎合网络传播规律的情况，如此一来，线上与线下的角色便出现了颇为显著的行为断层现象。就拿直播互动、短视频创作等这类场景来说，部分党员会采用夸张化的表演形式以及娱乐化的叙事手法来吸引流量，他们展现出的语言风格以及行为方式，和其在离线组织生活中严肃的形象形成了极为强烈的反差；在话题选择方面，往往倾向于追逐网络热点，这样就使政治理论传播的系统性被弱化，进而让党员身份沦为了一种获取关注的工具性标签。这种双重形象策略虽说在短期内能够提升传播的效果，却导致了公众认知方面的混乱状况：当党员在网络空间以“段子手”的形象呈现出来的时候，其在线下作为先进分子所应有的示范效应必然会被消解掉。

2. 从传统党员向“网红”党员转变时价值导向偏离

在角色转型期间出现的价值认知方面的偏差，使部分“网红”党员在开展新媒体相关实践活动时，出现了模糊政治底线的问题。为了能够契合网络传播具有的“浅阅读”的特点，有些创作者便把党的理论主张给简化成了口号式的标签，如此一来，就将其内在蕴含的逻辑以及实践方面的价值给剥离掉了；而且在跨平台运营的过程当中，有的追逐商业合作机会，这就对政治传播原本该有的纯粹性造成了削弱。这种价值出现偏移的情况，往往是从对传播规律作出技术性方面的妥协开始的，到最后就演变成了在党性原则上出现实质性的退让：当以“网感”为标准来主导内容的生产活动时，政治性就会让位给娱乐性，教育方面的功能也会屈从于消遣方面的需求，党员身为意识形态传播者所具有的主体性，就这样被流量逻辑给解构掉。

（三）自我认知模糊

自我认知也被称作自我意识，良好的自我认知能力无疑是影响党员干部影响力的极为关键的首要因素。[1]“网红”党员群体在新媒体实践活动当中，呈现出颇为显著的身份认同方面的焦虑状况。他们身兼网络内容生产者以及政治传播者这双重角色，然而还没有能够形成清晰明确的价值坐标，进而使自我定位在职业特性与政治属性两者之间呈现出摇摆不定的态势。这种认知方面的模糊性，源于网络传播具有的即时反馈机制和传统党员角色规训之间存在的张力，这就致使个体在面临流量竞争以及党性坚守的相互博弈过程之中，出现了价值判断紊乱的情况，最终使角色实践偏离了预先设定的政治轨道。

1. 对“网红”党员的角色与责任认知不足

有的“网红”党员，在转型成为网络内容生产者之际，陷入了对自身角色理解较为片面的误区。他们把“网红”这一身份单纯地看成获取流量的工具，完全忽略了其作为政治传播载体所具备的本质属性。这种认知上的偏差具体表现为创作动机存在功利化的倾向：一方面，过度地关注粉丝增长数量、互动数据这类量化指标，却没有对传播内容能够产生的政治效益展开系统性的考量；另一方面，把在网络上拥有的影响力仅仅视为个人成就的一种象征，而没有将其当作联系群众、引导舆论这样的政治责任的一种延伸。更为深层次的问题在于，部分身为创作者的党员还没有构建起能够与新媒体语态相适配的角色转换框架，依旧是采用传统的宣传教育模式去应对网络传播的规律，这就使政治话语在网络空间当中的转化效能不高。

2. 过度追求个人网络知名度而忽视党员集体形象

在流量至上这一运营逻辑的驱使之下，有的“网红”党员创作者，把对个人 IP 的塑造放在了维护组织形象之上，如此一来，便引发了个体行为和集体价值之间存在的结构性冲突。在进行内容生产的时候，他们会特意强化个人风格方面的标签，借助争议性话题或者采用娱乐化的表达形式来制造传播爆点，虽然在短期内能够让账号的知名度提升，但是使党员群体具有的严肃性以及先进性的集体形象被拆解成了碎片化的个体特征。这种价值出现错位的情况在跨界合作当中表现得格外突出：为了能够扩大传播的范围，有的参

---

[1] 参见胡月星：《自我净化与完善　从提升自我认知力入手》，载《行政管理改革》2017 年第 3 期。

与到商业活动中，这就致使党员账号慢慢沾染上了营销方面的属性，进而让政治传播和品牌推广之间的边界变得模糊不清。

二、内容传播问题

内容实乃传播的要义所在，若期望达成沟通以及理解这样的传播成效，那就务必要将精力聚焦于输出高品质的内容之上。[1] 在“网红”党员借助网络平台来传播相关内容期间，逐步地呈现出了一连串的问题。“网红”党员存在的内容传播方面的问题的本质就是在政治符号转化时，价值理性和工具理性之间产生的结构性矛盾，而问题的关键就在于网络传播的逻辑对意识形态编码的整个过程实施了异化式的改造。在传播实践当中，符号的能指与所指出现了断裂的情况，这就使政治话语蕴含的深层意义被表层娱乐化的叙事给稀释掉，进而形成了传播形式相对于传播内容的一种符号层面的僭越现象。这种异化的机制具体表现为工具理性出现了过度的膨胀，从而挤压了价值理性可以用来阐释的空间，在竭力追求传播效能实现最大化的进程之中，造成了意识形态核心要素出现符号性的损耗情况。传播势能进行的耗散性积累，不但削减了政治传播具有的系统性，而且通过受众在解码时的过度自由化情形，引发了认知框架面临被解构的风险。

（一）内容同质化严重

“网红”党员群体在内容生产方面呈现出颇为明显的范式固化倾向。就拿短视频内容生产来讲，其已然陷入了同质化的危机当中。[2] 该群体作为政治传播载体，其创新方面的动能并未彻底释放出来，进而使党性表达在网络空间的呈现方式也陷入同质化的老套模式。这种内容方面的困境源于对新媒体传播规律仅仅停留在表层的理解，以及对党性原则采取了教条式的执行，这两者之间存在认知上的断层。如此一来，党史教育、典型宣传以及理论普及等这些核心领域的内容创新，在很长时间里都滞后于技术的不断迭代以及受

---

〔1〕 参见高健：《我国网络空间内容传播治理研究》，载《人民论坛·学术前沿》2022年Z1期。

〔2〕 参见尼罗拜尔·艾尔提、郑亮：《新媒体时代短视频内容生产的特点、趋势与困境》，载《中国编辑》2021年第3期。

众需求的演变情况，最终形成了“新瓶装旧酒”的传播悖论，使主流价值在网络空间的穿透力以及感染力都遭到了削弱。

1. 党史与政策的传播方式往往显得单一且缺乏变化

有的“网红”党员，在针对党史政策展开解读时，依旧延续着以往传统的宣讲模式，直接把线下开展教育活动的相关内容，原封不动地平移到了网络平台上，最终形成了类似于“电子黑板报”一般的、单向灌输的情形。具体来看，其表现为只是机械性地转述政策文件的原文内容，同时配上标准化的图解以及程式化的解说方式，缺乏那种结合具体场景展开叙事的做法，而且没有情感化的表达。从呈现形式来讲，过度地依赖 PPT 翻页式的短视频或者是文字长图这类形式，并没有能够有效地运用虚拟现实、互动游戏等全新的技术手段来重新构建认知场景。这样的内容生产策略，虽说确实能够保证在政治方面的准确性，却使党史政策当中那些鲜活的核心要义，被牢牢地封装在了冰冷的技术框架里面，进而致使青年受众产生了一种“内容显得很厚重，可是形式相当乏味”的刻板印象。

2. 先进事迹宣传新颖视角缺乏、深度挖掘不够

有的“网红”党员在开展典型人物报道时，深陷于“高大全”的叙事模式之中，往往只是单纯地将先进事迹归结为成就的罗列以及对精神的颂扬，在人物塑造方面缺乏立体感，并且与时代语境的关联不够深入。从内容架构层面来讲，大多采用的是“苦难叙事 + 成功逆袭”这样的模板，过度渲染奉献和牺牲的情节，可是对于个体成长过程中心路历程的关注显得不足；在表现手法方面，习惯于运用第三人称全知视角，这就导致宣传对象和受众之间存在情感方面的隔阂。这种较为扁平化的叙事方式虽说能够快速地树立起道德标杆，不过因为缺少了人性应有的温度以及生活的真实质感，所以塑造的典型形象脱离了现实的基础。

（二）传播渠道受限

传播渠道对政策传播的总体成效有影响作用。[1] 然而，“网红”党员群

---

〔1〕参见臧雷振、张一凡：《信息传播渠道差异与重大公共政策知晓——以单独二孩政策知晓情况为例》，载《学习与探索》2019 年第 7 期。

体在开展传播实践活动时，遭遇了渠道生态方面存在的结构性制约情况。他们身为主流价值的传播者，其功能定位和网络平台呈现出的分众化以及圈层化这些特征，尚未能实现有效的适配，如此一来，优质的内容就很难突破已经存在的传播壁垒。这种渠道方面面临的困境，是因为在对平台算法逻辑进行被动适应，以及对传播技术革命展开主动创新这两者之间，出现了能力上的断层状况。这就致使党性表达在网络空间当中触达的范围、渗透的程度以及产生的持续影响等，都碰到了诸多阻碍，最终呈现出“内容虽然优质但传播缺乏力度”这样的价值损耗情况，也使意识形态相关工作在网络上的能见度被削弱。

1. 对新兴网络传播技术掌握不足，影响信息传播效果

技术应用能力方面的滞后状况致使有的“网红”党员在开展新媒体实践活动时，错失了能够有效提升传播效能的极为关键的契机。就拿虚拟现实、人工智能推荐算法以及大数据用户画像等处于前沿位置的各类技术来讲，他们往往仅仅停留在诸如图文编辑、短视频剪辑这类属于基础工具应用的层面之上，根本没办法把沉浸式传播、智能分发以及精准触达等诸多技术具备的优势顺利转化成为用于政治传播的实际动能。在涉及内容呈现的环节当中，存在未能充分运用互动游戏、元宇宙场景重构等技术去创新叙事方式的情况；而到了传播优化环节，也鲜有借助 A/B 测试、热力分析等技术手段展开效果评估以及策略调整方面工作的情形。

2. 缺乏跨平台整合传播策略，导致影响力分散

碎片化的平台运营模式很难形成传播方面的合力，以至于优质内容具有的价值效应在海量信息洪流当中就消失不见了。有的“网红”党员采取的是“多点开花”这种较为粗放的布局方式，他们会在抖音、快手以及知乎等诸多平台同步分发一模一样的内容，完全忽视了不同平台自身的传播特性以及用户偏好方面存在的差异。而在跨平台联动这件事情上，他们缺乏诸如事件营销、话题造势这类整合传播方面的设计，也没能构建起“平台特色化生产再加上矩阵式协同传播”的立体化体系。这样的策略缺陷会引发两个较为严重的后果：其一，内容生产的边际效益会不断递减，相同素材反复进行传播会让受众产生审美疲劳；其二，品牌认知呈现出碎片化的状态，分散开来的粉丝群体很难转化成为一个稳定的、能够达成价值认同的共同体。

（三）信息真实性把控欠佳

在网络空间当中，信息活动的主体往往会为了吸引网民的关注目光，也就是所谓的“眼球”，还企图追求轰动一时的效应，进而努力提高相关内容的点击率。在此过程中，他们常常会忽视自身应承担的诸如道德层面、法律层面等诸多层面的社会责任，肆意制造并传播虚假信息，从而对公众的视听造成扰乱。[1] 那么，究竟该如何去把控信息的真实性？这已然成为网络治理领域的关键所在。就“网红”党员群体而言，其在信息传播的实际操作过程中，一直面临着真实性和传播效能之间持续存在的张力。他们作为网络空间里信息守门人的角色定位，与流量竞争带来的现实压力，到目前为止尚未能形成一种行之有效的平衡机制。如此一来，致使内容生产在真实价值和传播热度这两方面出现了结构性的失衡状况。

1. 为了吸引流量而传播未经验证的信息

有的“网红”党员陷入了由流量焦虑驱使的信息传播误区，他们将内容的时效性看得比真实性还要重要，进而形成了一种“抢发快报”的不正常生产模式。在热点事件刚开始发酵的时候，他们为了能够抢占传播方面的先机，往往会省去那些必要的事实核查程序，直接就搬运网络上的爆料内容或者是二手信息。而在进行议题设置的时候，他们还会特意选择那些带有争议性以及煽动性的、尚待证实的消息，并且通过采用标题党那样的手法来制造信息方面的悬念。这种传播策略虽说在短期内确实能够让互动数据提升，却使党员账号变成了谣言传播的一个中继站。当那些未经核实的疫情数据或未经证实的突发事件细节通过认证账号进行扩散的时候，造成的认知方面的混乱以及社会危害会呈现出指数级别的放大态势。

2. 对网络谣言及不实信息鉴别能力不足

在智能化的时代当中，网络谣言以及不实信息于各类社交平台之上呈现出几何倍数般的增长态势，并且在不断地进行传播扩散，这无疑给社会秩序、

---

〔1〕 参见梁修德：《互联网时代信息活动道德责任内涵、特征及内容》，载《图书馆》2021 年第 9 期。

社会治理等诸多方面均带来了全新的一系列挑战。[1] 然而，信息素养方面存在的结构性缺陷问题，致使有的"网红"党员在面对网络信息污染情况的时候，没有坚守住专业防线。当碰到那些经过精心伪装的虚假信息时，由于缺乏溯源核查的相关技术手段，同时缺少批判性思维方面的训练，所以就很容易陷入"有图非真相"的认知陷阱；而在遭遇用情感化叙事方式加以包装的谣言之际，又难以把其中情绪渲染的成分给剥离出来去进行事实的核验工作，往往就变成了二次传播的有力推手。这种能力方面存在的短板在跨界传播的情境下暴露得格外显著：比如科普类党员账号在解读社会热点的时候，会因为受到专业领域的限制，进而在事实判断上出现失误；政务类账号在评论国际事务时，又会由于信息渠道太过单一，从而造成观点方面出现偏颇的情况。

三、网络互动问题

网络传播具备的双向互动性堪称其极具革命性的一大特征。[2] 在当下网络社交越发繁荣的时代大背景之中，互动性已然变成网络传播不能缺少的关键要素。"网红"党员面临的网络互动方面的问题的本质就是政治传播存在的仪式化方面的需求和网络交往呈现出的去中心化这一特征之间存在的结构性矛盾，而问题的关键便是互动行为出现的符号异化情况使政治沟通原本应有的本质功能在认知层面发生了偏移。在传播的实际操作过程当中形成的拟态互动界面，借助算法推荐具备的即时反馈机制构建起了一种虚假的参与感，从实质上来说，这无疑是消解了政治传播必需的那种能够进行深度意义协商的空间。

（一）互动形式化

"网红"党员群体在网络互动实践方面呈现出颇为明显的程式化倾向。他们作为意识形态传播者，其主体性以及在新媒体传播中的参与性要求，都还没有达成有效的对接，这就致使线上交流仅仅停留在表层的接触面，难以形成价值上的共鸣。这种互动方面的困境，源于流量考核带来的压力和政治传

---

〔1〕 参见翟月荧：《网络谣言的传播与治理》，载《东岳论丛》2023 年第 8 期。

〔2〕 参见崔建国：《试论网络传播及其对社会的影响》，载《贵州社会科学》2007 年第 12 期。

播目标出现了错位配置的情况。如此一来，原本应该具备思想碰撞功能的网络对话，就异化成为数据生产的工具。在追求互动频次却对互动质量有所忽视的这一矛盾状况下，其在意识形态工作方面的深度渗透力也会逐渐丧失。

1. 在线活动注重形式而忽视效果

有的“网红”党员在组织策划网络活动时，陷入了一种“重仪式而轻实质”的形式主义困境。具体而言，他们把意识形态传播这件事简化为诸如打卡签到、转发集赞这类单纯去比拼数字指标的竞赛活动。就主题设计来讲，他们往往只是机械性地去复制线下活动的方案，然后开展像“云端党课”“红色知识竞赛”等这类项目，而这些项目明显缺乏对网络特性的适应能力。在对活动效果进行评估的时候，他们又过度着眼于参与人次、页面浏览量等可以量化的数据，却把内容吸收度以及价值认同感等这种质性指标给忽视掉。如此这般形式化的运作方式，催生了大量“僵尸参与”的情况：网民们为了获取活动奖品，就只是进行机械式的点击操作，其整个认知过程也始终都仅仅停留在比较浅层的接触面上。

2. 直播互动环节设计缺乏灵活性

在直播活动里，用户跟主播之间、用户和用户相互之间的互动情况直接就形成了直播呈现出来的内容，而互动性可以说是其最为突出的一个特点。[1] 然而，有的“网红”党员在直播场景当中所作的互动设计，存在“强预设弱生成”的结构性方面的缺陷，这样一来，就把本应具备即时交流特性的开放性特点给压缩成了流程化的表演形式。大多数的直播往往采用的是“主题宣讲 + 固定问答”这样一种显得颇为刻板的模式，会提前筛选相关问题并且拟定好标准答案，如此操作便使实时的弹幕仅仅沦为了一种背景装饰而已。从互动形式来看，其局限于抽奖、点赞任务等这些只能带来浅层刺激的手段，并没有能够开发出带有思想延展性的互动游戏或者情景模拟之类的形式。这种设计思路和 Z 世代追求的“共创式参与”理念形成了冲突：当年轻的网民满心期待着可以通过角色扮演的方式去深入理解党史人物作出的抉择时，程式化的问答互动必然会引发“参与疲劳”的状况。

---

〔1〕 参见范小军等：《移动视频直播的互动性对持续使用意愿的影响》，载《系统管理学报》2020 年第 2 期。

（二）互动深度不够

“网红”党员群体在网络上展开的互动实践，呈现出一种浅层化运行的状况。其身为意识形态传播者，本应发挥出的价值引导功能，与新媒体传播要求的深度参与，到目前为止尚未能有效地对接起来。如此一来，线上开展的交流活动往往仅仅停留在信息传递这个层面上，很难形成思想层面的共振。而这种互动方面遭遇的困境，根源在于技术理性占据主导地位之下的流量考核机制，和政治传播诉求的情感共鸣之间，存在结构性的矛盾。正是这一矛盾，致使原本应当具备价值建构功能的网络对话，发生了异化，沦为了数据生产的工具。在一味地追求互动规模，却对互动质量有所忽视的失衡状态中，主流话语具有的渗透效能也在逐渐地被消解掉。

1. 仅停留在表面问题解答

有的“网红”党员在互动应答方面呈现出一种陷入“问—答”机械循环的状况，如此一来，原本理应具备思想启蒙重要价值的交流契机，就被降格成了单纯的信息咨询服务形式。当面对网民表达出的种种关切时，这些党员常常会运用标准化的话术来给出程式化的回复。比如，会用“感谢关注相关政策”这样的话语去回避网民具体的追问内容，又或者以“将转达相关部门”这类说法来搪塞网民提出的实质性疑虑。在对复杂政策进行解释的时候，也只是停留在对文件表述进行简单重复的层面上，完全缺乏结合个体实际所处境遇而展开的在地化解读。这种应答的策略，虽说能够保证维持政治方面的准确性，却导致互动仅仅变成了一个信息搬运的过程，而非价值的有效传递过程。

2. 与粉丝之间的情感纽带不够牢固

有的“网红”党员，在维系和粉丝之间的关系这件事上，过度倚仗通过内容推送来达成的单向连接手段，并没有成功搭建起以价值认同为基础的情感共同体。在平日里进行运营的过程当中，他们往往会把过多的侧重点放在信息发布的频次以及形式创新方面，然而对粉丝的成长轨迹缺少持续不断的留意与关注；当面临危机需要去应对的时候，他们又倾向于运用统一的公告来实施风险方面的管控举措，却缺少针对不同粉丝的个性化沟通以及情感上的抚慰举动。如此这般的策略使粉丝的黏性仅仅是构建在内容具有的新鲜度之上，而非基于价值方面的共鸣：只要热点出现了转换的情况，又或者是在形式创新方面表现得力不从心、缺乏足够的动力，粉丝对其的关注度就会呈现出如同断崖一般急剧下滑的态势。

（三）互动管理不善

“网红”党员群体开展的互动管理实践，当下正遭遇效能不断衰减的危机情况。其原本承担着在网络空间当中作为意识形态引领者这样的角色定位，然而面对复杂的舆论生态，相应的治理要求与之尚未能构建起适配的机制。如此一来，其互动行为在规范性以及建设性这两个维度上，均出现了失守的状况。这种管理方面陷入的困境，是由技术变革的速度和制度响应能力之间存在的结构性落差引发的。正是因为这样的落差，原本理应具备价值引导功能的互动环节逐渐异化成了风险不断累积的端口。在舆情应对出现失当、方向引领存在缺位以及数据支撑较为薄弱等情况产生的叠加效应影响下，持续不断地消耗着政治传播储备的公信力。

1. 面对负面评论应对不当

网络中的负面评论往往会引发一系列负面的反应，[1] 对此，绝不能轻视，必须给予足够的重视。然而，有的“网红”党员在处理网络负面评论的时候，陷入了一种“应激性管控”的思维模式，他们把舆情方面的风险管控简单地看成删除相关内容这样的任务。常见的做法有批量屏蔽一些关键词、很机械地关掉评论功能或者给出公式化的回复。这些策略虽说在短时间内能够让界面看起来干净一些，可实际上会让“沉默螺旋”效应变得更严重，使民众真实的想法表达被迫转到私域社群里面去，进而形成一种隐藏起来的认知潮流。比较典型的失误情况就是对合理的诉求作出错误的判断并且加以打压，把关于技术方面的质疑错误地归类成政治攻击，这样一来，舆论监督的空间就会被不合理地压缩，到最后还会反过来影响党员账号在舆论引导方面的正当性。

---

〔1〕 参见陈士超、陈雪等：《网络负面评论对沙漠旅游区游客抗拒行为的影响研究》，载《干旱区资源与环境》2024 年第 2 期。

2. 在互动过程中未能有效引导网络舆论

网络舆论引导工作需积极主动地开展，应当具备强烈的“阵地”意识。[1] 然而，在互动场景当中，其议程设置的能力显得颇为薄弱，这就致使有的“网红”党员在开展价值传播相关工作的时候，失去了应有的主动权。他们仅仅把互动看作信息反馈的一种渠道，在对讨论话题进行处理的时候，既缺乏主动设计的意识，又没有在方向上加以牵引的举措，如此一来，便使评论区变成了各种无序观点随意堆积的地方；在面对突发舆情需要去应对的时候，往往习惯采用“降温式”的回应方式来刻意规避核心矛盾，结果就白白错失了通过思想层面的交锋进而凝聚起共识的极为重要的战略机遇。这种在引导方面存在的缺位情况，在针对重大社会议题展开讨论的时候，表现得格外致命：当网络民粹思潮开始裹挟理性讨论时，如果不能够及时地介入其中，进而构建起对话的框架，那么必然会造成主流话语在舆论相互混战的局面当中被逐渐边缘化的结果。

四、形象塑造问题

政党形象塑造实际就是创构政党意象的一个过程，[2] 它作为政党建设里极为重要的一项内容，是增强政党活力以及凝聚力的关键途径，还是政党能够保持长期执政以及实现发展进步的重要抓手。[3] 党的形象和威望、党的创造力凝聚力战斗力不仅直接关系党的命运，而且直接关系国家的命运、人民的命运、民族的命运。[4] 然而，“网红”党员在开展线上形象构建的时候，碰到了诸多的难题与挑战，这就需要对其展开细致研究并努力找寻解决的办法。“网红”党员的形象塑造相关问题，深深扎根于政治符号资本在网络传播当中出现的异化风险里面，其本质上就是在工具理性占据主导的情况下，政治主体性建构方面产生的价值出现了偏移。在传播实践的过程中，泛娱乐化

---

[1] 参见李贞仪、黄思：《提升网络舆论引导能力路径研究》，载《中国广播电视学刊》2022 年第 8 期。

[2] 参见杨婷：《论中国共产党形象塑造的图像叙事》，载《思想理论教育》2024 年第 7 期。

[3] 参见刘凡熙：《中国共产党政党形象塑造的历史考察与时代要求》，载《学习与探索》2023 年第 6 期。

[4] 中共中央文献研究室：《十八大以来重要文献选编（中）》，中央文献出版社 2016 年版，第 92 页。

的倾向使符号能指和政治所指之间出现了断裂的情况，在追求视觉奇观和情感共鸣的进程当中，制度性权威被降低成了人设化标签，进而形成了政治传播方面的符号性内耗情况。这种异化机制呈现出来的状况就是，形象建构采用的流量导向型策略把价值传导的空间给挤压得很小，使政治符号沦为了算法逻辑支配之下的文化消费商品，这样就导致政治权威在象征意义上被消解掉了，还让受众的认知框架出现了断裂。

（一）形象单一化

"网红"党员群体在形象建构方面呈现出颇为明显的模板化特点。其身为新时代政治传播者，角色内涵与网络文化具有的多样性要求并未达成创造性转化，如此一来，党性表达在虚拟空间的呈现形式就陷入了刻板化的困境。这种形象方面的危机源于对党员先进性存在机械性的理解，以及对网络传播规律有片面性的认知，这两者之间出现了认知上的错位，进而致使政治属性与职业特性在形象塑造的时候产生了价值层面的断裂，最终形成了"严肃有余但活力不足"的传播悖论，也使主流价值在网络空间的吸引力以及感召力遭到了削弱。

1. 过于强调严肃正统形象

当下，部分"网红"党员的形象管理方面大体上陷入了"泛政治化"这样一种极端的倾向，往往会把党性方面的表达给简化成单纯的符号堆砌以及仪式展演的形式。在进行视觉呈现的时候，过度地运用红旗、党徽这类政治符号，如此一来形成的是一种视觉上的压迫感，而非能够拉近与他人距离的亲和力；在语言风格的呈现上，又总是拘泥于文件当中的术语以及口号式的表达，缺少那种能够融入日常生活、契合具体场景的叙事转换方式。这种形象管理方面的策略虽说在一定程度上能够强化政治标识，却让党员的形象脱离了网络文化营造的土壤环境：当 Z 世代的网民已经习惯了借助弹幕文化、通过表情包互动来展开彼此间的交流活动时，程式化的、显得颇为严肃的形象必然会引发认知方面的隔阂。

2. 内容表达形式较为单一

传播载体方面创新存在乏力情况，如此一来，致使有的"网红"党员在党性表达上陷入了"新酒旧瓶"这般的形式困局。他们守着图文推送以及新闻播报这些传统的形态，没有能够很好地开发互动视频、虚拟现实还有沉浸式剧场等一系列新型的表达方式。在叙事结构方面，也是沿用“观点陈述+案例佐证”的线性模式，缺少像多线程叙事、游戏化探索等网络化表达方面的创新做法。这种在形式上呈现出的单一性状况，促使优质政治内容和青年文化需求两者之间形成了代际鸿沟。当那些元宇宙的原住民满心期待着可以通过数字分身去参与到党史场景重现活动的时候，静态化的图文灌输方式肯定会遭遇“注意力免疫”的情况。

（二）形象稳定性差

“网红”党员群体在形象管理方面面临着持续存在的诸多挑战，其有网络空间政治传播载体这一公共属性，然而个体行为存在不可控性，这两者之间形成了一种结构性的张力，进而使角色形象的建构与维护展现出脆弱性的特点。而这种稳定性方面的危机，源于网络传播具有的放大效应和党员角色规训一直存在的恒常要求之间，出现了适配方面的失衡状况。如此一来，个人特质、突发事件以及战略缺位这几个方面共同形成了形象波动的风险三角，并且在舆论场动态的博弈过程当中，不断地消耗政治传播的信用资本。

1. 个人行为或言论不当导致公众形象受损

党的形象能够彰显出党的性质，这与党的生死存亡息息相关。[1] 所以说，每一位党员都应当时时刻刻留意自身的言论以及行为，要自觉地维护党的形象。然而，有一个现象值得关注，那就是有的“网红”党员在新媒体实践的过程当中，出现了言行失范的情况，如此一来，便把个体身上存在的一些瑕疵给放大了，进而演变成了群体形象方面的信任危机。他们在直播互动的时候，过度地展露自身生活化的特质，这样就使工作场景和私人领域之间的边界变得模糊不清，结果就是一些不当的玩笑或者是情绪化的表达被截取下来并且传播出去；还有在跨界合作的情形下，为了能够提升传播的效果，他们会有选择性地接受商业机构给出的关于形象包装的一些建议，这样就使党员身份具有的特质遭到了消费主义符号的侵蚀。这种个体行为失去控制的状况，暴露出了“网红”党员在角色认知上存在的深层次矛盾：当传播者想

[1] 参见龙钰：《中国共产党形象塑造的百年历程与不懈追求》，载《中州学刊》2022年第4期。

要兼顾政治属性以及网红特性的时候，要是缺乏严格的自律机制以及对风险进行预判的能力，那么其在网络实践当中必然会在这双重角色的相互拉扯之下失去平衡。

2. 缺乏长期形象维护及提升策略

若要维持一种稳定且积极的形象，那么加强制度方面的建设是很有必要的。制度是政党形象的一种刚性表征，同时它也为政党形象的塑造提供了刚性的保证，其具备根本性、全局性、稳定性以及长期性等诸多特性。[1] 然而，就“网红”党员的形象管理情况来看，有的陷入了一种“重创建而轻维护”的短视误区，缺乏系统化的品牌建设方面的思维模式。他们往往会把主要的精力投放到内容生产以及流量获取这两件事上，却将形象资产的持续积累以及价值的升级给忽视掉；而且在危机预警层面，依赖被动响应的方式，而非主动去进行防控，如此一来就使形象修复的成本处在居高不下的状态。正是这样的一种战略上的缺位情况，使“网红”党员的网络影响力呈现出“潮汐式”的特征：也就是依托热点话题能够获得瞬时的关注，可因为缺乏后续价值的沉淀，所以很快就又回归到常态。

第二节　“网红”党员自身职业发展忧虑探析

“网红”党员在职业发展方面存在忧虑，其本质是网络场域开展的新型政治传播实践与传统组织晋升体系之间出现了制度性张力，并且这种张力已经有所显现。其根源在于，符号资本和组织资本二者之间可通约转化的机制到现在都还没有建立起来。在网络传播实践过程中积累起来的流量资本、情感认同等这些新型资源，在现行的组织考核体系当中，是很难实现价值上的等效置换的，如此一来，便使政治传播创新行为和职业晋升路径之间出现了结构性的断裂情况。这一断裂具体呈现出来的状况是，传播效能评估运用的算法逻辑与组织绩效衡量依据的科层标准之间存在范式方面的冲突。在这当中，

---

〔1〕 参见张士海、靳大力：《中国共产党形象塑造的百年历程、历史经验和时代要求》，载《江苏社会科学》2021 年第 4 期。

网络影响力具有的即时可见性以及政治忠诚度历经的历时性积淀，在认知评价维度上形成了错位，而且传播风险本身存在不可控性，这又进一步加剧了组织对于“网红”党员行为边界产生的不确定性的焦虑之感。更为深层次的矛盾在于，网络空间有拓扑联结的特征，而传统组织架构是树状层级体系，这两者之间存在制度适配方面的困境。正是由于这种空间形态上的差异，“网红”党员在虚拟场域当中积累起来的符号资本没办法通过既有的制度渠道转化成为政治晋升的动能，进而形成了职业发展预期与组织激励反馈之间的认知鸿沟。

一、职业晋升的忧虑

对于党员干部而言，职业晋升可以说是最为实际且最为直接的一种激励方式。[1] 然而，“网红”党员存在职业晋升方面的焦虑情绪。这种焦虑深深根植于网络传播遵循的流量逻辑和组织考核依托的绩效体系，二者在价值取向上出现了错位情况，其本质就是在符号资本朝着组织资本进行转化的时候，缺乏相应的制度性保障机制。在传播实践过程中积累起来的虚拟影响力，很难直接和传统晋升评估设定的刚性指标相匹配，如此一来，网络场域当中的行为逻辑与组织系统的评价标准之间就形成了一种结构性的张力。

（一）形象固化影响综合评价

“网红”党员群体在形象建构方面和综合评价体系之间存在颇为深刻的认知错位情况。该群体作为新型政治传播者，具备的多维价值，在标签化以及扁平化的形象认知框架当中，面临着被消解的风险。这样的评价困境之所以会出现，是因为网络传播存在简化逻辑，而党员角色有丰富内涵，这二者之间存在结构性矛盾。这就使公众在认知的时候往往局限于表层的符号，进而忽视了实践的本质。如此一来，最终便造成了综合评价出现失真的状况，价值判断也出现了失衡的情况，由此形成了“形象决定论”这样的认知陷阱。

1. 刻板印象制约对多样性的认知

“网红”党员群体往往被片面地简化成了仅仅作为“正能量传声筒”这

---

〔1〕 参见刘昕：《如何正确看待党员干部选任年轻化》，载《人民论坛》2021年第23期。

样一种单一的角色定位，如此一来，其身为理论阐释者、实践创新者以及群众服务者的多元功能，在公众的认知当中就渐渐变得模糊起来。这种刻板印象的产生机制，其实是深深扎根于由算法推荐引发的内容呈现出同质化的倾向之中的。当党员开设的账号持续不断地输出有关政策解读方面的内容时，平台采用的算法便会自动地去强化其“官方代言人”的这一标签，从而也就逐步把其在基层治理、文化创新等诸多不同领域作出的实践贡献给遮蔽掉了。而从更深层次来看，其中存在的认知偏差就在于，公众会把党员在媒介上呈现出来的形象完完全全等同于其在现实生活当中的真实人格，忽视了“网红”党员在线下履行职责时所具有的复杂性。

2. 网络标签掩盖实际工作表现

流量导向的评价机制会使“网红”党员的实践价值被简单地归结为传播数据，如此一来，其线下履职的实际成效与网络影响力在评价方面便相互割裂开来。在考核体系当中，那高达“10 万 +”的阅读量可能会把调研报告深度不够的这一问题给掩盖住，而百万点赞数同样有可能对群众工作里的薄弱环节起到粉饰作用。这种评价上出现的异化情况催生了一种“重传播而轻实干”的投机倾向，具体表现为有的“网红”党员把主要的精力都投放到了内容生产方面，结果却荒废了自身的本职工作，进而使线上塑造的形象沦为了规避实质考核的“保护伞”。

（二）网络争议引发负面评价

大数据技术得到了极为广泛的应用，这一情况在中国共产党形象建构方面，既带来了诸多机遇，又带来了不少挑战。[1] “网红”党员群体同样面临着这样的状况。“网红”党员们身处新媒体场域之中，其具备的公共属性和网络传播呈现出的不可控性之间形成了一种结构性的矛盾。当出现争议性事件的时候，他们作为政治传播者的角色定位，便会面临极为严峻的考验，甚至会使网络争议演变成形象危机的催化剂。之所以会出现这样的评价困境，是因为在价值传播方面存在理想化的预设，而网络生态的现实情况又极为复杂，

---

〔1〕 参见苏玉波、刘婷婷：《大数据时代中国共产党的形象建构：挑战与应对》，载《西安交通大学学报（社会科学版）》2021 年第 4 期。

这二者之间出现了适配失衡的情况。如此一来，在算法的助推以及群体极化这双重作用的影响下，局部的争议就会逐渐演变为系统性的信任危机，最终形成从"个体失误"到"群体污名"再到"制度质疑"这样一条恶性的传导链条，进而对主流价值传播的群众基础产生动摇作用。

1. 舆论风波损害形象

在网络争议事件发生之际，"网红"党员常常会变成舆情发酵过程中的焦点。一旦他们言行有所失当，由此引发的舆论浪潮产生的破坏效应，是远远超出普通网民引发的情况的。比如，当某位"网红"党员在直播的时候对历史事件作出了不恰当的类比，那么这一存在争议的片段便会经由算法推荐，进而在不同平台之间传播开来，如此一来，个体所犯的这一失误就会迅速演变成针对党员群体专业素养的集体性质疑。而在应对民生热点相关事宜的时候，如果"网红"党员在观点表述方面出现了偏差，那些敌对势力便会抓住这个机会，对其展开标签化的攻击行为，把原本只是个别的案例问题刻意建构成制度方面存在缺陷的状况。这样的舆情放大机制，清晰地暴露出了"网红"党员作为政治符号具有的脆弱性。

2. 观点分歧导致内部质疑

有的"网红"党员在对传播方式予以创新之际，面临的代际认知方面的差异往往会引发组织内部从策略性角度产生的疑问。当青年党员借助"鬼畜"视频对严肃的政治议题展开解构时，传统的党务工作者极有可能把这种做法看作消解权威的一种离经叛道的行为；而当运用网络流行语去阐释相关理论时，同样有可能遭到来自"娱乐化"倾向层面的批评。这样的价值判断方面的冲突在党内形成了一种隐性的张力，比如"网红"党员要是实施元宇宙党课方面的创新举措，说不定就会受到其他同事提出的"形式大于内容"这样的质疑。观点方面的分歧持续不断地发酵，不但会消耗掉创新具有的动能，而且有可能让"网红"党员陷入一种"里外不讨好"的尴尬境地：既没办法获得年轻网民在情感方面的认同，又丧失了组织内部给予的全力支持，最终使传播变革的进程陷入停滞的状态。

（三）社交平台投入分散精力

"网红"党员面临的精力分散这一困境的本质是网络传播遵循的规律同党

员职责方面的要求之间存在结构性张力的一种体现形式。时间配置出现了失衡的状况，这一情况折射出传统工作模式在面对数字化需求时存在的适配方面的难题；注意力发生耗散的现象，此情形暴露出在进行多任务处理时对专业能力产生的消解方面的效应；而社交压力的存在凸显出公共角色与个人心理在调适过程中面临的挑战。上述这些问题彼此相互交织在一起，它们共同形成了制约“网红”党员充分发挥其作用的瓶颈。在数字化浪潮呈现出不可逆转态势的背景之下，怎样达成网络影响力与工作实效性二者之间的有机统一，已然成为新时代党员队伍建设过程当中亟待破解的一个极为重要的课题。

1. 时间分配失衡

“网红”党员于社交平台展开运营之际，面临着多种多样的时间需求。像内容创作环节、与粉丝互动环节以及数据分析环节等，皆形成了持续性的时间消耗状况，仿若一个个时间黑洞一般。他们得在抖音、微博、微信等诸多平台同步更新内容，在此过程中，一方面得确保政治性内容具备应有的严谨特质，另一方面还得适应短视频、直播等不同形式特有的创作节奏。就拿一场时长两小时的政策解读直播来说，前期往往需要耗费数倍于直播时长的时间去开展资料收集工作、精心打磨脚本以及进行技术调试等；而平日里维护评论区的互动情况、时刻跟踪舆情热点动态、积极参与平台举办的各类活动等诸多事务，更是进一步加剧了时间的碎片化程度。当“网红”党员将诸多精力都投入对点赞量的维护以及对话题热度的提升时，传统党建工作里诸如走访调研、理论学习、会议研讨等基础性的工作常常就会被迫压缩。如此这般的时间配置存在的结构性矛盾，极易导致“线上活跃”与“线下深耕”两者之间出现失衡的状况，进而使有的“网红”党员陷入一种“在网络上存在感颇为强烈，实际工作贡献却相对薄弱”的尴尬处境。

2. 注意力的分散降低工作效率

社交平台具有的即时性以及交互性方面的特征，一直在对“网红”党员的专注力持续不断地产生侵蚀作用。他们得同时处理像直播弹幕提问、私信咨询以及热点话题跟进等诸多的多线程任务，而这样的多任务处理模式，往往会使认知资源出现过度耗散的情况。当“网红”党员频繁地在研读政策文件和回复粉丝留言这两件事之间来回切换的时候，其深度思考的能力以及开展系统性工作的能力肯定是会受到损害的，尤其是在碰到涉及复杂政策解读或者敏感议题讨论这样的情况时，注意力一旦分散开来，就有可能导致表述出现偏差，甚至极有可能引发舆情方面的风险。

二、职业考评的忧虑

党员干部的考评工作实则是党员干部选拔任用工作的前提条件以及根基所在，同时也是强化对党员干部进行管理的一种必要方式，更是落实党的组织路线极为重要的基础环节。[1] 然而，“网红”党员存在关于职业考评方面的忧虑情绪，这种忧虑深深根植于科层制晋升体系和媒介化实践之间存在的制度性错位。而从本质上来看，这种焦虑其实就是政治组织传统的评价机制与数字时代新型的政治资本形态在价值层面出现冲突的一种表现，并且在个体发展这个维度上有了具象化的呈现。党的干部考核体系是以政治忠诚度、组织协调能力以及政策执行效能为核心指标的，其量化标准是依托科层结构具有的稳定性以及可预测性来确立的。然而，网络场域当中影响力的建构是依靠流量资本的积累、情感动员的能力以及符号生产方面的创新性来实现的，这两者在价值排序以及能力认定的层面形成了一种结构性的断裂状态。当媒介化实践产生的符号资本没办法有效地转化为组织认可的政治资本的时候，相关主体就会陷入工具理性和价值理性的双重困境，也就是既需要依照网络传播的规律来维持在公众面前的能见度，又必须警惕过度的媒介化有可能对政治身份纯粹性造成的潜在消解影响。这样的张力状况，会使职业发展的路径出现策略性的摇摆情况，并且会引发身份认同方面的焦虑情绪。

（一）考评标准的不适应性

“网红”党员考评标准存在的结构性矛盾，实际上反映出了传统党建考核体系同数字化转型需求之间存在深层次的错位情况。其指标体系呈现出的滞后性，一方面会使个体工作价值出现误判的状况，另一方面还极有可能引发“重形式而轻实效”的系统性风险问题。当网络空间里的传播力、引导力以及影响力没办法顺利转化为考评体系当中的认可度、发展力以及激励度的时候，“网红”党员群体具有的创新热情以及工作效能就必然会遭到一定程度的

---

〔1〕 参见马丽：《党的干部考核制度发展的五重维度》，载《理论视野》2021 年第 3 期。

损耗。

1. 传统评估标准在网络贡献评价方面的局限性

既有党员考评体系着重关注的是线下活动参与程度、理论学习的频次等这些比较明显的指标，所以很难非常精准地衡量“网红”党员在网络空间当中作出的实质性贡献。比如当“网红”党员通过直播的方式对政策进行解读，并且收获了多达百万的观看量的时候，在传统的考核表格里面却并没有与之相对应的可以进行量化的模块。又如当他们在评论区引导舆论，进而化解社会矛盾时，像这样的一些隐性付出往往就会被归入“其他工作”这样笼统的评价范畴。这样的评价偏差使有的“网红”党员陷入了一种困境，也就是其线上具有的影响力很难兑换成考核的分数，甚至出现了“线下补材料、线上创实效”这样不同轨道运行的现象。

2. 网络工作价值评估的不确定性问题

“网红”党员于线上开展的实践活动呈现出效果滞后以及影响扩散等诸多特征，这无疑给价值评估工作带来了多维度的挑战。就拿一则优质的政策解读视频来说，其有可能在数月之后，因为社会热点出现了变化，进而重新引发大众的关注，而像这样的长尾效应是很难被纳入周期性的考评框架的。此外，网络舆情具有的复杂互动特性，使“网红”党员的某一次发言，既存在凝聚共识的可能，又有可能在特定的语境之下被曲解，进而发酵起来，如此一来，传统那种“非黑即白”式的定性评估方式便难以应对这种灰度效应，尤其是在算法推荐机制制造出来的流量产生波动的情况下，粉丝增长的情况、互动数据等这些量化指标都带有一定的偶然性特征。倘若单纯凭借数字的升降来评判“网红”党员的工作成效，那么一方面有可能催生出数据造假的冲动，另一方面还容易忽视掉思想引领蕴含的深层次价值。

（二）考评过程的主观性影响

在对“网红”党员进行考评时，主观性因素带来的干扰不容小觑，其本质是传统管理思维和网络时代党员发展需求二者间存在的深层次冲突。认知方面出现的偏差，清晰地展现出价值判断标准在代际层面已然产生了断裂情况；舆情方面的干扰，也将风险控制与创新激励之间存在的结构性矛盾给揭示了出来；人际关系的渗透状况，更是凸显了制度设计和人性弱点之间一直都存在的博弈情形。上述这些问题彼此相互交织在一起，就使考评结果常常会变成多方力量相互拉扯一番之后达成的妥协产物，如此一来，便难以对工作的实际成效予以精准衡量。当主观性因素如同迷雾一般笼罩在考评体系之上时，“网红”党员群体的工作方向极有可能出现隐性的偏移情况，到最后甚至会消解掉党建工作数字化转型具有的实践价值。

1. 评价者的认知偏见

考评主体在对“网红”党员工作特性加以理解时，常常出现偏差情况，而这往往致使价值判断产生失真的状况。部分从事传统党务工作的人员，依旧把“线下活动出勤率”以及“纸质学习笔记厚度”这类显性指标视作核心的衡量标准，对于“百万级视频传播力”还有“舆情引导实效”等新型的工作成果，他们缺乏应有的价值认同感。当“网红”党员由于参与直播活动而没办法出席线下会议的时候，就极易被贴上“不务正业”这样的标签；他们精心设计出来的互动式党课视频，可能会被简单地归结为“娱乐化创新”，进而使其政治价值被低估。更为隐蔽一些的认知偏差体现在评估维度的权重设置方面：那些注重即时数据反馈的考评者，可能会过度看重流量方面的指标，却对内容具有的思想深度有所忽视；而那些强调政治安全的管理者，可能仅仅因为出现了个别敏感词，就会完全否定传播产生的实际效果。这种在认知上存在的较大差距，使“网红”党员的考评结果往往会变成不同价值取向相互进行博弈的产物，而非其工作实际成绩的真实反映。

2. 人际关系因素的影响

在党员干部展开考评工作期间，人际关系方面的因素对于考核结果具备的准确性多多少少会产生一定的影响。[1] 然而，不当的人际关系方面的干预举动，会给考核评价原本应有的公正性带来较为严重的损害。“网红”党员有线上以及线下这样的双重身份，如此一来，传统组织生活里面存在的人际关系网络，就会以一种更为复杂的情形介入考评的整个过程。有的考评者很可能因为和“网红”党员在线下存在私交，进而在考评的时候给予其“印象分”方面的加成，这就使那些比较善于维系人际关系，可在传播实际效果方面表现得较为一般的“网红”党员，获得了本不应该有的优势。与之相反的

---

〔1〕 参见孙庆章：《完善高校中层干部绩效考核体系》，载《中国高等教育》2016 年第 21 期。

是，那些一心专注于内容创新工作，却不怎么擅长人情往来的“网红”党员，就容易在考评的时候遭遇因为“不会来事”而出现的隐性扣分情况。

（三）考评结果的不合理反馈

及时把考评结果向相关考评对象给予信息反馈，这是考评对象能够及时察觉差距以及不足的必然要求与重要前提条件。[1] 在“网红”党员的职业成长体系当中，职业评价结果是否合理、反馈机制是否有效，对于其个人发展还有职位晋升而言都极为重要。不过，考评反馈机制要是失效了，实际上就暴露出传统党建管理体系和数字化工作场景之间存在深层次的脱节问题。结果出现失真情况反映出价值判断标准存在代际冲突，反馈显得空泛凸显出过程管理有粗放化的倾向，发展受到阻滞揭示了激励系统存在结构性缺陷。当“网红”党员群体的工作价值没办法通过考评反馈而得到组织认可的时候，其创新热情必然会因为制度方面的因素而遭到消解，党建工作的数字化转型也会失去最为活跃的实践主体。

1. 结果无法反映真实表现

现行的考评体系在对“网红”党员工作特性的认知方面出现了错位情况，由此使考评结果产生了失真的问题。比如，当某位“网红”党员凭借一系列的短视频成功化解了基层矛盾，并且收获了群众的好评时，其考评结果却有可能仅仅显示的是“未完成理论学习笔记的字数”这一项内容；又如当该党员通过直播助农的方式带动了产业振兴，而且产生了实际的效益，考核表却只是聚焦在“线下会议出勤率不足”这样的问题。这种评价上存在的偏差的根源就在于指标的设计者把网络影响力很简单地等同于“发帖数量”以及“直播时长”等这些表层的数据，进而忽视了思想引领具有的深度、舆情引导具备的效度等一系列的核心价值。更为明显的矛盾则体现在关于负面舆情的考核倒挂这一现象上——那些花费了大量精力去化解网络争议的“网红”党员，很有可能因为“涉及敏感话题”而在考评当中被扣分，与之相反的是，那些总是规避矛盾、一味粉饰太平的人反倒会获得安全分的加成。

---

[1] 参见胡洪彬：《新时代党政干部考核评价制度的系统性设计》，载《理论探索》2018 年第 2 期。

2. 反馈缺乏具体的指导意义

多数考评反馈往往仅仅停留在诸如“优秀”“合格”等这样较为笼统的结论层面，欠缺针对“网红”党员具有的特殊工作形态给出的改进方面的指引。比如当某位党员由于在直播互动过程当中出现表述方面的偏差进而被扣分的时候，所给出的反馈仅仅是注明要“注意政治严谨性”，却并没有明确指出具体是哪一个问题片段以及相应的修正方向；当创作的内容凭借创新之处获得了比较高的传播量但考评结果并不理想时，仅仅简单标注了“加强理论学习”这样的评语，既不存在数据对比分析的内容，也没有给出关于方法论的相关建议。这样模糊不清的反馈状况致使“网红”党员陷入了“知其然而不知其所以然”的困难境地，很难将考评得到的结果转化为工作得以优化的具体路径。更为严重的一点在于，缺乏细粒度的问题诊断，这就使改进措施变得流于表面——只是要求“增强网络素养”，却不提供相关的培训资源；只是建议“平衡线上线下”，却没有关于时间管理方面的指导，如此一来便使反馈环节丧失了其本应具备的促进发展的功能。

三、职业待遇的忧虑

职业待遇从本质来讲，是一种外在层面的权利保障形式，它切实体现着个体具备的社会价值，并且构成了个体职业尊严极为重要的根基。[1] 其作为衡量个体劳动价值所获回报的一项关键参照指标，不但与“网红”党员的基本物质生活保障紧密相关，而且对他们的工作热情、职业认同感以及归属感都产生着颇为深刻的影响。然而，就“网红”党员所处的职业发展大环境而言，职业待遇方面存在的诸多问题已然成为限制其进一步发展的核心要素之一。“网红”党员对于职业待遇产生的种种忧虑的根源在于科层制资源分配遵循的逻辑和媒介化实践过程中价值创造秉持的逻辑之间出现了制度性的错位情况，说到底，这其实就是组织内部相对刚性的待遇体系和网络空间具有的弹性价值生产机制在利益分配这个维度上产生的结构性矛盾。

---

〔1〕 参见庞丽娟等：《构建综合待遇保障制度 提升乡村教师职业吸引力》，载《中国教育学刊》2021 年第 4 期。

（一）薪酬与付出不成正比

“网红”党员群体在价值创造方面和薪酬体系之间存在颇为深刻的制度性方面的张力。该群体作为一种新型的政治传播者，在劳动付出上于传统薪酬框架当中面临着量化方面的困境以及认可缺失这两重挑战。薪酬出现失衡状况的根源在于网络劳动具备特殊性，而且党政机关薪酬管理机制在适配方面存在滞后问题，如此便使政治传播效能提升的需求和个体激励保障之间形成了结构性矛盾。

1. 网络工作的价值未能在薪酬中得到充分反映

“网红”党员于网络空间开展的政治传播劳动具备多维度的价值属性，这里面既涵盖了像内容生产、舆情引导这类较为显性的工作内容，也涉及诸如价值塑造、文化创新等相对隐性的贡献方面。然而，当前施行的薪酬体系依旧是在沿用传统政务岗位的那套量化标准，如此一来便使在对其价值进行评估的时候出现了偏差情况。就拿绩效考核来说，一篇文章即便达到了“10 万 +”的阅读量，这样的传播效果在核算的时候可能也只能折算成常规工作量的系数而已，而且跨平台运营过程中投入的智力成本没有被纳入绩效考量的范畴；再看激励设计方面，网络影响力产生的社会效益很难转化成为职务晋升或者薪酬等级提升的具体衡量指标。这种在价值计量上出现的偏差，从本质上来说暴露了薪酬体系和新媒体劳动自身特性之间存在的认知方面的差距：当“网红”党员借助直播连麦的方式成功化解群体性事件引发的舆情危机时，其创造出来的政治效益可能超过了在 8 小时工作制下常规履行职责所能够产生的效益，然而就是因为缺乏专门针对此类情况的评价标准，所以没办法获得与之相对应的回报，最终也就挫伤了其开展创新工作的积极性。

2. 与同行业“网红”的收入存在显著差异

政治属性带来的约束以及市场规律发挥的作用，一同造就了“网红”党员面临的收入落差方面的困境。在商业平台大环境之下，那些创作同类内容的一般“网红”，能够凭借流量分成、同品牌展开合作等诸多渠道，获取超额的收益。然而，“网红”党员因为受到纪律方面要求的限制，是没办法参与商业变现相关活动的。从资源投入的角度来讲，政务类的账号往往缺少专业的运营团队，同时也缺乏相应的技术支持，这就使从事相关工作的“网红”党员的劳动强度要远远超出市场化的团队，最终获得的收益却是十分有限的。收入差距若持续不断地扩大，不但会对岗位的吸引力起到削弱的作用，而且有可能引发关于价值认知方面的错乱。

（二）福利保障的不确定性

“网红”党员群体涉及的职业保障体系陷入了制度性供给不足这样的困境当中。其身为新型政治传播者，自身劳动特性和传统福利框架二者之间的适配缺口在不断地扩大，进而形成了权益保障方面既模糊又存在风险敞口的区域。这种不确定的状况，是因为网络劳动形态出现了革命性的变革，而制度建设只是在渐进性地进行调整，这两者之间存在时空上的错位。如此一来，“网红”党员在肩负起意识形态传播先锋这一使命的同时，还不得不在职业安全以及发展预期等诸多维度上承受制度缺位带来的潜在风险，最终便引发了政治热情被损耗以及职业倦怠不断积累的双重问题。

1. 缺乏与网络工作相关的福利保障

当下施行的保障体系还未曾构建起契合“网红”党员职业特点的专门福利制度，这就使他们在开展新媒体相关实践活动时，面临着来自多个维度的保障空白状况。就心理健康这一方面来讲，由于高频次的网络互动，会产生舆情方面的压力以及遭遇网暴的风险，然而针对这些情况，缺少专业的心理干预机制。从职业发展的层面看，运营政务新媒体所需的技能不断迭代更新，相关的培训却并未被归入继续教育保障的范围，如此一来，知识老化的速度加快，职业竞争力也出现了衰减的情况。

2. 政策变动带来的风险

网络空间治理政策有动态调整的特性，这就使“网红”党员对于自身所能享有的福利预期充满了不确定性，由此进一步引发了他们在“投入产出比”方面的心理焦虑。平台采用的算法规则常常频繁地发生更迭变化，这种情况很可能会使那些长期运营的账号突然间就被限流了，如此一来，党员创作者之前辛苦积累起来的传播资本便会在瞬间出现贬值的情况；而内容监管标准又在逐渐收紧，这常常会迫使运营的策略赶紧进行紧急转向，进而造成前期投入的创作资源出现沉没损耗的状况。这种因政策波动而产生的风险在职业发展的通道当中表现得更为显著：当考核的标准随着上级重视程度的波动而发生变化时，“网红”党员就不得不反复地在政治安全以及传播效能这两者之间进行权衡，他们的职业规划也始终都处在被动调整的这样一种状态之中。

四、能力素养的忧虑

强化干部队伍的能力建设工作，着力打造出一支具备高素质且专业化程度高的干部队伍，已然成为新时代下党的组织工作里面极为重要的一项内容。[1] 在干部评价系统当中，所谓的“能”，实际上就是针对干部能力展开的直接考核环节。[2]“网红”党员作为在网络空间开展党建工作的一个重要组成部分，他们具备的能力素质对于党建工作最终呈现出来的效果以及党员整体形象，都会产生直接且明显的影响。就当下的实际情况而言，“网红”党员在能力素质方面的状况，正面临着来自多个不同方面的严峻挑战，很难适应既复杂又处于快速变化态势之中的网络传播环境。“网红”党员存在的这种能力素养方面的忧虑，根源就在于传统的党务工作能力框架和数字化传播素养需求之间出现了一种制度层面上的断裂情况，从本质上讲，这其实就是在政治主体性进行再生产的过程当中，专业能力标准的发展速度跟不上媒介化转型速度，进而引发了这种结构性的矛盾。

（一）政治素养待提升

“网红”党员群体在政治素养建设方面，正遭遇新媒体传播生态带来的极为严峻的考验。他们充当着网络空间意识形态工作者这样的角色，然而其能力和复杂舆论环境治理提出的要求之间，还并未实现充分的匹配。这种素养方面存在的缺口，是由网络传播具有的即时性、碎片化特点以及政治理论学习要求的系统性、深度化之间存在的结构性矛盾引发的。这就使在流量竞争以及价值碰撞的情形下，对党性原则的坚守持续面临着诸多挑战，进而让政治传播最终陷入了一种“形式上看似达标但实质上颇为薄弱”的效能困境，使主流价值引领具有的权威性以及说服力遭到了削弱。

---

〔1〕参见何虎生、高峰：《新时代干部队伍能力建设研究》，载《中国特色社会主义研究》2021 年第 2 期。

〔2〕参见季乃礼：《破解能力不足干部“乱指挥”的路径探索》，载《人民论坛》2020 年第 34 期。

1. 缺乏对复杂政治议题的深入解析能力

开放的网络空间是各种思想观念相互碰撞且激荡不已的重要场域，同时它还是意识形态展开斗争的前沿阵地，[1] 在这之中，各类复杂的政治理论以及实践问题接二连三地频繁呈现出来。然而，有的“网红”党员在面对敏感政治议题之际，有“重传播而轻思辨”这样一种倾向，常常会把复杂的问题给简化成口号式的表达形式。比如，在解析共同富裕政策的时候，往往也只是停留在对成就的宣传之上，有意无意地回避了对实施难点以及路径创新展开的深度探讨。这种偏于浅层化的传播策略虽说能够较为迅速地引发情感方面的共鸣，却使受众陷入了“只知道是这样但不晓得为什么会这样”的认知状态。

2. 容易受到网络上消极思想的影响

算法推荐机制形成的“信息茧房”效应，[2] 再加上圈层文化产生的价值渗透情况，使“网红”党员遭遇了有关意识形态安全方面的全新考验。在持续不断地接触网络民粹主义相关话语的过程当中，有的创作者会在不经意间就把那些极端化的表达方式给内化了。比如，政务类的账号要是去模仿网红那种“怼粉”的风格，那么就很有可能引发关于党群关系方面的争议；而在和亚文化社群进行交互活动的时候，可能就会在潜移默化之中接受那种对权威进行解构的叙事框架，如此一来，主流话语就会出现像是“硬核内容、软性表达”这样的价值损耗情况。这种思想渗透具有的隐蔽性，在跨界创作的时候显得尤为危险：当“网红”党员为了提升自身的传播力而去借鉴娱乐化的表达形式时，要是缺乏应有的政治警觉性，就有可能让历史虚无主义等这类错误的思潮借着某种外壳进行传播。

（二）媒介素养欠缺

媒介素养无疑是在新媒体环境之下，对党员干部综合能力予以考评的一

[1] 参见骆郁廷、李恩：《论网络思想政治教育的作用机理》，载《马克思主义与现实》2021年第5期。

[2] 参见刘悦坦、王学敏：《算法推送机制下信息茧房效应的反思及规制——以今日头条为例》，载《传媒》2024年第13期。

项极为重要的参照标准。[1] 然而，就“网红”党员群体来讲，其媒介素养方面的建设情况明显滞后于网络传播生态呈现出的演进速度。该群体作为一种新型的政治传播主体，在功能定位方面，与自身所应具备的数字化生存能力之间，还并未达成有效的适配状态，如此一来，主流价值在传播时，于技术赋能以及内容创新这两个维度上，便面临着效能逐渐衰减的状况。而这种素养方面存在的缺口，根源在于媒介技术发生的革命带来的颠覆性影响，和传统教育体系进行的渐进性改良之间存在结构性的矛盾。正是因为这样的矛盾，“网红”党员在诸如算法博弈、技术应用以及危机应对等这些关键的领域当中，出现了能力方面的短板，最终也就形成了“即便有渠道优势，也难以弥补素养缺陷”的传播困局，进而对意识形态工作在网络当中具有的穿透力造成了削弱的影响。

1. 未能充分掌握网络环境下的传播机制

有的“网红”党员对于平台算法逻辑以及用户行为规律的认知程度相对来说比较浅显，这就使其传播实践陷入了一种“高投入低转化”的效能方面的困境。在内容分发环节上，只是机械性地套用政务传播采用的推送频次以及时段安排，忽视了不同平台用户在触媒习惯方面存在的差异，如此一来便使优质内容错过了最佳的传播时机；在互动设计层面，依旧沿用“我说你听”的单向传输模式，根本没有能够构建起基于情感共鸣和价值共创的参与机制。比如，即便“网红”党员精心地制作出了党史专题视频，可还是有可能因为发布的时间不太恰当，进而在算法形成的洪流当中瞬间就被淹没掉了。这样的一种能力上的缺失情况，让政治传播在技术这片丛林当中只能盲目地进行探索，既造成了公共资源的浪费，又错过了能够实现价值引领的良好机遇。

2. 对新媒体技术的掌握程度不足

新媒体技术持续不断地发展，且发展速度相当快，这便为党建宣传工作带来了多种多样的方法以及各类不同的平台，有力地助推党建工作在原有基础上迈向一个新的高度。[2] 然而，因为在技术应用能力方面存在代际之间的落差，所以有的“网红”党员在开展传播创新相关工作的时候，就陷入了一

〔1〕 参见刘思涓：《党员干部如何提升媒介素养》，载《人民论坛》2017 年第 35 期。
〔2〕 参见熊银：《新媒体推动党建工作迈上新台阶》，载《人民论坛》2019 年第 3 期。

种想着要做好但实际能力跟不上的实践困境。当面对虚拟现实、能够生成人工智能内容以及进行大数据舆情分析等处于前沿位置的诸多技术时，有的创作者依旧停留在对图文进行编辑这样较为基础的层面上。比如，在内容呈现方面，他们缺乏运用交互叙事以及动态数据可视化等技术去重新构建认知场景的能力，这就使对深度理论进行阐释的时候，难以突破青年群体设置的“注意力屏障”。

（三）专业知识储备不足

“网红”党员群体凭借新媒体平台来传播主流价值观念，在思想引领以及舆论引导等方面，都发挥出了别具一格的作用。这一群体既有党性原则，又具备网络传播方面的特性，在知识生产以及传播的整个过程当中，正面临着专业化发展带来的实实在在的挑战。其专业知识储备存在结构性的短板，并且这种短板随着时间推移日益明显地凸显出来，这不但对内容输出的深度和广度产生了影响，而且对网络思想政治工作的实效性起到了制约作用。

1. 在特定领域缺乏深入认知

有的“网红”党员，在追逐网络热点之际，常常只满足于对碎片化知识做一番搬运以及重组的工作，欠缺对特定学科体系予以系统性把握的能力。他们在解读乡村振兴政策的时候，很可能仅仅停留在将文件表述进行转译的层面，难以与农村土地制度变迁史相结合来展开深度的阐释；而在科普前沿科技动态方面，也局限于对概念的解析，没办法从技术原理层面去构建起认知框架。这样一种浅表化的知识传播模式得以形成，一方面源于在流量导向之下产生的内容生产惯性，另一方面也反映出部分从业者存在专业训练不足的客观实际情况。当受众期望能够获取带有思想深度的专业见解时，内容供给端存在的认知落差便会对“网红”党员的话语权威起到削弱的作用。

2. 知识更新滞后

新的网络技术不断涌现出来，如此一来，新媒体差不多每隔 3 至 5 年的时间，便会进行一次更新迭代。[1] 新媒体这般快速地迭代，促使知识的迭代

---

〔1〕 参见许纪霖：《新媒体的迭代更替与知识分子的边缘化》，载《广州大学学报（社会科学版）》2023 年第 5 期。

速度也变得相当快，而公众获取最新知识的愿望，正一天比一天强烈。然而，知识更新存在滞后这样的现象，也暴露出了“网红”党员具备的持续学习机制存在较为薄弱的一些环节。有的“网红”党员依旧依赖他们之前就已经拥有的知识储备去开展创作活动，对于学科前沿呈现出来的动态缺乏敏锐的感知能力。知识代谢的速度和行业发展的节奏出现了脱节的状况，从本质上讲，这其实反映出了“网红”党员在动态学习能力方面存在不足的问题。

第四章
党内法规规范“网红”党员作用发挥的价值功能

第一节　党内法规对“网红”党员行为规范的引领价值

党内法规作为政党治理迈向现代化进程中的重要制度依托，[1] 扮演着规约党组织以及党员行为的制度架构角色，党内法规具备的引领价值，在互联网时代全新的传播生态情境之下，呈现出了多方面的实践意义。那些既拥有公共身份，又具备个体影响力的“网红”党员，具有颇为特殊的调适作用。网络空间存在信息泛化以及价值多元这样的特点，这使“网红”党员的言行往往会突破传统场域的界限，进而产生超越现实人际关系范畴的辐射影响。党内法规通过构建起具备普遍约束效力的行为准则，一方面为“网红”党员明确了政治言行的基本界限，另一方面也为他们在网络空间当中的角色定位提供了价值导向方面的指引。这样的双重规制举措，不但能够提升党员身份在网络环境里的可辨识度，而且能借助示范效应来重新塑造虚拟空间当中意识形态的传播路径。在由资本逻辑以及流量思维主导的网络生态当中，“网红”党员要是缺少了制度层面的约束，就极有可能陷入价值出现异化以及行为产生失范的风险。而党内法规凭借确立政治纪律以及道德标准的优先地位，能够推动这类特殊群体在开展内容生产以及传播活动的时候，自觉地维护组

---

〔1〕 参见王春玺、杨忠林：《中国式现代化视域下推进政党治理现代化的逻辑理路与实践路径》，载《河南社会科学》2024 年第 12 期。

织的形象，进而将个体具有的影响力转化成为巩固主流意识形态的一种相对柔性的力量。

一、确立行为标杆

网络空间具有虚拟性、开放性以及交互性等特征，[1] 这使“网红”党员能够产生影响的范围变得更为广阔，然而，各种各样的诱惑以及诸多挑战也随之而来。所以说，制定具体的一些党内规则，以此来对“网红”党员的行为加以规范，就显得特别有必要。党内法规能够构建起具有普遍约束性的政治伦理准则，从一个方面来讲，它可以为“网红”党员划出网络表达的一个基本范围界限；从另一个方面来看，它还能够借助其价值导向方面的功能，把“网红”党员的个体行为融入组织认同体系。这种制度性的约束不是单纯地对“网红”党员的表达空间进行限制，而是通过把权责关系明晰清楚，帮助“网红”党员在流量遵循的逻辑之下，维持住自身的政治定力。与此同时，“网红”党员是兼具传播主体和组织成员这样双重特性的一个特殊群体，在算法赋权的内容生产过程当中，他们能够超越个体化的叙事模式。党内法规把意识形态方面的要求融入行为规范，促使“网红”党员在进行议题设置以及话语实践的时候，能够主动地肩负起价值引领的责任，进而在虚拟与现实相结合的传播场域之内，达成政治属性和传播效能之间的一种动态均衡。

（一）把控信息发布，维护“网红”党员舆论引导权威

随着技术快速迭代以及传播媒介持续更新，虚假信息、错误信息还有有害信息等的生产与传播速度、频度、迷惑性以及隐蔽性全都达到了以往未曾有过的程度，[2] 这很容易致使公众情绪出现波动，进一步给社会和谐以及民众认知带来不利的影响。所以，制定并执行党内法规制度，规范那些高可见度的“网红”党员的在线行为就显得格外重要。党内法规对“网红”党员信息发布行为起到的规范引领作用，实质上是把党的政治优势和网络治理规律

---

[1] 参见宋元林、黄娜娜：《论网络思想政治教育的特征及其有效运用》，载《马克思主义与现实》2010 年第 5 期。

[2] 参见郑涵：《网络时代虚假信息生产与传播的政治经济学分析：以网红为中心的考察》，载《理论月刊》2024 年第 8 期。

以创新的方式融合起来。借助刚性约束与真实性保障机制，有系统地推进舆论生态净化工程，这既能为“网红”党员发挥正向作用提供制度方面的支持，又能在治理层面将意识形态安全的屏障筑牢。

1. 严禁传播未经验证的敏感信息，筑牢信息真实防线

党内法规依靠其制度化的规范效力，给“网红”党员的信息传播活动搭建起了一个融合政治性和专业性的约束架构。该架构要确保“网红”党员在网络空间的话语表达一直紧密贴合意识形态安全的轨道。“网红”党员属于具备政治身份且拥有网络影响力的特殊群体，他们的信息发布行为本身就肩负着引导公共话语的政治使命，其言论具有的权威性以及可信度，和党的形象塑造、价值传播效能是直接关联的。党内法规在此处的引领价值就体现在，通过系统性的规范设计，将信息筛选机制融入“网红”党员的行为自觉。碰到未经验证的敏感信息时，要让“网红”党员务必坚守政治责任优先的传播伦理。这种制度性约束不是对言论自由的简单限制，而是借由强化内容生产过程里的政治把关作用，促使“网红”党员在复杂的信息环境中，主动甄别并且规避潜在风险，从而保证其传播内容既能够符合主流价值导向，又可以维护网络舆论生态的稳定性。

2. 有效遏制传播负面信息，净化网络舆论生态

网络空间存在诸多政治、经济、文化等各个层面的负面信息，[1] 这些负面信息在某种程度上会对网民的情绪、价值观以及思想道德等方面产生一种悄无声息的影响。[2] 所以说，“网红”党员绝不能在网络上传播任何负面信息。党内法规针对“网红”党员起到的价值引领作用，在网络舆论治理方面主要表现为，依靠制度化的规范体系去截断负面信息的扩散路径，通过这样的方式来巩固党在网络空间的政治话语主导地位。和普通网民相比，“网红”党员因为其特殊身份而具备更强的信息传播能力。这一特点致使其言论在公共层面产生的影响既可能成为凝聚社会共识的有力推动因素，也有可能因为不当内容而出现舆论失序的风险。党内法规通过设定价值导向的基准线，把

---

〔1〕 参见颜俊儒：《用什么方式治理网络负面信息最有效》，载《人民论坛》2017 年第 2 期。

〔2〕 参见张扬、崔晨阳：《基于朴素贝叶斯模型的一种网络负面信息预警策略研究》，载《图书馆杂志》2014 年第 8 期。

遏制负面信息传播的责任转变成“网红”党员务必遵循的政治实践规范，要求他们在进行内容生产以及传播的整个过程当中，始终将维护意识形态安全当作最根本的准则。这种制度安排从本质上讲，就是要构建一种处于政治属性和传播效能之间的动态平衡体系。该体系一方面给予“网红”党员在网络舆论场中的话语权力，另一方面又凭借规范框架来约束其言论可能带来的负面外溢影响。

（二）规范互动交流，护航“网红”党员网络社交健康

网络互动交流是人类在当下以及未来呈现出的一种全新的交往形式，它为党群之间的沟通开辟出了崭新的渠道。[1] 党内法规针对“网红”党员的社交行为予以规范和引领，其实质就是把党的纪律方面的优势与网络治理遵循的规律充分融合起来。通过对暴力行为展开精准治理，并且对炒作风险实施系统防控，一方面搭建起了网络空间里的“行为过滤网”，另一方面也铺就了在价值传播方面的“文明快车道”。如此的治理成效使党内法规变成了“网红”党员社交实践活动的“导航系统”，它既能够依靠底线思维来防范出现行为失范的风险，又能够在创新治理的过程当中释放出引导方面的效能，进而为构建起清朗的网络生态提供了既具备原则性又拥有包容性的解决办法。

1. 严令禁止网络暴力行为，营造和谐交流空间

网络暴力属于在互联网环境当中发生的一种攻击形式，它借助匿名性、能快速传播且有广泛影响力这些特点，给受害者造成了颇为严重的心理以及身体方面的伤害。网络暴力是一种新型的涉及网络信息传播的违法犯罪行为，[2] 得对其进行有效治理。[3] 党内法规会构建起网络社交行为的制度边界，为“网红”党员在虚拟空间的互动实践确立起包含政治伦理以及公共责任的双重约束框架，让他们在参与网络交流时，始终依照文明理性和意识形态安全的双重逻辑来行事。“网红”党员作为带有政治身份标识的网络意见领

[1] 参见刘维兰：《基于网络互动的密切党群关系问题思考》，载《云南行政学院学报》2015 年第 2 期。

[2] 参见熊波、金泽璨：《网络暴力的传播与防控：基于典型性案例和复杂性互动理论探析》，载《现代传播（中国传媒大学学报）》2024 年第 11 期。

[3] 参见冯俊伟：《网络暴力治理中的法律程序衔接》，载《法学论坛》2024 年第 5 期。

袖，其网络社交行为不单单反映个体的价值取向，更是直接映照出党组织的形象权威与社会公信力。所以，他们的互动方式以及语言表达都得符合政党组织的政治文化要求。党内法规的引领价值在此就体现为，通过将刚性约束和柔性引导相结合而形成的规范体系，把反对网络暴力的政治要求转化成“网红”党员必须遵守的行为准则。这既制约了他们参与非理性争论的可能，又培育了他们作为公共对话引领者的角色自觉。这种制度性安排并非只是划定行为的禁区，而是通过构建起权责相对应的规范逻辑，促使“网红”党员在社交互动当中主动识别并消解言语暴力的风险，把政治纪律内化为话语表达时的自我审查机制。

2. 全力防止恶意炒作，树立正面社交形象

网络呈现出的扁平结构，对信息的串联是有帮助作用的。并且，网络信息传播起来，其燃点往往比较低，如此一来，就极易出现恶意炒作以及以讹传讹这类现象。[1] 党内法规在针对网络舆论展开治理的过程当中，所展现出来的价值导向方面的功能，是借助制度化的预防性机制来实现的，其能够为“网红”党员搭建起一道抵御恶意炒作行为的防线，从而保证这些党员在开展信息传播以及社交互动的时候，始终都可以掌握住政治方面的主动性，并且拥有舆论引导的相关权力。和普通网民相比的话，“网红”党员的网络行为，因为自身具有的特殊身份，所以具备更强的社会示范方面的效应。这种效应形成的势能，既能够转化成为推动正向价值传播的一股力量，也有可能因为操作不当，进而变成让虚假信息得以扩散的一种放大因素。党内法规具有的规范效能在这里体现得很明显，那就是通过带有前瞻性的制度设计，把防范恶意炒作的政治方面的要求，融入“网红”党员进行内容生产以及传播的整个流程，使他们在参与网络话题讨论的时候，能够自觉地规避那种对非理性情绪进行煽动以及对片面信息加以渲染的情况。这种制度性约束背后蕴含的深层逻辑在于，要对网络社交原本的价值坐标系进行重新构建，通过确立起公共利益优先的行为导向，引导“网红”党员在复杂的舆论场当中，始终保持住自身的政治定力，进而将防范炒作出现异化的责任意识，转化成主动过

〔1〕 参见谢金林：《网络舆论危机下政府形象传播的困境及对策》，载《广东行政学院学报》2010 年第 5 期。

滤不良信息的一种行为模式。

（三）优化直播活动，提升“网红”党员直播质量口碑

网络直播属于一种新兴的且有较大影响力的传播形式。[1] 党内法规针对“网红”党员直播生态展开治理，很好地展现出全面从严治党原则同网络传播规律深度融合的情形。借助纪律管理方面的底线思维以及规范化建设所起的标准引领作用，一方面能给直播业态明确规划出清晰的发展走向，另一方面也能为价值传播精心打造出优质的内容依托。这样的制度效能使党内法规变成了“网红”党员职业化发展的重要保障，既凭借刚性约束来有效防范失范风险，又经由柔性引导去充分释放创新活力，进而为构建清朗网络空间提供了既有原则性又具创造性的治理办法。

1. 以纪律管理为直播活动系紧“安全带”

作为一种全新的“互联网＋”政务相关行为模式，务必要制定出十分严明的直播带货纪律规范，并且要大力强化对其的严格遵守。[2] 党内法规能够巧妙且自然地嵌入政治纪律具有的刚性约束特质，同时融入价值引领层面的柔性导向作用，从而为“网红”党员开展的直播活动精心打造出一个处于动态平衡的行为调节体系。如此一来，“网红”党员在新型的媒介场域当中，不但可以充分地展现出自身的创新活力，而且能够始终坚守应有的政治定力。“网红”党员属于一种特殊主体，融合了组织身份以及网络传播方面的特质，其直播行为一方面是政治影响力朝着外部辐射扩散的重要承载媒介，另一方面也是意识形态风险有可能被潜在触发的关键节点。其直播过程中的内容生产情况以及传播效能的高低，直接关联到党的形象构建工作，也和群众认同的基础息息相关。党内法规蕴含的治理智慧就体现在，能够把政治原则巧妙转化成切实可行的直播伦理框架体系，借助纪律约束自身具备的预警功能特点以及规范功能属性，系统且全面地化解技术赋权可能引发的价值出现偏移的风险问题。这种制度性的设计安排，绝非对表达空间进行简单机械的限制

〔1〕参见颜胤盛、赵子恒：《网络直播的互动传播：基于互动仪式链的讨论》，载《新闻爱好者》2024年第6期。

〔2〕参见李汉卿：《乡村振兴背景下的官员直播带货：行动逻辑、潜在风险及其应对》，载《贵州师范大学学报（社会科学版）》2024年第4期。

约束，而是要通过清晰明确直播内容的红线边界范围以及价值导向要求，促使“网红”党员在策划视听文本内容的时候，能够自觉主动地增强自身的政治判断力，同时提升自身的媒介责任感。

2. 借规范化建设为直播筑牢“稳定器”

党内法规致力于构建起直播行为规范体系，从而为“网红”党员，在那虚实相互交融的传播生态当中，提供一种可持续的内容生产模式以及价值评估准则。在当下媒介环境里，算法推荐以及资本逻辑都在深度渗透，“网红”党员开展的直播实践，一方面面临着技术异化导致的价值出现偏离的风险，另一方面也会遭遇多元文化冲击引发的身份认同方面的危机，他们的传播效果是否稳定，在很大程度上是极为依赖那制度化的行为框架的。党内法规具有的引领价值十分显著地体现在，经由规范化方面的建设，把党的宣传思想工作规律转化成直播活动遵循的操作指南，以此来确保内容创新始终朝着正确的政治方向稳步推进。这种规范化不是简单地设定一些技术方面的标准，而是要通过确立起价值基准以及质量维度，推动“网红”党员在进行直播策划时，实现政治话语和网络话语之间的创造性转化，既能够让传播内容保有时代感并且具备吸引力，又可以保证其精神内核和主流意识形态维持高度一致。党内法规的治理效能更加深入且具体地体现在，通过构建起关于直播质量的综合评价体系，把政治效果、社会效益以及传播规律有机地融合起来，促使“网红”党员能够突破碎片化传播存在的局限，在议题设置、话语表达以及互动策略等诸多环节当中，形成一套系统化且专业化的内容生产机制。

二、强化规范约束

在当下的数字化社会环境里，网络空间已然逐渐变成了意识形态安全方面务必全力去争夺的前沿，[1] 更是成了意识形态展开交流以及传播的关键平台，那些有显著社会影响力的“网红”党员们也都积极地投身其中。所以说，借助党内法规来对这些“网红”党员的相关行为加以规范，已然成为维持党的先进性以及纯洁性，同时强化党在网络舆论引导层面之能力的极为重要的

〔1〕 参见郝文斌、路坤皓：《网络意识形态建设：生成逻辑、风险挑战和实践进路》，载《学术交流》2024 年第 12 期。

举措。党内法规针对“网红”党员实施的规范约束，从本质上讲就是制度性的框架针对网络政治传播出现异化风险而构建起来的一种纠偏机制，它通过搭建符号资本再生产的合法界限来达成工具理性和价值理性之间的动态平衡。法规具备的刚性约束力具体表现为，把组织纪律在历经时间沉淀后形成的成果转化成针对网络行为的共时性规范，在符号生产以及政治安全两者之间设立起具备操作性的制度性缓冲区域，不但要防范流量逻辑对意识形态核心部分进行符号层面的拆解，而且要凭借风险预警机制来对传播势能出现的非预期性扩散加以抑制。

（一）以奖惩措施激发“网红”党员的正向行为

对那些表现优秀的党员给予表彰，充分认可他们为党的建设以及现代化建设贡献出的力量，这不但能够激发他们自身的政治责任感，而且能让其他党员在学习中有可参照的榜样，进而做到见贤思齐。与此同时，针对存在问题的党员，要开展批评、实施教育，而对于严重违纪的党员，需依据党章以及党的纪律来进行惩处，以此提升他们的失信成本以及违纪成本，唯有如此，方可有效约束他们的行为，促使他们时刻怀有律己之心，并且对他人起到警示作用。[1] 党内法规针对“网红”党员行为起到的激励以及约束作用，从本质上讲，是把组织治理的逻辑和个体发展的规律以一种创造性的方式结合到了一起。

1. 通过荣誉表彰激励“网红”党员模范行为

对先进予以表彰，其目的在于充分激发广大党员具有的积极性以及创造性，同时也在于切实增强党组织具备的凝聚力与战斗力。[2] 党内法规细致且精心地构建起一套制度性激励机制，该机制能够为“网红”党员在进行价值创造以及行为选择时，提供一套精准且明晰的价值参照坐标体系，从而使他们在网络空间开展行为实践的过程中，既能很好地符合政治组织提出的纪律方面的要求，又能够充分凸显出作为先锋个体所应有的示范效应。党内法规

---

〔1〕 参见岳彬：《党员保持党的纯洁性的现实意义与实现途径》，载《安徽师范大学学报（人文社会科学版）》2012 年第 4 期。

〔2〕 参见陈松友、张来：《中国共产党党内表彰工作的历史考察与启示》，载《思想理论教育导刊》2021 年第 6 期。

蕴含的治理智慧体现于，把正向行为激励巧妙地融入制度设计的最基础逻辑，通过科学合理地构建起一套荣誉表彰体系，将政治组织抱有的价值期待转化成能够被清晰感知且能够被努力追求的具体行为目标，以此促使“网红”党员在开展内容生产以及传播互动的相关活动时，积极主动地探寻个人价值得以实现与组织价值诉求之间存在的契合点。这种制度性激励并非只是简单地给予物质方面的奖励或者授予某种符号，而是通过明确确立模范行为具有的政治价值层级，在“网红”党员群体内部营造出一种围绕价值创造而展开的良性竞争氛围，使他们在参与网络实践活动之际，能够摆脱流量逻辑局限的单一维度，自觉地将传播主流价值、弘扬时代精神当作衡量自身行为质量的核心准则。党内法规具有的更深层次的引领价值表现在，借助荣誉表彰产生的示范效应来重新塑造“网红”党员的价值认知体系，使那些符合政治要求的模范行为不但能够赢得组织的认可，而且能够进一步转化成为提升网络影响力的文化资本，从而形成一种能够让正向行为持续强化的闭环式机制。

2. 通过教育引导促进“网红”党员自我完善

党内法规具备教育引导方面的功能，[1] 它在推动“网红”党员进行自我完善的相关制度实践过程中，一方面凸显出纪律规范具有的刚性约束力，另一方面也彰显出意识形态渗透呈现出的柔性调适性，进而在网络时代针对党员管理营造出了一种威慑与教化两者并重的治理效能。党内法规会运用像批评教育、通报处理等制裁手段，把具体的违规行为转化成为那种能够让人有具象感受的纪律警示案例，既通过“可感知的代价”向全体党员表明制度权威是不容侵犯的，又借助舆论场产生的涟漪效应，扩大违规后果具有的象征意义，从而让“网红”党员在追逐流量以及自身政治身份产生冲突的时候，始终能够对自身的行为边界保持较为清醒的认知状态。这一制裁机制并非仅仅停留在对行为进行矫正的层面上，而是通过深入剖析违规行为具有的政治危害性，将纪律惩戒转化成为能够触及思想深处的认知重构这一过程，促使受到处理的对象以及同类群体在进行反思的过程中，产生对于党内法规的敬畏之情以及信仰之感。同时，党内法规具有的宣传普及功能，是通过系统地

---

[1] 参见石书臣：《制度文化思想政治教育功能的当代彰显与实现》，载《湖北社会科学》2019 年第 9 期。

阐释行为规范蕴含的价值内核，把抽象的政治原则转化成为“网红”党员能够感知得到且可以践行的传播伦理准则。借助对典型案例进行解析、通过网络化传播等多种方式，不断地增强其作为组织成员所应有的角色自觉意识。这种从被动接受到主动内化的转变，从本质上来说，是借助制度性知识的供给，消除资本逻辑对党员身份产生的异化影响，使“网红”党员在进行内容创作的时候，能够自发地形成将政治属性置于优先位置的价值排序。

（二）以责任追究筑牢“网红”党员的纪律红线

要建立起完善的责任追究机制，对于那些违反党内法规的行为给予严肃惩处，这是提高党内法规执行力极为重要的保障以及根本性的措施。[1] 因此，得严肃惩处违反党内法规的行为，要及时对随意变通、恶意规避党内法规的这类行为加以纠偏，还得把违反党内法规的负面典型给曝光出来。[2] 党内法规针对“网红”党员行为展开的责任追究，实质就是要把党的纪律优势和网络治理规律很好地融合起来。通过清晰明确地界定行为范畴，并且严格地落实责任追究，一方面能够筑起预防失范情况出现的“制度堤坝”，另一方面也能形成对违规行为起到震慑作用的“法治雷霆”。这般的制度效能会让党内法规变成“网红”党员在网络实践中的“紧箍咒”以及“护身符”，既能够凭借明确的要求来防范越轨的风险，又能够在严格执行纪律的过程当中维护党员的形象，进而为网络空间里党的建设提供兼具威慑力与引导力的制度方面的有力保障。

1. 明确不当行为范畴，杜绝模糊地带

党内法规搭建起一套系统化的行为界定架构，它为“网红”党员在网络空间开展实践活动划定了具有操作性的纪律界限，从而让这些党员能在复杂且多变的传播环境当中，一方面保持自身的创新活力，另一方面又不会触碰政治原则设定的底线。党内法规具备的治理价值，主要就体现在能够把抽象的政治纪律要求转化成为具体的、具象化的行为分类体系，通过对不当行为

---

〔1〕 参见宋功德、张文显：《党内法规学》，高等教育出版社 2020 年版，第 341 页。

〔2〕 参见王东、于海生：《新时代党内法规制度体系建设的成就经验、发展趋势与实践进路——基于党的二十大报告的解读》，载《学术交流》2023 年第 7 期。

进行类型化、场景化的界定方式，消除在针对网络行为进行评价时存在的主观性以及随意性问题，进而为“网红”党员提供清晰明确的行为预期以及价值判断的标准。这样的一种制度设计，不是简单地把禁止条款罗列出来，而是要构建起一个多维度且处于动态变化之中的行为评价模型，将政治纪律、职业道德以及网络传播规律有机地融合到一起，促使“网红”党员在开展内容生产以及互动传播等活动的时候，能够自觉地建立起行为预警机制。这种预防性的治理模式，通过消除行为边界上那些模糊不清的区域，既能够降低“网红”党员认知方面存在偏差导致的无意识违规风险，又能够杜绝有人利用制度存在的漏洞去进行试探性越界的可能性，最终达成政治纪律在网络空间当中实现具象化的落实以及常态化的渗透的目标。

2. 严格处置不当行为，彰显党纪威严

党规党纪方面的严格要求，对党员干部强化针对不当行为的风险预防是有帮助的。[1] 党内法规构建起了呈梯度化且规范化的惩戒机制，这就给“网红”党员网络行为治理赋予了具备刚性的制度威慑力，能让纪律约束从单纯的文本规范转变成在实践当中具备效能的政治治理工具。党内法规具有的引领价值较为突出地表现为，把纪律的严肃性贯穿对行为处置的整个过程，通过设定有统一标准的问责程序以及量纪尺度，来确保在对“网红”党员不当行为进行处置的时候，既能凸显出政治原则不可侵犯，又能彰显出执纪过程具备程序正当性。这种制度性的惩戒并非单纯地追求惩罚带来的效果，而是要构建起“行为—责任—后果”这样的因果链条，从而在“网红”党员群体当中营造出对纪律红线的敬畏心理，并且促使他们形成自觉遵守纪律的意识。党内法规蕴含的治理智慧在更深层次上体现为，借助严格处置产生的示范效应来激活纪律规范的教育功能，使每一起违规案件的查处过程都能够变成生动的纪律教育场景，进而促使其他“网红”党员在对他人行为后果进行反思的时候，实现自我警示以及行为的矫正。

---

〔1〕 参见赵海全：《习近平法治思想中“纪在法前”理念的溯源与实践》，载《行政法学研究》2024年第3期。

（三）以反馈机制为“网红”党员搭起与党组织紧密互动的桥梁

党内法规对于反馈机制的构建以及完善工作，从根本上来说，就是要把党的组织具备的优势和网络时代治理方面的需求以创新的方式结合起来。在实际操作中，通过建设具有包容性特点的渠道，还有具备实效性的响应机制，一方面拓展了党员参与到治理当中的制度层面的空间，另一方面也增强了组织吸纳来自基层智慧的治理方面的弹性。这样的一种制度设计，使党内法规变成了“网红”党员和党组织相互之间的“共振器”，它既能凭借畅通言路这一点来释放出创新方面的活力，又能在高效互动的过程当中凝聚起价值层面的共识，进而为新时代党员队伍的建设开拓出一条更富有生机与活力的实践方面的路径。

1. 畅通反馈渠道，建构制度化沟通网络

党内法规着手构建起一种双向互动的制度性对话机制，在“网红”党员和党组织之间搭建起一座有结构化特点的联结桥梁，以此来达成信息传导以及价值协同的目的，让“网红”党员在开展网络空间实践活动时，不但能够始终保持个体具有的创新活力，而且可以深度地融入组织治理的框架。党内法规在治理方面的创新之处就在于把反馈机制融入组织的运行体系，通过着力建设起一个制度化的沟通网络，将分散于网络空间的“网红”党员的实践活动纳入组织化、系统化的治理轨道。这样的一种制度设计并非简单地增加信息传递的路径，而是要构建起一个有多层次、多维度特点的对话平台，在党组织和“网红”党员之间形成一种能够让价值共识再生产的机制，让他们在进行内容创作以及传播的过程当中可以及时地获得来自政治方向的引导，并且对自身的行为规范做到及时的校准。党内法规蕴含的深层价值在于，通过让反馈渠道保持畅通的状态，来消解组织纪律和网络实践之间存在的张力，使“网红”党员能够充分地发挥出新媒体传播具有的优势，依托制度性的沟通网络来精准地传导政治诉求，并且能够即时地化解在行为方面存在的困惑。

2. 高效响应内容，培育治理效能转化机制

党内法规构建起动态且精准的响应体系，这一体系能够为“网红”党员行为规范的治理效能转化提供制度层面的有力保障，推动组织治理实现从静态规范向能动的价值再生产过程的转变。在信息过量以及价值多元的网络环

境之中，“网红”党员的实践反馈呈现出碎片化以及即时化的特点，其治理效能的实现对制度设计的敏捷性与适应性有很高的依赖程度。党内法规的先进性体现在它突破了被动接收反馈的传统模式，进而打造出闭环式的响应机制，把“网红”党员的网络行为数据转化成为优化治理策略的关键核心资源。这一机制并非单纯地追求反馈处理的速度和数量，而是要建立起政治价值导向的分析框架，深入且细致地剖析“网红”党员的行为特征以及传播效果，从而形成具有前瞻性、指导性的治理方案。党内法规蕴含的治理智慧在更深层次上表现为，借助高效响应来培育“网红”党员的治理共同体意识，让他们在接收组织反馈的时候，不但能够得到行为纠偏的指引，而且能深切领会制度设计背后蕴含的政治逻辑以及价值追求。面对网络空间当中的价值冲突，这样的效能转化机制能够助力“网红”党员在复杂的语境当中迅速确定自身行为的坐标，将组织反馈转化为自我约束的认知图式，在传播创新与政治安全之间构建起动态平衡机制。党内法规通过不断地对制度性响应进行优化，最终达成“网红”党员个体实践与组织治理目标的双向赋能，促使网络行为规范从外部约束升华成为内在价值认同，为党的意识形态工作在新媒体时代实现创新发展注入可持续的制度活力。

第二节　党内法规对“网红”党员作用发挥的导向功能

党内法规针对“网红”党员作用发挥所具备的导向功能，本质是制度性框架给网络政治传播带来的价值重新构建的过程。它是通过确立符号资本再生产的合法性参照坐标，来达成工具理性和价值理性之间的一种动态上的平衡状态。法规的导向特性具体体现在三重制度逻辑层面：首先是借助刚性约束以及弹性规范两者之间辩证统一的关系，把组织纪律在历时性方面积累起来的内容转化成网络传播在共时性层面的准则，进而在意识形态安全以及传播创新这两者之间设立起制度方面的缓冲区域；其次是构建起一个“政治—传播”双向转译的机制，把政党伦理当中的核心关键要素转化成为网络化符号生产遵循的规范框架，这样既能够防止符号出现异化情况从而消解掉政治权威，又能够为传播形态的创新预先留出制度方面的容错空间；最后是要建立起风险防控的拓扑学规制网络，凭借制度性的预警机制以及动态调适机制，对传播势能出现的非预期扩散情况加以抑制。这种导向功能的深层次价值就在于，通过制度具有的刚性特点来重新塑造政治传播主体的责任伦理，让流量逻辑在扩张的时候始终能够受到价值理性设定的目标的引领。最后是在符号资本和政治资本相互转化的通道当中构建起一个风险能够得到有效控制、效能也能够有所期待的规范化传播生态环境。

一、政治导向

政治导向无疑是在谋划并推动党的建设各项工作时需首先考量的导向。[1] 党内法规具备两种基本属性，也就是政治属性以及制度属性，而这其中最为关键的基本属性当属政治属性。[2] 党内法规针对“网红”党员发挥作用方面呈现出的政治导向功能，具体体现为借助制度性的框架来确立党性原则在网络空间当中的价值优先地位，其本质就是意识形态领导权在数字传播领域展开的规则化拓展。党内法规通过设定政治属性于价值序列里的核心位置，构建起一种能让政治话语的严肃性和媒介传播的灵活性达成平衡的制度机制，进而使“网红”党员的符号生产活动始终能够服务于主流意识形态的再生产方面的需求。这种导向功能在实际操作层面的表现是，把党的理论主张转变成为能够执行的传播规范，通过对议题设置的边界加以控制、对话语表达的范式予以规约以及将价值排序进行显性化等一系列的制度设计，消除网络场域中多元思潮给政治传播核心价值带来的冲击。

（一）党内法规有助于“网红”党员坚定政治立场

政治立场是一个人或者一个组织提出的政治观点、政治主张，以及政治行为代表的阶级、阶层或者集团的利益。[3] 我们党属于马克思主义政党，广大党员不管在什么时候，都不可以忘掉自身的政治立场。[4] 制度化的规范体

---

〔1〕 参见姜泽洵：《坚持以党的政治建设统领党的建设各项工作》，载《党建研究》2023 年第 10 期。
〔2〕 参见王勇：《论党内法规的政治属性》，载《长白学刊》2020 年第 4 期。
〔3〕 参见徐国民：《论马克思的理论立场与政治立场》，载《求实》2011 年第 7 期。
〔4〕 参见姚眉平：《时刻不忘共产党人的政治立场》，载《求是》2005 年第 8 期。

系以及持续的纪律约束能够为“网红”党员政治立场构筑起稳固的结构。这个结构当中包含了思想认知层面的理论武装内容，也有行为实践层面的纪律保障，如此便形成了从价值认同一直到行动自觉这样完整的一个闭环状态。对于“网红”党员来讲，党内法规不仅仅是用来规范政治言行的一种制度标尺，它更是能够强化政治定力的精神源泉。“网红”党员在网络空间中有特殊的使命，得借助法规体系给予的理论指引以及纪律约束，把这种特殊使命转化成既有政治高度又具备传播效能的网络实践活动。这种制度供给和个体实践之间的相互互动情况，就构成了新时代党员教育管理机制创新发展过程当中极为关键的一个环节。

1. 学理论，以法规筑牢信仰根基

党内法规体系拥有的理论教育功能,〔1〕给“网红”党员政治立场的确立打下了认知方面的基础。这种教育功能并非单纯地进行知识灌输，而是通过制度化的学习机制，把党的创新理论转化为党员内在的精神基因。对于处在信息漩涡中心位置的“网红”党员而言，法规体系构建起来的理论学习架构，能够帮助他们突破网络舆论即时性、碎片化带来的局限，进而塑造出系统化的政治思维架构。这一思维架构的塑造过程，实际上是依靠持续不断的理论浸润来增强政治免疫力的，让他们在参与网络议题讨论的时候，能够自觉地运用科学理论来拨开思想上的迷雾，抵御错误思潮的侵入与侵蚀。党内法规文本当中蕴含的意识形态关键要素，为“网红”党员政治立场的表达提供了价值参照体系。网络传播具有符号化的特性，这常常会使政治话语的严肃性被削弱，而党内法规把抽象的政治原则具体化为具体的规范要求，实现了对意识形态话语的重新编码与构建。这一编码体系能够指导“网红”党员在网络表达当中达成政治性与传播性的辩证统一，不但可以运用网络话语的创新形式来提升传播的效果，而且能保证其价值内核始终和党的理论主张相契合。

2. 守规矩，依准则站稳政治脚跟

党内法规确立的纪律规范体系〔2〕明确地划定了“网红”党员在政治实践

---

〔1〕参见李华：《中国共产党自我革命制度规范体系的运行机制及完善路径》，载《中州学刊》2024年第6期。

〔2〕参见乔贵平、王泽人：《党内法规视域下纪律建设的历史轨迹》，载《学习论坛》2025年第1期。

方面的行为边界。该规范体系把政治纪律的核心要点明确了出来，以此构建起在网络空间当中针对党员行为的一套评价准则。对于那些掌握着网络话语权的“网红”党员来讲，纪律约束具备的核心价值，并不是要限制他们的表达自由，而是要保证他们的传播行为自始至终都能够服务于党的意识形态建设这个目标。法规体系通过设定一些绝对不可触碰的政治红线，来引导这些“网红”党员在开展网络互动的时候，能够妥善地处理好个体表达和组织要求之间的关系，以及传播创新与纪律约束之间的辩证关系，进而让网络空间的活跃程度和政治立场的坚定程度形成一种正向的关联。纪律规范里面包含的价值导向机制，对“网红”党员的政治行为模式发挥塑造的作用。网络传播有即时互动的特性，这种特性很容易导致价值判断出现情境化的倾向，而党内法规凭借制度化的行为准则，把对政治立场的要求转化成了稳定的实践逻辑。正是这一转化机制使“网红”党员在参与网络舆论引导工作的时候，能够把政治纪律的刚性要求转化为自身自觉的价值选择，从而在针对热点事件展开讨论的时候保持政治上的清醒，在观点相互交锋的时候坚守住原则底线。

（二）党内法规有助于“网红”党员明确政治方向

政治方向对于党的前途命运以及事业兴衰成败有极为重要的影响，其能够给党员的实践活动提供目标方面的指引，起到行动指南的作用。[1] 当下，网络生态呈现出复杂且多变的态势，多元价值观念也带来了诸多冲击，而党内法规有自身独特的制度逻辑以及价值规范，凭借这些，党内法规给“网红”党员提供了可用来校准政治方向的参照体系。要知道，这种制度性的引导并非单纯的行政方面的限制，也不是刻板的纪律上的约束，而是依靠价值传导、行为规训以及政治认同构建这样一种复合的机制，从而助力“网红”党员在虚拟与现实相互交织的传播场域之中，实现政治自觉和价值自觉的统一。

1. 明方向，借法规把握时代大势

党内法规体系蕴含的意识形态导向，为“网红”党员认知以及把握时代发展规律提供了一个理论框架。这一框架不局限于个体经验层面的直观感受，

---

〔1〕 参见陈华娟：《建党百年来中国共产党政治建设的基本经验》，载《山东社会科学》2021年第7期。

它通过一套系统化的规范体系，搭建起用来理解社会变革的认知图谱。对于“网红”党员来讲，法规文本当中凝聚起来的政治智慧，是能够助力他们穿透那表象化又很碎片化的网络信息形成的迷雾的，进而精准地识别出意识形态斗争的实质内容。这种源自制度层面的指引，不只是在政治立场的浅层起到坚守作用，它还更深层次地对价值判断的思维模式产生影响，如此一来，当这些“网红”党员参与网络议题讨论的时候，就能够自然而然地运用马克思主义的立场、观点以及方法去分析问题。党内法规体系蕴含的政治伦理方面的要求，为“网红”党员处理个体表达和集体意志之间的关系提供了相应的价值参照。党内法规通过确立政治纪律的基本准则，引导“网红”党员在个性化表达和组织纪律要求二者之间构建起一种动态平衡。这一平衡不是用来限制创新表达的桎梏，恰恰相反，它其实是确保传播内容始终能够沿着正确方向发展的一套导航系统，从而使网络话语创新自始至终服务于主流意识形态建设方面的需求。

2. 束行为，凭纪律校准思想罗盘

党内法规确立起来的行为规范体系，已然构成了“网红”党员在开展政治实践时的行动指南。这一规范体系不是静态的条文简单集合而成的东西，恰恰相反，它是一个处于动态发展之中的价值生态系统。在这个系统里，既有对党员基本义务作出的原则性方面的规定内容，又涵盖了针对网络时代政治传播提出的特殊要求而给出的制度层面的回应情况。对于处在舆论最前沿位置的“网红”党员来讲，纪律约束具备的深层次价值就在于能够培育他们的政治敏锐性以及鉴别力，从而让他们在参与网络互动活动的过程当中，可以自觉地识别出各种各样错误思潮呈现出来的伪装形态，并且能够主动地维护党的意识形态方面的安全。而这一纪律自觉逐步形成的整个过程，从本质上来说，就是党的政治基因在网络空间当中进行的一种创造性转化过程。党内法规体系内部包含的组织文化熏陶方面的功能，正在塑造“网红”党员具有的政治人格特质。鉴于网络传播场域呈现出来的人格化特征，“网红”党员务必要实现政治属性和传播魅力两者之间的有机统一。党内法规借助持续不断的价值输入以及行为方面的调适操作，来帮助他们构建起符合党员标准的网络人格形象。

（三）党内法规有助于“网红”党员强化政治责任

政治责任在整个政治生活范畴当中是贯穿始终的，它是政治活动里极为重要的一个构成部分。[1] 身为党员干部，首要的一点就是得清楚知晓自身肩负的使命，要把维护党的领导这份政治责任切实地担当起来。[2] 在网络空间当中，存在价值多元以及责任泛化这样的双重难题，面对这样的情况，党内法规构建起了一个有“使命锚定、行为规范、效能强化”这三方面内容且相互关联的导向框架。这个框架一方面能够给“网红”党员把责任边界清晰地界定出来，另一方面还能为他们开展政治实践注入源自制度层面的强劲动力。而这种导向功能本质上就是借助精心的制度设计，把政治责任那些相对抽象的要求巧妙转化成能够实际操作执行的行动准则。这样的话，“网红”党员处在虚拟与现实相互交融的传播场域里面时，既能成为守护意识形态安全的有力角色，又能担当起传导主流价值的关键枢纽，进而达成政治属性和媒介效能有机融合、和谐统一的良好局面。

1. 担使命，依党规践行初心承诺

党内法规对于政治使命予以制度层面的具化操作，本质上就是搭建起“网红”党员履行责任时需参照的“价值坐标系”。通过把“为人民服务”这一根本宗旨进一步转化成在网络传播方面的具体规范内容，在像内容生产、互动传播以及危机应对等不同维度上，为“网红”党员确立起切实可行的实践标准。要知道，这一使命的转化不是简单地将概念照搬过来，而是要凭借制度蕴含的理性来重新构建起责任传导的链条，也就是要在直播互动环节融入对民生关切的导向，在进行议题设置的时候预先设定好社会效益的评估环节，在流量运营的过程中强化价值引领占据的权重。党内法规体现出来的治理智慧就在于，它能够把政治承诺当中那些较为抽象的要求转化成可以被感知到的传播伦理。如此一来，“网红”党员在策划有关乡村振兴主题的直播活动时，就会自然而然地将目光聚焦在农民的需求之上；在解读政策文件的时

〔1〕 参见张灏、牛媛媛：《政治责任的时代价值及其实现》，载《理论视野》2018 年第 7 期。
〔2〕 参见鲁旭媛：《习近平政治责任重要论述的理论溯源、基本内涵和价值意蕴》，载《学术探索》2023 年第 6 期。

候，也会自觉地呼应群众的期待；在应对突发事件之际，更是会主动地传递出理性的声音，进而形成使命践行与传播效能之间的良性循环态势。制度引领蕴含的深层机理其实就是要重新构建起责任认知的心理模式，以此促使“网红”党员在开展网络实践的过程中，逐步形成“流量即责任”这样一种深层次的意识，即随着粉丝规模不断增长，与之相对应的就是价值传导义务会不断加重；内容传播的广度一旦扩大，那么与之关联的便是意识形态安全方面所承受的压力增大；互动频次要是得到提升，那么伴随而来的就是舆论引导责任的升级。

2. 勇作为，靠纪律扛起政治担当

党内法规对于政治担当的纪律性强化，本质是在构建网络政治实践方面的“行动框架系统”。它把纪律要求嵌入内容生产的整个流程，从而在创新表达以及政治安全这两者之间构建起一种动态平衡的机制。一方面，它鼓励运用虚拟现实技术来活化党史叙事，同时还设定了技术应用的相关伦理红线；另一方面，它支持以网络流行语去重构理论话语，并且规范了语义转换的价值边界。这一纪律规制并非要限制创造力，反而是凭借制度智慧来引导“网红”党员，使其在复杂的舆情当中能够始终保持政治定力。比如，当遭遇历史虚无主义思潮渗透的时候，纪律规范能够提供用于批判解构的方法论；[1]当面临群体极化情绪不断蔓延的情况时，制度框架能够指明进行理性对话的路径；而当深陷于流量诱惑和价值坚守相互矛盾的困境时，政治纪律能够确立行为选择的优先级。纪律驱动的战略价值就在于培育主动作为的实践勇气。党内法规通过建立起“容错—纠偏—进化”这样的闭环机制，为“网红”党员在未知领域展开探索提供了制度方面的保障。这一制度设计实质上重构了创新行为的动力结构，也就是纪律约束从以往的“事后惩戒”转变成为“过程护航”，而政治担当也从“规避风险”升级成了“创造价值”。

二、舆论导向

随着数字化进程的持续发展，网络技术取得的进展已从很大程度上改变

〔1〕 参见庞超：《意识形态安全视阈下历史虚无主义批判的基本路向》，载《马克思主义与现实》2018 年第 4 期。

了意识形态斗争原本的格局态势，[1] 已然变成了意识形态展开竞争的极为关键的领域范畴。舆论导向在意识形态领域中属于关键的一个环节，其在维护社会的稳定状态以及促进民心的凝聚汇聚等方面起到的作用是相当重要的。党内法规针对“网红”党员具备的舆论导向方面的功能作用，具体呈现为制度性的框架体系对符号生产这一过程实施的带有战略性的规制约束，借助构建起政治传播对应的价值坐标系，达成意识形态安全层面与传播效能层面的一种动态的平衡。法规具有的刚性的约束力能够把政党伦理包含的关键要素转化成为符号生产所需的规范框架模式，于算法逻辑和价值理性二者之间构建起一种张力调适的机制体系，既能够避免网络传播过程中出现的泛娱乐化的倾向态势对政治话语具有的符号意义产生消解削弱的情况，又能够凭借弹性的规范要求为创新性的传播活动留出一定的实践操作空间。

（一）党内法规有助于“网红”党员发挥引导网络舆论的作用

在信息快速传播的当下，舆论领域已然变成了各方力量展开竞争的重要平台，甚至呈现出竞争渐渐失去秩序的态势。[2] 所以说，强化网络舆论方面的引导工作的必要性是颇为突出的。[3] 在这数字化传播盛行的时代形成的舆论场之中，身为网络空间里意识形态传播方面特殊载体的“网红”党员，他们具备的舆论引导效能，是和主流价值的网络阵地建设有直接关联的。当面临多元价值相互碰撞以及信息过载引发的认知陷入混乱的情况时，党内法规凭借其制度化的价值传导以及行为规范相关机制，能够为“网红”党员实现有效开展舆论引导工作提供最为根本的遵循准则。这种依托于制度而开展的引导，既非那种单纯的对内容进行管控的做法，也不是那种机械性地重复某些话语的行为，而是要通过构建起政治传播涉及的认知框架以及行为逻辑，让网络舆论引导变成一个能将政治自觉和传播规律有机融合起来的过程。

---

〔1〕 参见王永贵：《以历史主动精神打赢新时代网络意识形态斗争》，载《思想理论教育导刊》2023 年第 4 期。

〔2〕 参见张仙智：《融媒体背景下网络舆论乱象探析》，载《毛泽东邓小平理论研究》2022 年第 7 期。

〔3〕 参见刘俊冉、崔波：《新媒体时代关于加强网络舆论引导的对策研究》，载《出版广角》2017 年第 10 期。

1. 掌话语权，依规引领舆论风向

网络空间里的话语权本质就是网络思想以及舆论方面的主导权，还有网络文化的领导权。[1] 党内法规构建起来的政治传播理论框架，能够为“网红”党员掌握网络话语权提供相应的价值坐标。这个框架通过把党的意识形态方面的要求转化成传播活动遵循的指导原则，形成了一种超越个体传播经验的理论认知体系。对于那些活跃在舆论最前沿的“网红”党员来讲，法规制度确立的不单单是传播行为的边界范围，更是可以用来塑造政治传播能力的知识图谱。这样的知识体系有能力帮助他们突破网络传播呈现出来的表面化的特征，能让他们在针对热点话题展开讨论的时候，精准地把握意识形态传播的深层规律，还可以把碎片化的舆论议题归入主流价值阐释的框架，以此来实现网络话语权的政治性转化。法规体系包含的传播伦理规范，正在塑造“网红”党员行使话语权的实践逻辑。网络空间中的意见表达常常会呈现出去中心化的特征，而党内法规借助制度化的传播准则，把个体行使话语权和组织传播目标有机地结合到了一起。这样的制度设计能够引导“网红”党员在网络互动的过程中，自觉地协调个性表达和党性原则之间的关系，从而使传播创新自始至终服务于意识形态建设方面的需要。

2. 做领航员，以纪把握舆论基调

党内法规确立起来的纪律约束体系，实实在在地为“网红”党员引导舆论基调构筑起了规范方面的根基。该体系依靠对政治纪律核心内涵的清晰明确，成功地把网络传播自由归入了制度化的轨道。就那些拥有舆论影响力的“网红”党员来讲，纪律规约从本质上来说，就是要培育他们对舆论生态进行整体把控的能力，让他们在参与网络讨论的时候，能够超脱于局部热点引发的争议，从关乎政治安全的高度去仔细审视舆论的走向态势。法规制度借助设定传播行为的评价标准，把个体传播效能和组织传播责任紧密的关联到了一起，进而形成了一种既有政治敏感度又具备传播专业性的舆论引导模式。纪律规范当中内嵌的价值调适机制，有力地维护着“网红”党员在应对舆论发生变动时的战略定力。网络舆论生态具有的动态变化特征，要求引导者具

[1] 参见朱永平、张钰苹：《网络话语权理论建构何以可能》，载《南京邮电大学学报（社会科学版）》2016 年第 1 期。

备灵活应变的能力。党内法规通过那些已经制度化了的行为准则，将政治原则的坚定性和传播策略的灵活性进行了辩证统一。这样的一种制度安排，使“网红”党员在应对舆情波动的时候，既能够牢牢坚守住意识形态的底线而绝不动摇，又能够依据传播规律去创新性地开展引导工作。

（二）党内法规有助于“网红”党员发挥澄清网络谣言的作用

在智能化的时代背景之下，网络谣言于各类社交平台之上呈现出几何倍数般的增长态势，并且其传播速度极为迅速，这无疑给社会秩序以及社会治理等诸多方面均带来了全新的挑战。[1] 这类不实的言论恰似病毒一般，能够以极快的速度四处传播开来，进而混淆了大众的视听，还会误导公众的意见，甚至有可能对社会的稳定以及正常秩序形成一定的威胁。网络空间当中，谣言传播具备的隐蔽性特点以及扩散性特质，使“网红”党员群体面临着在信息甄别以及舆论引导方面极为特殊的考验。在虚实相互交融的数字化传播生态环境里，虚假信息如此快速地传播开来，结果不仅仅是瓦解了社会的共识，还对意识形态方面的安全构成了潜在的威胁隐患。党内制定的法规通过构建起一套制度化的信息治理框架体系，为“网红”党员参与到网络谣言的治理工作当中提供了相应的价值遵循标准以及具体的行动准则规范。这样的一种制度性安排，一方面体现为针对信息筛选工作确立的认知标准，另一方面则呈现为对传播行为进行的规范约束，这两方面协同起来共同作用于网络空间当中信息秩序的优化以及重构事宜，从而使“网红”党员能够成为建设清朗网络空间的一股关键力量。

1. 辨真假，依准则识破谣言陷阱

党内法规当中蕴含的认知规范体系，为“网红”党员搭建起了用于判定信息真伪的价值标尺。这一规范体系通过把党的意识形态方面的要求转化成为信息处理遵循的基本原则，形成了一种能够超越个体经验局限的集体认知框架。对于活跃在信息传播最前沿的“网红”党员来讲，法规制度给予的不仅仅是具体的行为禁令，更是能够用来训练政治敏锐度的一种思维范式。这样的范式可以助力他们穿透网络信息表面那层情感渲染以及设下的逻辑陷阱，在复杂的舆论场当中，准确地识别出信息背后隐藏着的意识形态方面的动机，

〔1〕 参见翟月荧：《网络谣言的传播与治理》，载《东岳论丛》2023 年第 8 期。

还能将那些碎片化的信息放置到党的理论体系里面去进行价值的校准。法规体系内部嵌有的辩证思维方法，能够进一步增强“网红”党员对于网络信息的批判性认知能力。网络谣言在传播的时候常常会利用人们的认知偏差来构建起虚假的逻辑链条，党内法规则是通过确立马克思主义认识论的核心地位来引导“网红”党员建立起科学的信息分析模型。该模型一方面包含着对信息源可靠性的制度性评估标准，另一方面也涵盖了对传播动机的政治性考量维度，如此一来便使“网红”党员在应对突发舆情的时候，能够超越简单的事实核查层面，从政治安全的高度去洞察谣言生成与传播的内在机理。

2. 正视听，靠法规粉碎不实传言

党内法规确立起来的传播纪律规范，实际上塑造了“网红”党员参与网络辟谣的行为逻辑。这一规范体系通过明确政治传播方面的纪律红线，把信息传播自由纳入制度约束的轨道。对于那些掌握着网络话语权的“网红”党员来讲，纪律约束从本质上来说，就是构建起针对谣言治理的主动性机制，让他们在碰到不实信息的时候，不但能够及时地识别出来，而且可以依据法规授予的权限，采取积极的干预措施。法规制度凭借设定传播行为的权利义务关系，把个体行使话语权和组织承担意识形态安全责任联系到了一起，进而形成了一种既有政治自觉又具备法治思维的网络辟谣模式。纪律规范当中蕴含的传播伦理方面的要求，能够对“网红”党员信息修正的价值取向起到规范的作用。网络谣言治理往往会面临还原真相以及引导价值的双重任务，党内法规通过发挥其规范引领的作用，能够确保辟谣行为既与事实真相相符，又能体现出政治立场。这样的制度性要求会促使“网红”党员在澄清事实的时候，自觉地运用党的理论武器去剖析谣言产生的社会根源，并且在对信息进行纠偏的过程当中同步完成价值引领的任务。

（三）党内法规有助于“网红”党员发挥传递正面声音的作用

传播学领域提及的“首发效应”向我们表明，首发信息在受众那里形成的“第一印象”往往会占据主导地位，后续若想再对其加以改变，是相当困难的事情。[1] 正因如此，在网络这一空间当中，能够在第一时间就传递出正

---

〔1〕 参见陶红：《国有企业建立网络舆情快速应对机制研究》，载《新闻爱好者》2019 年第 7 期。

面的声音，其重要性不言而喻。网络空间在价值传播方面呈现出碎片化的特点，这就使“网红”党员面临着主流价值整合以及创新这两方面的挑战。在当下这种信息过载和人们注意力稀缺同时存在的传播格局之下，正面声音的传播具备的效能，会对网络意识形态阵地的稳固程度产生直接的影响。党内法规借助构建起制度化的传播框架以及价值传导机制，为“网红”党员达成有效的价值传播提供了结构性的有力支撑。这种由制度提供的保障，既不是单纯地对内容进行复制，也不是简单地在形式上搞创新，而是通过把党的意识形态相关要求转化为传播实践蕴含的内在逻辑，让正面声音的传递变成一个将政治属性和传播规律深度融合起来的具有创造性的过程。

1. 传党音，依规奏响时代强音

党内法规构建起来的理论阐释体系，为“网红”党员传播党的创新理论提供了认知范式。该体系把马克思主义基本原理同当下时代特征相互融合起来，进而形成了一个有解释力以及感召力的理论传播框架。对于处在传播最前线的“网红”党员来讲，法规制度确立下来的不单单是内容选择方面的标准，更是在理论转化上的方法论层面的指导。这样的指导能够助力他们突破传统政治传播形成的路径依赖，在始终维持理论严肃性的基础之上，运用网络话语具备的创造性转化策略，把抽象的政治理念转化成能够被感知到且易于传播的文化符号，达成理论武装和传播效能两者之间辩证的统一。党内法规体系当中蕴含的传播调适机制，能够保障“网红”党员在政治传播方面与时代的适配性。网络传播生态有快速更迭的特征，这就要求传播者具备动态调整的能力。党内法规凭借制度化的价值传导路径，把党的理论创新成果转化成持续更新的传播资源库。这一机制让“网红”党员在应对传播环境变化的时候，不但能够坚守住意识形态的内核，坚决做到毫不动摇，而且能够依据受众的接受习惯来创新表达方式。

2. 扬正气，以纪传播主流价值

党内法规确立的价值筛选准则，构建起了供“网红”党员传播主流价值所用的评价体系。该标准把社会主义核心价值观具体化为传播行为方面的指导规范，由此达成了对内容生产以及价值引领的双重规范效果。就掌握网络话语权的“网红”党员来讲，纪律约束的深层次意义就在于构建起传播内容的价值坐标体系，让他们在开展信息生产活动的过程当中，能够自觉地对精华部分与糟粕部分、主流内容与支流内容加以区分。法规制度凭借设定传播内容的政治质量相关标准，把个体创作的自由和社会价值方面的责任有机地结合到一起，进而形成了一种既有网络活力又具备价值深度的传播模式。纪律规范当中内嵌的文化转化功能，能够塑造“网红”党员在价值传播方面的实践智慧。网络空间存在亚文化特征，这种特征往往会使主流价值的传播浓度被稀释掉。党内法规借助制度化的传播伦理方面的要求，把文化创新纳入价值引领的轨道。这样的制度设计能够推动“网红”党员在运用网络文化符号的时候，不但可以保持传播形式具有的时代感以及吸引力，而且能确保其文化表达的价值取向和党的意识形态要求是相符的。

三、价值导向

党内法规有十分鲜明的价值导向。[1] 就党内法规针对“网红”党员作用发挥所呈现出的价值导向功能来讲，其是借助制度性的框架来达成社会主义核心价值观同网络传播规律的系统性融合的，本质上就是政治伦理对媒介工具理性予以的价值规范。党内法规会规范符号生产的流程以及意义建构的路径，从而把抽象的价值理念转化成能够实际操作的传播准则，如此一来，“网红”党员在开展媒介实践时，既能依照流量逻辑来确保传播的效能，又能够坚守党性原则设定的价值底线。这样的导向机制从较深的层面解决了政治主体在数字化环境里面临的价值排序方面的难题——在网络场域存在娱乐化倾向，且这种倾向有可能消解政治传播的严肃性之际，制度规范会通过设定议题的边界以及符号编码的规则，在多元文化相互碰撞的情形下，维护主流价值在解释权方面的优势。该功能还会通过建立起实现价值的制度化渠道，把媒介资本的积累转化为强化意识形态领导权的过程，这样既能够避免价值理性被工具理性消解而出现异化的风险，又可以防止因机械地进行价值灌输而使受众产生疏离之感。最终，在虚实相互交融的现代语境之下，形成了具有一定弹性的价值再生产机制，为数字时代政治传播出现的伦理转向提供了制度层面的保障。

---

〔1〕 参见施新州：《论党的组织法规制度建设内在逻辑与功能定位》，载《中共天津市委党校学报》2022 年第 3 期。

（一）党内法规有助于“网红”党员发挥弘扬社会主义核心价值观的作用

党内制定的各项规章制度，凭借自身具有的权威性以及能起到的指导作用，实实在在地为社会主义核心价值观提供了制度规范方面的“硬约束”〔1〕。“微媒体”催生出了一种信息传播样态，其呈现出扁平化、弥散化、碎片化以及平民化等诸多特点，在信息传播的内容以及方式上，有渠道多种多样却没有一个中心、信息海量却缺乏权威、多元价值不断消解主流思想等十分显著的特征。〔2〕网络空间当中价值生态具有的多元性与复杂性，让“网红”党员碰到了主流价值建构以及传播效能提升这两个方面的课题。在虚拟和现实深度融合起来的这样一种传播环境之中，社会主义核心价值观要进行传播的话，一方面得突破在形式创新层面存在的表层困境，另一方面更要解决价值内化方面存在的深层难题。党内法规借助制度化的价值传导以及规范化的实践指引，构建起了一个供“网红”党员践行与传播核心价值观的立体框架。这样的一种制度设计并非仅仅停留在简单的行为约束层面，而是通过把价值要求转化成为实践逻辑，使价值传播变成了一种政治自觉和传播规律有机统一起来的创造性活动。

1. 重践行，依党规诠释价值内涵

党内法规构建起来的实践规范体系，为“网红”党员进行价值诠释提供了制度层面的认知框架。该体系会把社会主义核心价值观里那些相对抽象的原则，进一步转化成非常具体的、具象化的行为准则，由此打造出一种能让价值认知和实践操作衔接起来的机制。就活跃在网络传播最前沿的“网红”党员来讲，法规制度确立的不单单是关于价值传播的底线方面的标准，更是能够让其深化对价值理解的一条认知路径。这样的一条路径能够助力他们突破在价值传播过程中遇到的概念化困境，在具体的网络实践活动当中，可以把像“民主”“文明”等这些核心价值转化成能够被人们感知到，并且可以

〔1〕参见祝捷、秦玲：《论社会主义核心价值观对党内法规制度建设的三重功能及其实现》，载《学习与实践》2021 年第 12 期。

〔2〕参见李小玲：《“微时代”大学生网络行为新样态与引导策略》，载《思想理论教育》2019 年第 3 期。

参与其中的互动场景，进而达成将价值理念朝着实践智慧进行创造性转化的效果。党内法规体系当中内嵌的关于价值阐释的逻辑，能够塑造出“网红”党员在传播实践过程中的深层认知结构。网络传播存在符号化的特征，这种特征是比较容易使价值表达出现浅表化这样的一种倾向的。而党内法规凭借制度化的价值解码机制，能够把抽象的价值转化成为网络话语构建的规则。这样的一种转化机制会引导“网红”党员在开展内容创作的时候，自觉地把价值内核融入叙事策略，从而让网络作品一方面能够保持住传播方面的吸引力，另一方面还能够承载起价值方面的深度。

2. 树标杆，以纪律引领价值风尚

党内法规确立起的纪律约束机制，实际上搭建起了供“网红”党员引领价值风尚的示范标准。该机制会把价值方面的要求进一步转化成能够被观测到，同时也能够被评价的行为规范，如此一来，就在网络空间之中形成了针对价值示范进行测量的维度。对于“网红”党员来讲，纪律规约从本质上来说，就是要构建起在价值传播方面的标杆效应，让他们在开展网络互动的时候，一方面可以展现出自身的个性特征，另一方面还能够彰显出作为党员所应有的价值引领方面的作用。法规制度通过设定网络行为的价值坐标，把个体开展的传播实践活动和社会价值责任紧密相连起来，进而形成了一种既有网络活力，又具备价值定力的传播生态。纪律规范内在蕴含的价值形塑功能，能够增强“网红”党员在价值传播时候的辐射效能。在网络空间中，价值认同的建构工作，需要依赖持续不断的行为示范。党内法规借助制度化的约束机制，把价值倡导转化成了较为稳定的行为模式。正是这一转化过程，使“网红”党员的日常网络实践活动变成了价值传播的生动教材，他们在参与热点讨论时秉持的价值立场，还有在应对舆情事件时作出的价值选择等，全部都能够通过纪律规范获得制度层面的确认以及强化。

（二）党内法规有助于“网红”党员发挥引领网络文化的作用

网络文化带有极为鲜明的时代特性，[1] 属于一种新出现的文化样式。网

---

〔1〕 参见徐少华：《网络文化管理的要素分析与运行机制》，载《湖南大学学报（社会科学版）》2021 年第 3 期。

络文化生态呈现出的泛娱乐化这种倾向，还有价值虚无方面潜藏的风险，让承担着文化引领重要使命的“网红”党员，遭遇了提升文化品质以及坚守价值这两方面的双重压力。在以算法推荐为主导的传播格局之下，网络文化的生产活动可能会变成传播先进文化的有力助推因素，当然也存在异化成为滋生低俗内容的不良温床的可能性。党内法规借助制度化的文化治理相关框架，还有规范化的价值传导具体机制，为“网红”党员搭建起了在网络文化引领层面的双重保障体系。这样的一种制度性安排，通过把文化发展具有的规律同政治方面的要求有机地结合统一起来，使网络文化引领变成了一个既有制度赋能，又有文化创新融入其中的复合性过程。

1. 筑高地，依规打造文化净土

党内法规确立的文化价值筛选机制，给“网红”党员搭建起了用于衡量网络文化生产品质的标准。这一机制把社会主义先进文化的相关要求转变成文化传播的指导准则，从而形成一个有政治高度以及文化深度的内容评价体系。对于处在文化传播前沿且十分活跃的“网红”党员来讲，法规制度给予的并非仅仅对创作边界的界定范围，更是能够提升文化品位的价值导向。这种导向作用能够助力他们摆脱那种一味追求流量的传播困境，在开展内容创作时，自觉平衡文化价值和传播效果二者之间的关系，把网络文化产品融入先进文化的发展进程，实现文化传播在政治性、艺术性以及群众性方面的有机统一。党内法规体系当中内嵌的文化治理逻辑，对“网红”党员文化实践的创新发展路径起到了塑造的作用。网络空间存在文化解构的特性，这很容易使文化传播的严肃性遭到削弱。而党内法规凭借制度化的创新激励机制，把文化传承与创新方面的要求转化成可持续的创作规范。这一规范能够引导“网红”党员在运用网络文化符号的时候，既可以保持文化表达具有的现代感以及吸引力，又能够确保创新实践始终朝着正确的方向去推进。法规制度对于文化生产的渗透影响，不但体现为对庸俗化倾向的预警作用，而且表现为对精品创作的扶持成效，为网络文化的高质量发展提供了制度层面的保障。

2. 育新风，以纪涵养网络文明

党内法规构建起来的纪律约束体系，成功塑造出了由“网红”党员引领网络文明的行为范式。该体系把文明传播方面的要求进一步具体转化成了具有操作性的实践准则，还建立起了用以衡量网络行为文明程度的相关维度。

就“网红”党员来讲，纪律规约蕴含的核心价值就在于构建出针对传播活动的文明衡量标准，让他们在参与网络互动时，一方面能够充分展现出自身独特的个性风格，另一方面还能很好地示范出自身的文明素养。法规制度凭借设定网络言行的文明底线，把个体表达的自由和社会文明责任非常巧妙地有机结合到了一起，进而形成了一种既充满网络活力又具备文明定力的传播生态。纪律规范当中内蕴的文明培育功能，着实增强了“网红”党员在文化传播方面的示范效应。网络文明建设是需要持续不断的行为引导的，绝不是那种短期的运动式治理就能行得通的。党内法规借助制度化的约束机制，顺利地将文明要求转化成了较为稳定的实践模式。正是这一转化，使“网红”党员的日常网络实践变成了文明养成的生动教材，他们在参与文化交流时候的礼仪规范，还有在应对网络冲突时候的文明态度等，都通过纪律约束得到了制度层面的强化。

（三）党内法规有助于“网红”党员发挥塑造新时代党员形象的作用

强化党内法规制度方面的建设，是落实全面从严治党的长远且根本之策。它一方面有助于强化党员守纪律、讲规矩的这种意识，让党员能更自觉地遵守，进而对党员的行为起到约束作用，也能够让党内政治生活更加规范有序；另一方面，为党员形象的擦亮、维护以及改善提供了纪律层面的有力支撑与制度方面的可靠保障。[1] 如今，网络空间里人格化传播逐渐兴起，在这样的情形下，“网红”党员就面临着双重考验，既要构建起良好的公共形象，又得维护好自身的政治属性。在虚拟人格和现实身份相互交织起来的传播语境之中，党员形象在网络上怎样呈现出来，非常关键，它有可能变成构建政治认同的有力帮手，然而，也极有可能异化，从而变成消解政治严肃性的风险因素。而党内法规凭借制度化的形象管理机制以及规范化的行为调适系统，为“网红”党员达成政治身份和网络人格的有机统一，提供了根本的遵循准则。这种制度性的引导，不是简单地设计一下外在形象，也不是机械性地模仿某种行为，它把政治要求巧妙转化成形象建构的内在逻辑，如此一来，党员形

〔1〕 参见胡庆亮、何旗：《新时代中国共产党型塑执政形象的实践进路与优化策略》，载《中共天津市委党校学报》2019 年第 6 期。

象的塑造就变成了一种创造性实践，在这个实践里，政治自觉和传播规律深度融合在一起。

1. 立形象，依规展现党员风采

党内法规构建起来的规范体系，为“网红”党员塑造在新时代下的党员形象提供了一套具有制度性质的认知框架。该体系把对党员先进性方面的要求，巧妙地转化成了针对网络行为的指导原则，进而形成了那种既有一定政治高度，又具备不错传播效度的形象建构方面的标准。对于那些活跃在网络传播最前沿地带的“网红”党员来讲，法规制度确立下来的，不单单是对言行边界起到约束作用的范畴，更是一条能够培育其政治人格的路径。这条培育路径，能够助力他们成功避开网络传播过程中出现的娱乐化方面的陷阱，在进行内容创作的时候，他们能够自觉地协调好个性表达和党性特质二者之间的关系，把自身的政治身份转化成能够被人们感知到也能够进行传播的形象符号，以此来达成党员形象具备的时代性与先进性之间的辩证统一。党内法规体系当中内嵌的符号转化机制，正塑造着“网红”党员形象传播方面的深层逻辑。网络空间里的形象建构，是依赖符号系统不断地进行创新，党内法规借助制度化的价值传导路径，把党的政治要求转化成了形象符号的生产规则。这一转化机制能够引导“网红”党员在塑造自身形象的时候，既可以运用网络文化具有的表达形式来增强传播方面的亲和力，又能够确保符号体系具备的政治属性不会被消解掉。

2. 作表率，以纪彰显党员担当

党内法规确立起来的纪律约束体系，构建起了供“网红”党员进行示范引领的行为坐标框架。该体系把对党员的责任要求细化成了在网络实践方面的操作指南内容，由此生成了能够被观测且可加以评价的担当作为衡量标准。就那些具备舆论影响力的“网红”党员来讲，纪律规约具有的核心价值就在于打造出网络行为方面的示范标准，让他们在开展网络互动时，既可以充分展现出个体具有的特质，又能够凸显出作为党员的先锋模范作用。法规制度凭借设定网络参与所应遵循的道德基准，把个人拥有的影响力转化成了能够为组织公信力带来增量的要素，进而塑造出既富有传播活力又具备政治定力的担当型形象体系。纪律规范当中蕴含的责任强化功能，进一步深化了“网红”党员担当作为产生的实践效能。在网络空间当中履行责任，是需要有制度化的保障机制来支撑的，而非仅仅依靠单纯的道德说教就可以。党内法规借助持续发挥作用的行为调适机制，将政治担当转化成了较为稳定的实践模式。正是这一转化过程，使“网红”党员的日常网络实践活动变成了责任教育的鲜活生动载体，他们在应对公共议题时作出的价值选择，以及参与社会讨论时表达的立场，全部都经由纪律约束而获得了制度层面的确认与强化。

第三节　党内法规对“网红”党员作用发挥的保障作用

党内法规对于“网红”党员作用发挥有保障作用，这一保障作用的根源在于制度性框架能够对网络传播具有的不确定性予以系统性的消除。其本质就是凭借刚性约束和弹性支持之间的辩证统一关系，构建起政治传播创新的安全范畴。法规具备的制度刚性借助风险预警机制以及对行为边界的设定，能够把网络传播的流动性归入可控的制度轨道，这样既可以防止符号异化引发的价值偏移风险，又能为传播势能的积累提供合法性的支撑。这种保障具体体现在三重机制方面：其一，依靠符号生产认证体系来确保意识形态的核心要素在传播转译环节的准确性，防止在网络解码过程中出现意义的流失情况；其二，构建起传播资源分配的拓扑学规制网络，促使流量竞争从原本的无序扩张状态转变为围绕价值传导目标进行集聚；其三，借助责任豁免条款为创新性传播实践提供制度层面的容错空间，以此来缓和工具理性与价值理性之间存在的结构性矛盾。其深层的逻辑就是通过制度性框架具有的稳定性去应对网络场域的流动性风险，从而让政治传播的创新实践始终在“自由探索”与“底线守护”的动态平衡中开展。

一、制度保障

党内法规是全体党员需遵循的行为准则以及根本依据。[1] 党内法规针对

〔1〕参见王冰冰：《党内法规权威性的生成逻辑、内在本质与价值功能》，载《社会主义研究》2024年第1期。

“网红”党员作用发挥具备的制度保障功能，具体体现为构建起一套稳定的规则体系，以此达成政治传播效能和组织纪律性之间结构化的平衡状态，其本质是在政党治理迈向现代化的进程当中，以制度理性对媒介工具理性予以价值层面的定位。党内法规划分权责的边界，同时设定相应的行为规范，进而把网络场域当中那种具有流动性的实践活动纳入科层制管理对应的制度轨道，这样既能确保媒介化创新拥有合法的空间，又能防止技术异化致使政治主体性遭到消解。这种保障机制于操作层面展现为制度供给和需求响应的动态适配情况，也就是通过建立起容错纠偏机制来化解创新方面可能存在的风险，借助标准化的流程规范去提升传播效能，依靠组织资源的合理配置来强化实践活动的可持续性。从更为深层次的角度来讲，制度保障是通过重新构建政治资本与媒介资本相互兑换的规则，在价值排序这个层面确立起党性原则相对于流量逻辑的主导地位，使网络实践产生的符号权力自始至终都能够服务于巩固意识形态领导权这一目标。最终，在数字化转型的大背景下形成一种能让工具理性与价值理性达成辩证统一的制度性解决办法。

（一）以完善的法规体系赋能“网红”党员高效作为

党内法规是用于规范党员网络行为的一种制度性手段，其通过构建起契合新媒体传播特质的规则体系，为“网红”党员在新兴的舆论场域当中高效率地开展相关工作提供了基础性的支撑保障。在面对网络空间里信息传播具有的瞬时性特点以及价值碰撞呈现出的复杂性状况时，党内法规从一方面来讲划定了行为的界限范围，从另一方面来说则保障了创新的空间，于约束和赋能这两个不同的维度之上形成了制度方面的合力效果。如此一来便使党员在虚拟身份与现实身份相互作用的过程之中，既能够牢牢坚守住政治方面的定力，又可以充分地释放出传播方面的活力，进而达成党性原则和传播效能两者之间的有效统一。

1. 动态优化法规，精准锚定行为坐标

党内法规具有的动态调适机制，[1] 本质上就是在构建网络政治传播方面的“行为导航系统”。党内法规依靠自身具备的那种有与时俱进特性的制度调

---

[1] 参见任君：《党内法规执行效能评估体系构建》，载《理论探讨》2025 年第 1 期。

适机制，针对处在复杂网络生态中占据特殊位置的“网红”党员，在角色定位以及行为抉择这些层面给予了处于动态演变状态下的价值坐标系。这一坐标系能够让“网红”党员一方面可以顺应技术快速迭代引发的传播模式方面的深刻变革，另一方面又能够坚守住因自身政治身份而被赋予的核心使命。“网红”党员作为一个既拥有政治使命又具备网络影响力的独特群体，其行为边界既要对在技术赋权背景下产生的传播自由的诉求予以回应，又必须和政党组织对于意识形态安全的要求相契合。这种双重属性从根本上来讲就决定了党内法规的规范体系务必要具备能够达成动态平衡的制度弹性。党内法规的制度保障价值具体呈现为，通过持续性的规则更新以及内涵的延展这一方式，将网络传播规律以及政治责任要求转化成为具备操作性的行为指引，进而使“网红”党员在从事内容生产、参与话题讨论以及开展社交互动等过程当中，始终都能够清楚明确政治红线以及价值基准。这种制度的优化并非仅仅被动地适应技术变革产生的应激反应，而是建立在对政党治理现代化的前瞻性思考与规划基础之上的。通过构建起开放且包容的规范框架，一方面给予“网红”党员在合法合规的范围之内进行创新的空间，另一方面又依靠制度反馈机制及时对可能出现的价值偏移予以纠正。特别要指出的是，党内法规的调适过程实际上就是政治纪律与网络传播规律深度融合的外在体现形式。它借助精准化的制度供给，让“网红”党员在面对多元价值相互碰撞的舆论场时，既能够始终保持高度的政治敏锐性，又能够充分施展作为网络意见领袖的传播势能，最终实现政治属性与传播效能的结构性统一。

2. 提供全面制度支持，激发潜力释放

党内法规凭借其具有的系统化制度保障方面的功能，给“网红”党员在网络空间达成政治效能转化构建起了一个多维度的支撑体系。这一体系能让“网红”党员既可以有效躲开行为失范带来的风险，又能够彻底释放其作为新型传播主体包含的建设性价值。相较于传统党员群体，“网红”党员作用的发挥在很大程度上得依靠网络传播规律和政治话语体系的创新性融合。这种特殊情况就要求党内法规必须突破只是单纯的行为约束这样的传统逻辑，要转而朝着培育政治传播能力的制度性供给这个方向作出转变。党内法规的保障价值在这一点上体现为，通过对权利以及义务加以均衡的配置，一方面能明确“网红”党员在网络舆论引导当中担负的政治责任，另一方面借助正向激励机制为其创新表达提供合法性的支持，使其在坚守政治底线的基础之上敢于去探寻让主流价值以年轻化的方式进行传播的路径。这种制度支持背后的深层次逻辑就在于重新打造政治传播的效能评估标准。通过把传播效果里的政治认同度、价值渗透力等这些抽象目标具体转化成具有操作性的制度指引，来引导“网红”党员在开展内容创作的时候达成政治严肃性和传播亲和力的有机统一。从治理维度加以审视的话，党内法规的保障作用并非局限在风险防控方面，而是依靠制度赋能去激活“网红”党员作为网络意见领袖具备的先锋作用，使其既能够发挥政治价值观的“扩音器”的功能，又能够成为化解舆论矛盾的“调节阀”。这种双向作用机制不光充分展现了党内法规对于新型传播主体的包容性，同时也体现了政党治理体系跟着时代发展而不断进步的制度智慧，最终形成政治纪律和创新活力彼此促进的良性生态环境。

（二）以高效的制度执行护航“网红”党员担当作为

党内法规的生命力关键就在于其能够得到切实实施，而党内法规的权威也是在不断实施的过程当中逐步强化起来的。[1] 党内法规通过着力强化制度方面的执行力，搭建起能够保障所谓“网红”党员切实担当作为的一种网络架构，将那些原本仅仅停留在文本之上的规范真正地转化成为实实在在的实践效能，并且在网络空间去实现其政治功能的这一进程当中，构建起一种相对完善的闭环管理机制。考虑到新媒体传播生态具有的复杂且多变的特性，党内法规的执行体系一方面要坚守住制度具有的刚性特质，依靠这一点来维护纪律拥有的权威性，另一方面还要展现出在治理方面的弹性特点，以此来契合新媒体的传播规律。借助组织力得以有效传导以及科学化评估起到的双重作用，确保制度具备的优势能够切切实实地转化成为网络空间当中的政治效能，使党员在其虚拟身份和现实身份相互作用的情形之下，既能够把握好政治方向，又能够充分释放出自身的创新活力，进而达成规范约束和激励引导两者之间辩证统一的状态。

---

〔1〕 参见蔡国庆：《提升党内法规执行力：价值意蕴、问题透析与实践路径》，载《理论月刊》2024年第12期。

1. 党组织筑牢执行根基，推动制度落地生根

党内法规依靠组织化且系统化的执行机制，给“网红”党员的政治实践搭建起了一个颇具立体感的保障网络。这一网络能让“网红”党员在网络空间的行为规范得到制度刚性方面的有力支撑，还能使其融入党组织日常治理带有的柔性引导。“网红”党员作用的发挥在很大程度上依靠制度执行效能和组织治理能力协同发挥作用。这种依存关系就表明党内法规的实施得依靠党组织在政治动员以及资源整合方面拥有的优势。党内法规的保障价值在这个过程里体现为，借助层级化的责任传导体系，把抽象的制度要求转变为各级党组织具体的工作安排，这样一来，“网红”党员在参与网络舆论引导的时候，既能清楚知晓自身的行为界限，又能获取来自组织化的资源支持以及技术方面的助力。这种执行根基的筑牢不是简单机械的制度移植过程，而是凭借党组织具备的政治引领功能，将法规精神全方位渗透到“网红”党员的教育培训、日常监督以及考核评价的整个流程当中，从而形成制度约束与价值认同彼此之间的双向互动机制。特别要指出的是，党组织通过搭建纵向贯通且横向联动的执行网络，使“网红”党员在应对复杂舆情之际，既能快速响应制度规范的要求，又能依靠组织体系去化解个体能力存在的不足。这种制度落地的深度整合过程，既增强了党内法规在实践当中的转化能力，又突出了党组织作为制度执行核心主体具有的枢纽作用，最终达成“网红”党员个体行为与组织治理目标的动态统一。

2. 科学搭建考核体系，精准衡量实际效能

党内法规构建起了多维且复合的考核评价框架，从而为“网红”党员的网络行为效能提供了可量化、能追踪的价值标尺。这一标尺让“网红”党员的政治传播实践一方面能够契合制度规范方面的要求，另一方面还能精准地对接网络舆论生态治理方面的需求。和传统政治传播主体相比，“网红”党员发挥作用有即时性、互动性以及扩散性等很显著的特征。这种特殊之处就要求党内法规的考核机制突破传统的单向度评价模式，进而朝着融合政治属性、传播效果还有社会影响的多维评估体系转变。党内法规在制度保障方面的价值体现于此，即通过把制度化的考核导向设计好，将“网红”党员的政治责任具体地转化成可观测的行为指标。这些指标不但涵盖了内容生产在价值导向层面的正确性，而且把舆论引导在实际效能转化方面的程度也纳入其中，

使“网红”党员的网络实践始终沿着政治效益和社会效益相统一的方向不停演进。这种科学化考核的本质就是构建起制度规范和行为激励之间的衔接通道。借助动态反馈机制及时识别“网红”党员在传播创新、议题设置以及危机应对等方面的实际表现，既防止了考核指标和网络传播规律脱节的状况出现，又杜绝了政治责任被虚化成为形式化评价的情况发生。从更深入的逻辑来讲，考核体系的科学化既是对“网红”党员主体地位的一种制度层面的确认，又是党内法规达成治理现代化的关键路径。它通过精准地测量政治传播效能和网络影响力之间的耦合度，推动“网红”党员在坚守政治底线的同时，持续地优化自身的传播策略与方法，最终形成制度约束和创新活力相互激荡的良性发展格局。这样的制度设计不但提升了“网红”党员作为新型政治传播主体的专业能力，而且通过考核结果具备的导向作用，让其在网络空间的政治实践变成彰显党内法规治理效能的重要观测窗口。

（三）以有力的监督机制保障“网红”党员行稳致远

科学且行之有效的党内法规制度执行监督机制，无疑是党内法规制度得以正确执行的关键保障。[1] 党内法规借助构建起一套成体系的监督网络，为那些有“网红”身份的党员规范履行自身职责提供了制度层面的有力保障，把监督产生的效能成功转化成能够矫正相关行为的力量，于网络空间里在达成政治安全和传播效能二者平衡的过程当中，逐步形成一种闭环式的治理结构。当面临虚拟身份致使行为具备隐匿性以及传播影响力被扩大的双重挑战时，党内法规的监督机制一方面得维持制度具有的刚性特质，以此来防范可能出现的行为偏差情况，另一方面还需展现出治理方面的智慧，以便能和传播规律相适配。凭借特殊约束与多维监督相互协同发挥的作用，编织起一道严密且带有预防性的制度屏障，从而让党员在开展网络实践活动的时候，既能充分释放自身的创新活力，又能牢牢严守纪律方面的底线，进而达成政治属性和传播特质之间的动态平衡。

---

〔1〕 参见皮坤乾、杨秀琴：《党内法规制度执行的监督机制研究》，载《新疆社会科学》2022 年第 1 期。

1. 定制特殊约束机制，规范言行举止

党内法规特意定制了特殊的约束机制，在虚拟和现实相互交融的公共场域当中，为“网红”党员清清楚楚地划定了明确的行为边界，以此强化他们的身份认同以及责任归属。“网红”党员属于比较特殊的群体，兼具党员的政治属性以及网络意见领袖的社会属性，他们在舆论场域里的言行，可能会成为传播主流价值的有效载体，然而，因为网络传播存在放大效应，所以也有可能由此衍生出难以控制的风险。在这样的情境下，党内法规的约束性功能就体现在对个体行为进行前置性的规范方面。党内法规通过设定原则性框架而非具体操作细则的这种方式，一方面为“网红”党员在内容创作以及传播过程中赋予了适度的弹性空间，另一方面又明明白白地划定了禁止触碰的政治底线、道德红线以及法律高压线。这种约束机制，本质就是党内治理逻辑朝着网络空间进行延伸拓展，关键在于把政治纪律的刚性要求转化成能适应媒介生态环境的柔性规则，从而让“网红”党员在保持网络表达活力的同时，一直处在组织纪律的有效管控范围之内，尤其是当流量逻辑和党性原则之间出现张力的时候，党内法规会发挥价值引领以及行为纠偏的双重作用，确保“网红”党员的公共表达既能符合媒介传播规律，又能严格遵守意识形态安全要求。

2. 开展多维度监督，织密监管之网

党内法规搭建起多维度的监督机制，从而为“网红”党员群体牢固筑起规范发展的制度框架。这一呈现立体化的监管体系，一方面是针对新兴社会现象给出的制度层面回应，另一方面也将执政党自我革新的治理智慧充分彰显出来。在数字媒介深度融入社会生活的时代背景之下，“网红”党员凭借自身的政治身份以及公共影响力，可能会成为传播主流价值的优质载体，当然也存在因行为失范而产生负面示范效应的可能。党内法规把制度规范和技术手段融合到一起，在维持党员先进性的同时，也给这一特殊群体明确了行为边界。其重点在于打造组织监督和社会监督协同配合的机制，既能增强党组织日常管理的实际效能，又能借助网络舆情监测等相关技术搭建起动态的预警体系，进而构建起涵盖线上线下的全方位监督网络。这样的监督模式突破了传统单向的纪律约束模式，着重强调组织生活规范和网络行为准则的深度融合。它不但要求“网红”党员在虚拟空间里严格遵守政治纪律，而且通过定期开展思想汇报、举办专题组织生活会等多种形式，强化“网红”党员的身份认同，使党性原则在数字传播实践当中能够以具象的形式展现出来。特别关键的一点是，监督机制在设计时始终秉持教育和惩戒并重的原则。既借助典型案例开展警示教育，形成震慑的效果，又引导“网红”党员把自身的传播优势转化为服务群众的实际能力。这种刚柔并济的治理策略，能够有效平衡规范约束和创新激励之间的关系，为党员干部在新型传播场域当中坚守政治定力提供制度层面的有力支撑。

二、权益保障

切实保障好党员权利，这对于促进党员主观能动性充分发挥而言，是增强党的创造力、凝聚力以及战斗力的内在必然要求。[1] 党内法规秉持法律思维，把义务权利的调整当作核心内容来对待，着重对党员的合法权益予以保障。[2] 党内法规针对“网红”党员作用发挥具有的权益保障功能，具体表现为借助制度化的框架来平衡政治义务履行和个体权利实现二者间的辩证关系，其本质就是在政党治理现代化的进程当中，对组织纪律性与主体能动性进行结构性的调适。党内法规明确了在网络实践里的权责边界以及资源配给规则，把媒介化劳动产生的符号资本归入组织认可的价值体系，如此一来，既能对流量竞争引发的权益虚无化风险加以防范，又能将科层制管理给创新实践带来的体制性压制予以消除。这样的保障机制从深层次着手，解决数字化劳动政治经济学当中的价值确权难题，当网络场域的非物质劳动突破了传统的权益核算标准的时候，相关制度通过建立起风险共担机制以及创新容错空间，使媒介化实践的溢出效应能够转化为可持续的政治发展资源。该功能还通过重新构建权利实现的路径，在政治忠诚度与媒介专业性之间搭建起制度性的兑换通道，既能够避免工具理性膨胀引发的价值异化情况，又可以防止过度规制导致的创新窒息问题发生，最终在数字化转型的过程中形成具有韧性的权益保障生态，从而为政治主体参与网络治理提供合法性方面的支撑以及可持续的动力。

---

〔1〕 参见祝奉明、李俊俊：《中国共产党党员权利保障的百年演进、成就与经验》，载《当代世界社会主义问题》2021 年第 3 期。

〔2〕 参见欧爱民：《党内法规的双重特性》，载《湖湘论坛》2018 年第 3 期。

（一）筑牢权益保护屏障，夯实“网红”党员发展根基

党内法规着手构建起一套系统化的权益保障框架，以此为“网红”党员的健康发展提供基础性的有力支撑。在规范网络行为以及激发创新活力这二者之间，党内法规建立起了一种平衡机制，能让党员在虚拟空间中实现政治功能时，一方面会受到纪律方面的约束，另一方面又能够收获发展赋予的能量。当面对网络环境当中权利边界不够清晰，而且风险不断叠加这样实实在在的挑战时，党内法规起到的保障作用，既在对合法权益予以制度层面的确认上有所体现，又在针对新兴风险展开预防性的应对上有所表现。通过权利确认以及安全保障这双重维度，党内法规形成了能够促进“网红”党员达成可持续发展的制度生态，使他们在履行政治责任和追求个人发展这两条轨道之上，可以实现共同进步。

1. 赋予同享合法权益保障，强化发展动能

平等原则堪称党内法规制度建设的根基性原则，同时也是保障党员民主权利的关键依据。[1] 党内法规着手搭建起权益保障的制度架构，由此为“网红”党员群体的可持续发展灌注制度层面的强劲动力。这一权益保护机制，不单单是针对新型职业形态作出的适应性调整，更是政党治理体系对成员发展诉求予以深切关注的一种体现。在数字化传播生态重新塑造个体社会角色的演进过程中，“网红”党员碰到了职业特性和传统党员管理模式之间存在的矛盾状况。他们的特殊身份，一方面要求其承担起超出普通网红的政治责任，另一方面也应当给予和其社会贡献相匹配的权益保障。党内法规通过明晰权利边界与义务范畴二者之间的辩证关联，在牢牢坚守党性原则的前提之下，为这一群体量身定制兼具规范性以及激励性的制度安排。其关键在于构建起职业发展权和公共责任相互统一的权利保障体系，既依靠制度性规定来维护他们的合法劳动权益，又借助组织关怀机制去强化其职业安全感，从而形成政治要求和职业特性深度交融的权益保护网络。这一制度设计，能够精准地把控网络空间里个人价值实现与集体利益维护的辩证逻辑，既对“网红”党员在内容创作、品牌运营等方面的专业自主性予以认可，又通过组织生活制

〔1〕 参见操申斌：《改革开放以来党内法规制度建设的基本经验》，载《求实》2010 年第 11 期。

度来保障他们的政治参与权以及发展建议权，使党员主体地位在新型职业形态当中获得制度层面的认可。需要着重说明的是，权益保障机制运用组织赋权和制度支撑相融合的方式，把职业发展必需的知识产权保护、成果转化支持等诸多要素归入党员关怀体系。这既能够打消他们开展创新实践的种种顾虑，又能激发其运用媒介影响力服务公共事务的内在驱动力。这样的制度创新，顺利化解了传统管理模式和新兴职业诉求之间的结构性矛盾。通过制定有差异但并非特殊化的权益保障标准，既防止将“网红”党员简单视作普通自媒体从业者，又避免其因为身份特殊而出现权力膨胀的情况，最终实现职业发展需求与党员义务履行的动态平衡。

2. 构建个人信息安全堡垒，抵御数字风险

在如今数字化时代的大背景之下，个人数据已然成为一种具有基础性特质的数据资源，其内部蕴含着颇为可观的经济价值。[1] 党内法规特意创设出预防性的保护范式，从而为身处数字时代的“网红”党员筑牢个人信息安全方面坚实的屏障。在数据要素深度且广泛融入公共生活的这样一种技术环境当中，为这些“网红”党员们提供能够有效应对隐私泄露、算法歧视等一系列新型风险的制度层面的解决方案。相较于普通的网民而言，“网红”党员因为自身身份可见性以及内容传播力这两者叠加起来所产生的作用，所以就更容易变成数据爬取、深度伪造等各类技术被滥用行为针对的高危目标。像这样的一些风险，不仅对个体拥有的权益构成了实实在在的威胁，还有可能通过身份关联产生的效应，对党的形象以及公信力造成损害。党内法规在这个过程当中充分彰显出其具备前瞻性的治理智慧，既没有陷入那种所谓“技术决定论”的只能被动应对的泥沼，也没有停留在只是进行原则性倡导的那种较为抽象的层面之上，而是通过精心构建分级保护、动态响应的安全框架，把个人信息保护提升到政治纪律保障这样极为关键的高度之上。其功能得以实现的路径具体体现在具有双重向度的制度设计方面：一方面，是将关于数据采集、存储以及使用的合规性方面的要求，巧妙地融入“网红”党员的网络行为准则，通过让技术伦理和组织纪律实现融合规制的方式来压缩数字侵

[1] 参见袁康、刘羿鸣：《个人数据主体收益权的理论迷思与制度选择》，载《学习与实践》2024 年第 8 期。

权行为发生的空间；另一方面，则是建立起风险预警以及应急干预的相关机制，运用组织化的手段去对抗技术异化带来的去人格化的威胁。这种安全堡垒从更深层次来讲，意义就在于重新构建“网红”党员数字化生存的底层逻辑，使他们在发挥自身网络影响力的整个进程当中，既能够充分释放数据要素具有的赋能价值，又能够切实有效地规避“数字裸奔”导致的身份消解方面的危机，最终达成技术工具理性和政党价值理性的辩证统一的状态。

（二）强化支持助力体系，激发“网红”党员内在活力

党内法规着手构建契合新媒体传播规律的支持体系，以此为“网红”党员发挥其作用不断注入动能，在规范管理以及活力激发这二者之间，逐步形成一种良性的互动机制，使党员在网络空间达成政治功能时，一方面会受到纪律方面的约束，另一方面又能够获取发展赋予的能量。在面对网络生态当中存在的资源错配以及信息孤岛这样的现实挑战之际，党内法规起到的助力作用，一方面体现为针对发展资源展开战略性的统筹安排，另一方面则表现为对信息交互实施体系性的优化举措，通过对资源加以整合以及让信息实现融通这两条路径，形成能够激发党员创新潜能和政治自觉的制度方面的环境，促使他们在履行传播意识形态这一使命以及提升个人专业素养这两个不同维度上，达成协同发展的良好态势。

1. 统筹资源调配：为“网红”党员配备充足的发展资源

党内法规着手构建起关于资源整合以及优化配置的顶层设计方案，从而为身处虚实交织传播生态环境里的“网红”党员搭建起具备制度化特点的支持框架。凭借这一框架，“网红”党员一方面能够依靠组织资源来强化自身在网络方面的履职能力，另一方面还能够有效避免因为走个体化发展路径而出现的资源耗散以及价值偏移等一系列问题。“网红”党员在网络空间当中属于那种既肩负着政治使命又有传播效能的主体，他们常常会碰到传统党建资源供给模式和新媒体时代需求不相匹配、彼此脱节的矛盾困境。在内容创作层面，他们需要有专业化的技术给予支撑；在舆情应对方面，他们得依赖精准化的数据支持；在价值传播这件事上，他们要求能有跨平台的资源实现协同配合，可是分散性、临时性的资源补给方式很难满足他们持续性开展网络履职工作的深层次需求。党内法规在这个时候就展现出了其在资源统筹方面的

战略性作用，通过明确资源分配的原则性导向，并且设立动态调整机制，对培训资源、平台资源以及政策资源展开系统性的整合操作。这样做既能够避免出现“撒胡椒面”式的低效配置情况，又能够防止资源过度集中引发的“头部效应”。这种资源调配机制从本质上讲，就是要把组织优势以一种创造性的方式转化到网络空间里面去，其核心在于借助制度性的安排，让资源供给在普惠性和精准性之间达成一种平衡。如此一来，“网红”党员既能获取到和自身传播影响力相匹配的资源支持，又不会因为过度依赖资源而使自主创新能力被弱化，尤其是在资本逻辑深深介入网络传播的大背景之下，党内法规通过让资源赋能实现规范化运作，实际上是构建起了一道能够抵御市场力量裹挟的“缓冲带”。这既能够确保“网红”党员在流量竞争当中始终坚守住价值定力，又能为他们创新表达方式、拓宽传播渠道注入可持续发展的动力与能量，最终达成组织资源赋能和个体价值创造之间的良性互动以及相互构建的良好局面。

2. 畅通信息交互：搭建“网红”党员专属信息互通桥梁

党内法规借助重新构建信息流动的立体化通道，助力“网红”党员解决网络时代下信息不对称这一治理难题。在面临信息过载以及算法遮蔽的双重难题之际，要建立起能让组织意图精准触达，且能使基层动态及时反馈的闭环系统。相较于传统党员，“网红”党员因为其网络活动具有的即时性特点，再加上传播效应呈现出裂变性特征，所以更加需要突破科层制信息传递在时空方面存在的局限。他们一方面得快速获取像政策解读、舆情预警这类关键信息，从而保持自身的政治敏锐度，另一方面还需要打造将网络社情民意转化成决策参考的制度化渠道。党内法规在这个过程中发挥着信息中介的枢纽作用，既没有陷入技术工具主义那种狭隘的范畴，也没有一味地固守单向度灌输的传统模式。而是通过构建起分级分类且权责清晰的信息交互体系，把信息流通效率提升到政治能力建设层面的重要高度。其作用机理在三个维度上有所创新：从信息内容维度来讲，通过建立起动态更新的“信息池”，达成政策精神与网络语境的适配转换；就传播路径维度而言，依靠组织化渠道和数字化工具的有机结合，破除信息孤岛效应；在反馈机制维度上，借助智能分析技术把碎片化的网络数据提炼为结构化的决策依据。这种信息交互系统有深层价值，那就是重塑“网红”党员在网络治理当中的主体性地位，让他们既能及时捕捉到意识形态领域的前沿动态，又能把基层群众的数字足迹转化为改进工作的实践指引，最终在信息双向流动的过程中实现政治引领力与网络影响力的同步共振。

（三）营造公平发展环境，释放“网红”党员群体潜能

党内法规凭借构建起公平性的制度框架，为“网红”党员群体营造出良好的发展生态，在规范加以约束以及激发活力二者之间成功构建起了一种动态平衡的机制，能让党员于网络空间实现自身价值之际，一方面能够接受纪律方面的指引，另一方面还可获取到成长方面的赋能。当面对网络环境当中存在的机会不均等以及潜能受到抑制的结构性矛盾时，党内法规起到的保障作用，既在从制度层面确立公平竞争规则上有所体现，也在系统性地激发创新动能方面得以彰显，借助营造公平环境以及释放活力机制这双重作用，进而形成能够促进党员群体实现可持续发展以及促使政治功能得以高效转化的制度闭环，使他们在履行政治责任以及实现职业发展这两个不同维度上能够产生协同效应。

1. 优化“网红”党员群体规则保障体系

党内法规着重重塑制度供给和职业诉求两者间的适配关系，从而为“网红”党员群体精心搭建起一个有规范弹性以及发展张力的规则保障体系。这一颇具创新性的制度安排，化解了传统治理模式同数字职业特性之间存在的结构性矛盾，并且为处在新型传播场域下的党员管理提供了能实现价值平衡的支撑点。在网络空间呈现出虚实融合这种传播生态的大背景之下，“网红”党员既要严格遵守与政治身份相对应的纪律方面的要求，又要妥善应对内容生产规律以及流量竞争带来的诸多压力。他们的职业实践往往处于公共属性和市场逻辑相互交织的区域，而这种身份具有的双重性，就决定了制度设计不能局限在简单的是非评判框架之内。党内法规凭借着构建差异化的权利义务配置机制，在稳固住党性原则核心地位的基础之上，为“网红”党员群体开拓出了特色化的发展路径。这一制度的精妙所在，就是把职业伦理要求成功转化成切实可行的行为准则。从一方面来讲，明确禁止利用党员身份去谋取不当的利益；从另一方面来讲，借助正向引导机制，激励他们充分发挥自身的专业优势来传播主流价值。该规则体系通过在政治底线和创新空间之间

划定能够达成动态平衡的范围，既防止把“网红”党员的媒介实践和一般党员的组织生活不加区分地混为一谈，又杜绝其因为职业的特殊性而逃避基本的党性要求。特别要指出的是，制度设计自始至终都秉持着权利和义务相统一的治理理念。一方面，依靠知识产权保护条款，维护“网红”党员合法的创作权益；另一方面，设立内容审核前置程序，强化政治把关的作用。这样的双向调节机制，有效地化解了职业自主性和政治纪律性之间可能产生的矛盾冲突。规则保障体系的不断优化，从本质上来说就是搭建起了新型职业形态和政党治理要求相互对接的平台。通过建立起职业行为负面清单和正向激励清单的互补机制，既明确划定了不可触碰的政治红线，又为创造性转化主流价值预留出了相应的制度空间，这就使“网红”党员既能依照内容生产规律去实现自身的职业发展，又能借助组织给予的支持来提升传播的效能。

2. 激活“网红”党员干事创业新动能

党内法规对创新动能予以制度层面的激发,[1] 本质是构建起网络政治传播方面的“活力释放系统”。党内法规借助创设激励相容的制度环境，给“网红”党员在开拓网络意识形态阵地的过程当中，注入能够持续下去的创造活力。如此一来，“网红”党员一方面可以依托组织给予的支持，突破个体化创新时碰到的资源瓶颈难题，另一方面还能够有效规避因为过度自由化而产生的价值观漂移方面的风险。相较于传统党建模式里那种相对固化的作用发挥路径来讲，“网红”党员在网络空间履行职责的效能，更加依靠内容生产持续不断地创新以及传播方式动态的调适。这种特性就使制度设计务必要兼顾规范边界划定以及创新空间预留这两方面的诉求。党内法规在这个过程当中，展现出激活内生动力的赋能作用，既没有陷入“为了创新而刻意去创新”的形式主义误区，也没有一味地固守“把风险规避放在优先位置”的保守主义倾向，而是通过建立容错机制和正向激励相互结合的弹性框架，把“网红”党员的创造力引导到能够提升主流价值传播效能的正确轨道之上。其作用机理在三重维度的制度创新上有所体现：从动力激发这个层面来看，通过对荣誉体系和职业发展通道进行关联设计，将网络履职取得的成果转化成可以量化的政治资本积累；在能力提升层面上，构建起常态化培训以及跨界交流的

〔1〕 参见赵晓强：《党内法规激励功能探析》，载《长白学刊》2020 年第 4 期。

机制，推动传统党建经验和新媒体传播规律实现深度的融合；在价值认同层面，建立起组织背书和个体品牌建设联动的模式，强化“网红”党员在网络舆论场里的权威性以及感染力。这种新动能激活体系最为根本的价值就在于重新构建政党政治优势和网络传播规律之间的互动关系，让“网红”党员既能够充分施展其连接青年群体、创新话语表达的特殊优势，又始终能把创新实践放在组织目标的统领之下，最终在守正创新的辩证运动当中，达成个体潜能释放和政党形象塑造协同共进的良好局面。

第五章
健全规制“网红”党员作用发挥的党内法规制度体系

第一节　完善“网红”党员信息传播管理规定

数字技术促使信息传播渠道由单一的形式朝着“网络立体化”的方向发生转变，信息传播主体也从原本的“中心化”逐步转变为“分散化”，与此同时，信息传播环境更是从“真实化”过渡到了“拟态化”，如此一来，信息传播领域便出现了“混沌”以及“失序”的现象。[1]“网红”党员属于网络意识形态传播方面较为特殊的主体，在算法赋权与圈层传播产生叠加效应的情形下，其既有可能充当主流价值传播的“扩音器”角色，也存在异化成为非主流思潮渗透的“突破口”的可能性。这种身份呈现出的二重性是由党员政治责任和网络传播规律之间存在的结构性张力引发的，一旦商业逻辑超越了党性原则，就极易使传播内容出现诸如以娱乐化的方式消解严肃议题、通过碎片化的呈现割裂理论体系等价值偏移的情况。完善“网红”党员信息管理规定显得极为紧迫，要加快构建起一个能够适配网络传播特性的制度框架，借助明确信息传播的政治标准以及技术规范等手段，把“网红”党员的自发传播行为归入组织化引导的轨道，既能够确保“网红”党员在新媒体领域当中保持创新活力，又借助数字痕迹管理来强化对传播责任的追溯，让流量经济规律能够服务于政治传播效能，最终达成在网络意识形态安全以及党员队伍先进性这两个维度上的制度性保障。

---

〔1〕参见高昶：《数字化时代网络信息传播秩序重构的内在逻辑与行动策略》，载《南京邮电大学学报（社会科学版）》2023年第6期。

一、健全传播内容管理规定

在互联网营造的环境之中，传播的内容展现出了多元化的态势，这里面涵盖了文字、图片、音频以及视频等诸多不同的形式。面对如此海量且异构的数据，传统的那些处理方法着实难以应对。[1]“网红”党员在网络意识形态传播的整个过程里属于极为关键的节点，在流量经济产生的驱动力以及政治责任提出的要求这两者形成的张力影响之下，传播内容出现失范风险的情况呈现出了隐蔽化以及复杂化的特征。要建构有关传播内容的管理规定，当下迫切需要破解在传统党员教育标准和新媒体传播规律之间存在的结构性矛盾，具体可以通过制定关于政治安全的审查标准、建立起针对内容的动态评估机制、明确多模态信息传播应遵循的规范等举措，来形成能够与网络语境相适配的制度方面的供给。该规定一方面得设定禁止传播的负面清单，从而筑牢政治方面的底线；另一方面还应当构建起正向引导激励的机制，以此推动主流价值实现创新表达，进而让“网红”党员的传播行为在遵循党性原则的基础之上，能够实现传播效能的最大化，最终促使网络意识形态安全和党员先进性达成制度性的统一。

（一）传播内容的政治导向规范

新闻舆论是国家用以宣扬主流意识形态的一种宣传途径，具备鲜明的政治特性。[2]网络意识形态传播所处的复杂生态，与“网红”党员拥有的政治身份属性相互叠加起来，如此一来，传播内容的政治导向方面的问题便成了影响党的理论武装实际成效的一个极为关键的因素。构建起政治导向规范体系，既是维护党的意识形态领导权的一种制度层面的保障，又是规范党员网络行为的一项基础性工程，借助法治手段来保证传播内容始终能够沿着正确的政治方向推进运行。

---

〔1〕 参见陈秀娟、张志强：《论传播信息学及其进展》，载《图书情报工作》2022 年第 21 期。

〔2〕 参见李景山、程早霞：《新闻舆论政治导向的建构》，载《中国出版》2017 年第 11 期。

1. 建构理论阐释标准化体系，筑牢政治传播根基

就“网红”党员理论传播里呈现出的碎片化以及浅表化问题而言，需构建起政治话语转换的标准化机制。其中最为关键的举措便是制定“党的创新理论网络阐释指南”，把重大理论概念的标准表述框架给明确下来，同时对政策要点的阐释边界以及案例分析尺度加以明确。要求“网红”党员在着手制作并传播相关内容之前，先完成理论素养认证考试，只有通过了该考试，才能够获取特定主题的传播资质。这样的一种准入机制，一方面保障了理论传播具备应有的专业性，另一方面通过设置知识门槛，能够对非专业解读的风险起到过滤的作用。与之配套的一项关键措施则是开发智能语义校对系统，把党的理论体系核心要义转化成算法规则库，针对“网红”党员传播的内容展开实时的语义分析。一旦检测到关键概念的表述出现偏差，又或者是逻辑结构存在缺陷，就会自动触发修正建议，并且生成关于政治导向健康度的评估报告。这种借助技术来进行治理的手段，不但弥补了人工审核在时效性方面存在的短板，而且能把抽象的政治标准转化为具有操作性的技术参数，使理论传播能够在坚守正道、不断创新的过程中，进一步增强思想引领的能力。

2. 实施政治立场负面清单制度，划清传播禁区边界

为了防范“网红”党员在传播活动中出现政治立场偏移的风险，有必要建立一套带有强制约束力的禁止性规范体系。首先要做的规范工作就是制定“网络传播政治安全负面清单”，在这份清单里，需明确地把历史虚无主义叙事、西方宪政话语陷阱、泛娱乐化政治解构等都列入禁止传播的范畴之中。并且要求“网红”党员在进行内容生产时，对照这份清单来展开自查工作，同时要形成自查承诺书，而且让自查承诺书和传播内容同步完成备案。其核心的配套措施则是构建起跨平台协同处置机制，当监测系统察觉到“网红”党员传播的内容涉及清单里禁止的事项时，要马上启动“内容下架—账号限流—组织约谈”这样的三级响应程序，并且借助区块链技术来固定违规证据链，进而达成党纪处分和平台处置同步联动的效果。该机制通过技术赋予的能力强化制度具有的威慑力，不但防止打擦边球式的政治风险进一步扩散开来，而且维护网络意识形态斗争所应有的法治化秩序，从而使“网红”党员的传播行为始终都能够在制度设定的轨道范围之内正常运行。

（二）传播内容的真实性要求

网络信息传播有即时性这样的特征，[1] 这就致使“网红”党员传播内容的真实性变成了影响政治公信力极为关键的要素。在注意力经济起到驱动作用的情况下，部分“网红”党员为了追求传播方面的热度，出现了诸如轻信网络上的传言、对二手信息进行加工等行为失范的情况。这种真实性有所缺失的状况，不但会对主流传播的权威性起到削弱的作用，而且有可能引发次生舆情方面的风险。构建起能够保障真实性的机制，这既是维护党的政治信誉所需要的制度防线，又是对网络信息生态加以规范的必然要作出的选择，可通过强化真实信息的传播来促使辟谣成本降低，[2] 还能依靠法治手段保证“网红”党员传播的内容经得起事实以及历史的双重检验。

1. 构建溯源存证体系，强化信息源头治理

对于“网红”党员信息采集环节出现的核查惰性这一情况，应当构建起全链条溯源管理机制。其中关键的做法是开发区块链信息溯源系统，让“网红”党员在对热点事件进行传播、开展政策解读等相关内容之前，务必要把信息源头的原始链接、权威信函这类证明材料上传到党务存证平台之上，只有智能合约对信息源的可信度完成验证之后，才能够进入传播的流程。与之相配套的重要举措则是创建媒体信源评级数据库，把党政机关官网、主流媒体平台等权威信源的特征码加以整合，要是“网红”党员引用的信源并未被该数据库收录，就会自动开启人工复核程序，进而形成“机器筛查 + 组织审核”这样的双重过滤机制。这种从源头展开治理的模式不但提升了信息核查具有的专业化程度，而且通过技术赋能把政治纪律转变成为能够实际操作的验证标准，使“网红”党员的传播行为自始至终都建立在事实的基础之上。

---

〔1〕参见邱均平、苏金燕、牛培源：《网络信息传播特点及其对和谐社会建设的积极影响》，载《山东社会科学》2008 年第 5 期。

〔2〕参见臧雷振、盖建泽：《信息传播中的信念与行动：机制解释的意义化建构》，载《东南学术》2024 年第 4 期。

2. 建立动态纠偏机制，完善信息修复体系

不实信息有传播速度较快、传播范围宽泛以及衍生出诸多话题这样的特性，[1] 在其传播开来之后，特别容易致使次生风险扩散。要想破解这一难题，就得构建起能够快速作出反应的纠错制度。首先要有的规范就是制定"网络传播内容动态核查规程"，要让"网红"党员建立起针对传播内容生命周期的管理制度，针对热点议题类的信息，需要设置事实核查的周期节点，一旦有新的权威信息出现，就必须启动内容更新的程序，对已经传播出去的内容展开补充标注或者修订说明的操作。其核心的配套措施便是建立信用修复激励机制，对于那些能够主动发现并且修正错误信息的"网红"党员，要在他们的电子档案中标记下诚信记录，并且在平台流量推荐方面给予一定的政策倾斜，而要是有隐瞒不报的情况，就得对其实施信用降级的处理，并且限制其传播的权限。该制度借助利益方面的调节来引导自律行为，既维护了信息传播应有的严肃性，又构建起了容错纠错的良性机制，从而使真实性方面的要求能够从被动的约束转变成为主动的追求。

（三）传播内容的价值取向约束

价值的传播对于媒体而言，堪称其生命所在以及灵魂所系。[2] 网络空间的价值生态呈现出多元博弈的特点，正因如此，"网红"党员在进行传播时，便面临着主流价值引领方面和亚文化侵蚀方面形成的结构性矛盾。其传播内容的价值取向，一方面有可能会成为社会主义核心价值观得以传播的载体，另一方面也有可能出现异化，沦为非主流价值观扩散的渠道。构建一套关于价值取向的约束规范体系，既是在巩固意识形态阵地方面作出的制度性安排，又是针对引导网络文化健康发展而开展的治理创新举措，借助法治化的手段来保证"网红"党员传播的内容自始至终都能够承载着正向的价值能量。

1. 实施三重交叉核验制度，筑牢传播底线

在新媒体所处的时代当中，媒体务必要牢牢坚守信息传播方面的底

---

〔1〕 参见江成、申洁、朱建明：《"回音室"效应下社会化媒体不实信息传播的意见领袖群组识别与分析研究》，载《管理评论》2024 年第 3 期。

〔2〕 参见陈红玉：《基于内容的价值传播仍是关键》，载《青年记者》2015 年第 25 期。

线。[1] 然而，像人工智能这类新兴的技术，在新闻传媒产业里不断地被运用起来，并且逐步地渗入其中，甚至嵌入相关环节，如此一来，便有可能致使传统的新闻价值出现断裂的情况。[2] 就“网红”党员开展的传播活动来讲，其中潜藏着价值异化方面的风险，针对这一状况，需构建起边界清晰明确的禁止性规范框架。其核心的举措在于，要求“网红”党员在开展内容生产这个环节的时候，完成三重交叉核验工作，也就是要对政治立场展开审查，对价值导向实施评估，还要对文化影响加以预判，并且要形成核验报告，让其与传播内容同步备案。与之相配套的关键措施则是开发智能价值评估系统，把社会主义核心价值观的核心要素转化成为算法模型，进而针对“网红”党员的传播内容展开情感倾向的分析、隐喻符号的解码以及价值立场的识别等工作，一旦检测到存在价值偏差风险，便会自动触发内容拦截以及人工复核相关的程序。这样的一种技术治理路径，不但能够克服传统人工审查具有的滞后性弊端，而且能把抽象的价值标准转化成为可以实际执行的数字规则，从而促使价值安全防线往前推移到传播活动的初始环节。

2. 构建文化传承正向引导机制，激发创新活力

若要突破主流文化传播过程里出现的刻板化、程式化困局，就得建立起能促使文化价值转化的激励机制。首要的规范举措是创建一个红色文化数字资源库，把革命文物的三维影像、先进典型的全息素材以及传统文化创新案例等诸多优质资源加以整合，从而为“网红”党员们备好能够即时取用的合规创作素材包。与此同时，还要设立专门的文化创新专项基金，针对那些运用虚拟现实、元宇宙技术来传播红色文化的优质项目给予相应的资源扶持。其核心的配套措施便是实施文化传播效果积分制，构建起一个包含理论深度、艺术表现、传播广度以及受众反馈等多维度的评价体系，对在积分方面领先的“网红”党员授予“文化传播先锋”数字徽章，并且在平台流量推荐以及线下评优评先等方面给予一定的政策倾斜。这样的制度设计能够把文化传承的义务转化成可以直观看到的行为指标，既能激发创作主体自身内在的动力，又能构建起一个让价值引领与创新表达达成平衡的机制，使主流文化传播既

〔1〕 参见王石萍：《新媒体时代媒体需坚守信息传播底线》，载《青年记者》2016年第23期。
〔2〕 参见宋扬、洛志：《论数据主义下的新闻价值异化》，载《青年记者》2023年第3期。

能维持住应有的政治高度，又能具备网络特有的温度。

二、健全传播渠道管理规定

不同的传播渠道均会对信息传播的总体成效产生影响。[1] 当“网红”党员凭借多样的传播途径开展信息的扩散活动时，他们对于传播渠道的选择以及具体的使用方式，一方面能够展现出在政治传播方面具备的阵地意识，另一方面也极有可能变成意识形态风险得以传导的介质。鉴于这种渠道属性呈现出的二重特性，党内法规务必要构建起一套与网络传播规律相适配的渠道管理机制。具体而言，要通过设立平台准入的负面清单，设定针对重点渠道的动态监测体系，明确在跨平台传播过程中责任追溯的相关规则等举措，进而形成一个涵盖“渠道筛选—使用规范—效果评估”这一完整流程的治理架构。

（一）传播平台选择规范

网络传播平台在意识形态属性方面存在差异，这和“网红”党员肩负的政治责任之间形成了一种张力，如此一来，平台选择行为就变成了影响主流价值传播效能的一个极为关键的变量。在平台资本逻辑以及算法推荐机制这两方面的共同作用之下，如果“网红”党员只是一味地去盲目追逐流量热点，进而选择传播阵地，那么很可能使意识形态安全防线出现结构性的漏洞。构建一个关于平台选择的规范体系，一方面是维护网络空间政治安全的一种制度层面的屏障，另一方面也是优化主流价值传播渠道的一项战略层面的举措，要借助法治手段来保证“网红”党员的传播活动始终处在能够被有效控制的阵地范围之内。

1. 实施平台准入清单管理制度

在“网红”党员进行平台选择时，存在随意性的倾向，所以有必要建立起以意识形态为导向的准入评估机制。核心的做法就是创建一个关于主流传播平台的白名单数据库，把那些经过网信部门安全认证，且具备正能量传播

〔1〕参见臧雷振、张一凡：《信息传播渠道差异与重大公共政策知晓——以单独二孩政策知晓情况为例》，载《学习与探索》2019 年第 7 期。

属性的平台特征码都整合起来。要求“网红”党员在发布信息的时候，优先选择处在白名单里的平台。要是打算利用新兴平台来开展传播方面的活动，就必须提前提交关于该平台运营资质的审查报告以及传播风险评估的预案，只有经过上级宣传部门审核并备案之后，才能够实施相关的活动。与之相配套的关键措施就是开发一个能够对平台意识形态健康度进行动态评估的系统，运用大数据技术来实时监测处在白名单里的平台内容生态发生的变化，一旦发现有平台出现了诸如价值观偏移、审核机制弱化等问题，就要及时启动让其退出的程序，同时还要向“网红”党员推送关于平台风险的预警信息，从而形成一个准入与退出的动态管理闭环。这种技术治理的模式不但能够适应网络平台生态具有的流动性特征，而且可以把阵地管理意识转化成能够实际操作的制度规范，进而使平台选择成为在意识形态斗争方面的前沿防线。

2. 构建禁止性平台负面清单

为防范“网红”党员因误入问题平台而引发政治风险，有必要构建具备强制效力的禁止性规范体系。首先要制定“网络传播平台禁止使用目录”，清晰地把那些依法应被取缔的非法平台、存有历史虚无主义内容传播记录的争议平台，还有服务器设于境外且带有反华背景的高危平台，纳入禁止使用的范畴。同时，要让“网红”党员定期核查其传播账号所在平台的合规状况，对于已经入驻禁止类平台的账号，得实施限期迁移或者主动注销的举措。与之相配套的核心措施则是建立跨平台行为监测机制，借助社会网络分析技术来绘制“网红”党员账号的跨平台关联图谱，一旦检测到有禁止类平台的使用痕迹，便自动触发纪律审查程序，并且依据违规情节的轻重，采取诸如约谈整改、权限限制等有梯度的处置措施。该机制凭借技术赋予的能力，达成对违规行为的精准识别以及快速处置，既能够维护党内法规的庄重性，又可以构建起针对平台选择行为的全过程监管链条，从而让“网红”党员在多元的平台生态当中始终维持政治上的清醒状态。

（二）多渠道传播协调规则

网络传播生态有碎片化的特征，[1] 这和“网红”党员政治责任要求的一

---

〔1〕 参见刘剑敏、李润权：《论网络的碎片化特征》，载《新闻爱好者》2011 年第 18 期。

体化之间形成了一种结构性的张力。在其跨平台的传播实践里，存在诸如价值被稀释、话语失焦这类问题，这些情况很可能会消解主流意识形态传播具备的整体效能。在算法推荐机制以及圈层传播规律这两方面的共同作用之下，不同传播渠道的受众在认知方面存在差异，对于内容适配也有相应需求，这就对“网红”党员传播行为的协同性提出了更高的治理方面的要求。建构起多渠道传播协调规则体系，一方面是维护党的理论传播完整性的一种制度保障，另一方面也是提升网络意识形态斗争精准度的必然之选，要通过法治手段来让传播矩阵达成协同共振的效应。

1. 构建传播矩阵协同机制，确保价值输出同频共振

在网络高度发达的智能时代，传统媒体与新媒体深度融合形成的融媒体矩阵，实际上构建起了“报＋网＋端＋微”这般多种形式、多个平台且呈立体化的信息发布矩阵。[1] 就“网红”党员跨平台传播当中存在叙事出现偏差的风险而言，得建立起能保障全渠道内容一致性的体系。其核心的举措便是开发传播内容数字指纹系统，要把党的理论核心要点、政策表述关键之处转化为能够被识别的特征码，并且要求“网红”党员在不同平台发布内容之前通过该系统来进行政治一致性的核验，一旦检测到存在重大表述差异，就自动触发修正指令，同时生成修订日志以备查看。关键的配套措施则是建立跨平台传播效果评估模型，对各渠道的受众反馈数据以及传播影响力指标加以整合，定期生成关于传播协同度的分析报告，针对那些存在明显价值偏离情况的“网红”党员，启动专项的政治培训程序。这种机制凭借量化评估来强化传播主体的责任意识，使多渠道传播既能形成声量叠加的效应，又能维持价值输出的一致性，进而实现政治传播从单纯物理叠加到产生化学融合般质变的过程。

2. 实施传播策略弹性适配机制，提升精准触达效能

要破解传播渠道特性以及受众需求存在差异引发的内容适配方面的难题，就得建立起有差异化的传播策略调整方面的规范。首先要做的规范之事便是创建针对分众传播策略的知识库，按照政务新媒体、短视频平台、知识社区

[1] 参见徐玲：《媒介信任度提升视角下的融媒体矩阵传播协同效应优化》，载《湖北社会科学》2024 年第 9 期。

等这些各不相同的传播场域各自的特征，制定出包含话语转换指南、视觉表达模板、互动应答范例等内容的标准化工具包，规定“网红”党员在开展跨平台传播工作的时候，一定要调用适配的工具来进行内容的转换操作。其核心的配套措施是开发智能传播策略优化系统，运用机器学习技术去分析各个平台的传播数据，实时生成关于内容形式调整的相关建议，比如把理论文章转变成信息图谱，或者将政策解读重新构建为情景剧脚本等，同时还要设置政治安全过滤层，以此确保在改编的时候不会出现逾越规矩的情况。这样的技术赋能机制既能释放“网红”党员的创新活力，又能依靠算法护栏来防范在改编过程当中可能出现的价值损耗问题，从而让主流意识形态的传播既能维持住政治方面的定力，又能富有网络具有的独特魅力。

（三）传播渠道安全保障

计算机的脆弱性可以说在各个地方都有所体现。[1] 网络传播渠道存在技术方面的脆弱性，而这和意识形态安全方面的需求又存在矛盾，如此一来，“网红”党员账号的安全管理便面临着非传统安全的威胁。在数据可能泄露、存在深度伪造等技术风险，且这些技术风险和意识形态渗透相互交织的复杂环境当中，传播渠道存在的安全漏洞是很有可能演变成政治风险传导介质的。构建渠道安全保障规范体系，一方面是在维护网络空间主权安全上构建起制度方面的屏障，另一方面也是在防范技术风险政治化上进行的治理创新，借助法治手段把技术防护方面的要求转化成党员的行为准则。

1. 构建技术防护体系，筑牢账号安全屏障

就“网红”党员账号面临的盗用及篡改风险而言，有必要构建起多维度的安全防护机制。其中最为核心的举措便是开发一套依托于区块链的账号操作存证系统，借助分布式节点来存储登录设备的指纹信息、生物特征识别相关数据以及操作行为日志等内容。一旦出现任何非常规的操作情况，便会触发多模态身份验证机制，并且能将异常行为实时同步到党组织的监督终端。而关键的配套措施是施行账号权限动态分级制度，按照“网红”党员的职务层级以及传播影响力的不同，划定出存在差异的数据访问权限以及功能操作

〔1〕 参见邢栩嘉、林闯、蒋屹新：《计算机系统脆弱性评估研究》，载《计算机学报》2004年第1期。

范围，对于那些涉及重大政策解读的账号，还要额外增设组织二次授权验证这一层级。这样的技术治理模式一方面能够防范技术方面的漏洞传导至政治领域，另一方面通过权限的隔离也可降低系统性的安全风险，进而让账号管理既契合技术方面的规律，又能遵循政治方面的逻辑。

2. 完善应急处置机制，提升风险管控效能

要破解安全事件处置过程里响应滞后以及责任模糊的难题，就得构建起全链条的应急管理体系。首要的规范在于建立起三级联动的响应机制，依据事件的不同性质来设定有差异的处置流程：针对常规技术故障，要启动自动修复程序，同时生成电子日志；要是遇到敏感信息泄露事件，那就触发纪检监察介入的机制；对于涉及境外攻击的特别事件，则激活国家安全部门协同进行处置。其核心的配套措施是开发安全事件区块链存证平台，要求“网红”党员在事发之后马上上传诸如攻击痕迹、数据副本等电子证据，系统会自动生成无法抵赖的证据链，并且同步到责任部门，从而为溯源追责提供技术方面的支撑。这样的制度设计能够把技术优势转变成为治理效能，既对应急处置流程加以规范，又构建起从风险预警一直到问责整改的完整闭环，让安全治理既具备法治的刚性，又拥有实践的弹性。

三、健全传播行为过程管理规定

“网红”党员于信息传播期间，其行为轨迹呈现出动态性、具备交互性且具有不可逆性的特点。他们的传播行为，一方面有可能加快主流价值的扩散速度，另一方面也存在放大意识形态风险的可能。传播过程本身的复杂性使党内法规有必要构建起一个能对“信息生产、传播扩散以及效果反馈”这一整个链条都进行行为监管的体系。具体而言，要通过建立起针对全周期行为的追踪机制、制定即时纠偏的相关规则以及明确多个主体协同承担的责任等举措，形成一个与网络传播特性适配的过程性治理框架。该规定需要破解传统静态监管和动态传播之间存在的时空错位这一矛盾，借助区块链技术来实现对传播行为进行不可篡改的存证操作，[1] 运用智能算法去搭建风险行为的

---

〔1〕 参见王晰巍、李玥琪等：《区块链环境下网络舆情传播影响因素模型研究》，载《现代情报》2023 年第 4 期。

预警模型，从而让“网红”党员的各个传播节点都处在制度的监控范围之内，在保障政治安全底线的同时，还能够释放出创新传播的活力，最终达成传播效能与行为规范在制度层面上的平衡。

（一）传播前准备工作规范

网络传播具有的即时效应以及政治风险呈现出的滞后性这两方面特点，使在进行传播之前做好相关准备工作，已然成为影响“网红”党员传播效能以及传播安全最为关键的要素。在当下流量竞争越发激烈的传播生态环境当中，部分“网红”党员在策划相关传播活动的时候，做得比较粗放，而且缺乏对可能出现风险的预判能力，如此一来，便极有可能致使在传播主流价值的时候，只能被动地应对随时可能出现的舆情状况。而构建起一套完善的传播前准备规范体系，既是提升政治传播科学性的一种有效的制度层面的保障措施，又是针对防范网络意识形态风险开展的一种治理方面的创新举措，借助程序性的规制手段，能够将传播行为很好地纳入可以控制的轨道。

1. 构建智能策划系统，规范传播决策流程

对于“网红”党员在传播策划方面存在的随意性以及碎片化的倾向状况，有必要构建起一套系统化的内容生产指导机制。其最为核心的点在于开发出传播策略智能生成系统，此系统要把党的理论政策库、历史传播案例库以及受众画像模型都整合起来，通过算法展开推演，进而能够自动生成涵盖政治导向、形式创新以及传播节奏规划等方面的策略方案。并且要求“网红”党员在开展重大主题传播之前完成系统的推演操作，同时提交关于政治性、传播性、安全性这三个维度的评估报告。与之相配套的关键举措是建立起传播计划动态追踪机制，要在党务区块链平台上搭建起传播任务的时间轴，对策划执行的进度节点作好标记，一旦实际传播情况和备案方案出现重大的偏离，就能够自动发出预警，并且启动组织层面的干预措施。这一整套制度凭借技术赋予的能量来强化对过程的把控，从而保障传播策划的严肃性，同时也为创新预留出一定的弹性空间。

2. 建立风险评估矩阵，完善舆情预警机制

要破除传播风险预判存在主观、片面的难题，就得构建起科学化的评估

体系。首先要做的规范之事便是创建政治传播风险智能评估平台，把自然语言处理技术、情感计算技术以及社会网络分析技术整合到一起，构建起涵盖意识形态安全、文化价值冲突、群体认知差异等诸多维度的风险评估模型，要求“网红”党员在传播之前上传准备发布的内容，如此一来系统便能自动生成风险热力图以及应对策略建议书。其核心的配套举措是制定动态预案库的更新规则，依据历史舆情以及传播案例来建立预案模板库，要求“网红”党员结合自身的传播任务来对其进行定制修改，从而形成“基础模板 + 个性调整”这样的预案架构，并且利用虚拟现实技术开展危机处置模拟演练。这一制度凭借知识的沉淀以及能力的训练，来强化应对风险的实战能力，构建起从预案制定一直到效能评估的完整闭环，使传播准备工作从仅仅满足形式上的合规转变为达到实质上的有效。

（二）传播中的互动行为准则

网络互动所处的场域具有即时性且难以把控的特点，正因如此，党员在网络上的互动行为务必要加以规范。[1]“网红”党员在进行在线交流的时候，面临着政治纪律方面的约束以及传播效能如何提升这两方面的考验。他们身为意识形态传播的主体以及网络意见领域方面的人物，在互动过程当中需要充分展现出党员具备的先进性，以此来应对复杂多样的舆情状况。构建一套关于互动行为准则的体系，这既是在规范网络政治行为方面作出的制度层面创新之举，又是在提升意识形态斗争主动性方面采取的战略层面的有力举措，借助法治的力量把互动过程转化成为主流价值得以传播的延伸场域。

1. 构建智能互动辅助系统，规范言论表达边界

面对“网红”党员在互动过程中存在情绪化回应的风险这一情况，有必要建设一种人机协同的言论治理机制。其核心在于开发一套政治语义实时监测系统，要把自然语言处理技术以及情感计算技术加以集成，从而能够即时对“网红”党员的评论回复在政治安全方面进行评估，当检测到出现主观臆断、过度承诺等非理性表达的时候，可自动给出修正的建议，并且生成关于

[1] 参见胡海燕：《新时代党员干部的规则意识教育》，载《社会科学家》2021 年第 5 期。

互动质量的评估报告。与之相配套的关键举措是建立一个互动案例教学库，这个教学库要收录那些典型的舆情应对范例以及失误带来的教训，要求“网红”党员定期开展虚拟现实情境下的模拟训练，通过人机对抗的方式来提升其政治敏锐性以及舆情引导的能力。借助这样的知识沉淀以及能力训练，强化互动的规范性，维持网络传播具有的亲和力，进而将政治纪律方面的要求切实转化为互动的相关技能。

2. 实施密级信息智能防护体系，筑牢安全防线

要破解互动场景下可能出现的泄密风险以及舆情危机的难题，就得构建起一套全链条的信息安全管控机制。首要的规范举措是创建一个能够对涉密信息进行智能过滤的系统，利用深度学习方面的相关技术着手建设党内机密数据的特征库，当“网红”党员在互动过程中涉及输入敏感字段的时候，要让系统可以自动地把相关内容屏蔽掉，同时还要针对可能存在的风险发出预警，并且要同步将加密之后的日志报给纪检监察部门进行备案。与之相配套的核心措施则是建立起针对恶意言论的分级处置流程，依照攻击言论的激烈程度以及传播的范围来设置差异化的应对方式：要是普通的质疑言论出现，那就通过自动回复知识库来推送相应的答案；倘若遇到群体性的攻击情况，那就触发跨平台的协同处置机制；而一旦有境外势力介入的恶性事件发生，就激活国家安全响应机制。通过这样的梯度式处置方式，能够维护好互动过程中的政治底线，防止次生舆情的出现，从而使“网红”党员在复杂的互动场景当中可以始终保持自身的政治定力。

（三）传播后的效果评估与反馈

网络传播呈现出的效果往往具有滞后性且颇为复杂，[1] 对于“网红”党员的传播行为而言，有必要建立一套科学合理的效果评估以及反馈机制。互联网传播实际上已然彻底改变了大众传播原本的线性模式，摇身一变成为极具典型性的动态、开放且非线性传播的混沌系统，[2] 如此一来，传统那种依

---

〔1〕 参见赵洪涌、朱霖河：《社交网络中谣言传播动力学研究》，载《南京航空航天大学学报》2015年第3期。

〔2〕 参见陈力丹：《互联网的非线性传播及对其的批判思维》，载《新闻记者》2017年第10期。

靠主观进行的评估方式很难精准地捕捉到意识形态传播方面的效能。构建起效果评估与反馈的规范体系，既是在提升政治传播科学性方面的一种制度层面的创新之举，又是实现对党员网络行为进行动态优化的一项治理工程，借助法治的力量能够将传播实践转化为既可以测量又能够加以改进的闭环系统。

1. 构建智能评估体系，实现传播效能可视化

就“网红”党员传播效果存在评估模糊且碎片化的情况而言，有必要建设一个多维度的评估分析框架。其核心在于开发政治传播智能评估系统，要把自然语言处理、社会网络分析以及情感计算技术加以集成，进而构建起包含意识形态渗透力、价值引导效度、文化传播深度等诸多维度的评估模型，如此一来能够自动生成传播效果的三维热力图以及改进建议书。与之相配套的关键举措是建立传播数据区块链存证平台，要求“网红”党员按规定定期上传在各个平台的传播数据包，之后系统会自动开展跨平台的数据清洗以及融合分析等工作，最终形成不可篡改的传播效能电子档案。这一制度凭借技术赋能来强化评估的客观性，既能为传播策略的优化提供数据方面的支持，又能为党员考核积累相应的依据，还能让效果评估成为政治纪律执行的一种技术载体。

2. 实施反馈闭环机制，促进传播能力迭代

想要破解评估结果应用形式以及存在的断层方面的难题，就需要构建起一套关于评估反馈的组织化应用体系。首先要做的规范之事便是创建一个党务反馈分析平台，在这个平台上设置传播质量红黄蓝三色预警机制，一旦遇到那些评估不达标的“网红”党员，平台就会自动地推送专门定制的培训课程，并且建立起整改任务时间轴来进行追踪。其核心的配套举措是建立典型案例复盘制度，挑选具有示范作用的正反案例，对它们进行全要素的拆解，进而形成包含传播策略、舆情应对以及技术应用等内容的复盘报告库，同时要求“网红”党员定期将自身与之进行对比学习，并且提交相应的改进方案。此制度通过知识的沉淀以及经验的共享来激活评估结果的应用价值，构建起一条从个体经验朝着集体智慧进行转化的通道，使效果反馈能够成为传播能力进阶的阶梯。

第二节　完善“网红”党员形象管理规定

政党形象是政党于执政实践期间践行其理念、宗旨，进而将自身性质予以展示，由此塑造出来的政党本质之外化形象。我们党向来极为看重政党形象，持续不断地塑造崭新且良好的政党形象。[1]“网红”党员作为网络意识形态传播方面的特殊载体，其个体形象与党组织形象产生的耦合效应在数字化场景下呈现出颇为复杂的二重性特点。基于身份特质而言，党员形象在网络中的建构既有可能成为主流价值传播的具象化符号，也存在异化成为政治信任危机传导中介的可能性。当下，“网红”党员形象管理方面存在诸如公私边界不够清晰、职业行为出现失范等诸多问题，这也暴露出传统党员教育和网络传播规律之间存在脱节的情况，所以急需通过完善相关党内规定来重新塑造形象管理制度的框架。法规的制定关系到对党员队伍先进性在时代层面的诠释，能够为建设新时代具备民主法治特征的政党形象提供强有力的制度保障，[2] 还是应对网络意识形态斗争趋于复杂化这一状况的战略性举措，借助法治来达成政治属性与传播规律之间的动态平衡。

一、健全政治形象塑造规范

党的政治形象是在历史进程中逐步形成的，同时它也是依托现实条件而产生的发展成果。[3] 在算法推荐与圈层传播相互作用之下，党员形象出现符号化的情形，这种情况容易被网络亚文化解构，进而使政治属性在网络化表达上存在诸如庸俗化、碎片化等异化方面的风险。构建起政治形象塑造的规范体系，既是维护党形象权威的一种制度层面的保障，又是应对网络政治认

---

〔1〕参见孙文菁、王延隆：《强化集体记忆：中国共产党政党形象建构的重要维度》，载《学习论坛》2024 年第 4 期。

〔2〕参见郭国祥、楚管迪：《新时代中国共产党执政形象建设八大效应探析》，载《湖北社会科学》2023 年第 4 期。

〔3〕参见王延隆：《内生驱动与外源推动：中国共产党政党形象建构的双重进路》，载《中国矿业大学学报（社会科学版）》2022 年第 3 期。

同所面临挑战的一种治理层面的创新举措，借助法治来实现政治话语的创造性转化以及创新性发展。该规范应当聚焦于政治符号传播具备可控性、有效性这样的双重维度，运用智能算法去搭建形象传播合规性评估模型，把党章党规的相关要求转化成为可视化的传播指标。通过区块链技术赋予能量的传播轨迹存证系统，确保“网红”党员政治形象的建构受到组织监督以及自我规训的双重调控作用，使网络形象展示既拥有传播方面的活力，又能够保持政治方面的定力，最终达成政治特性与媒介特性的有机统一。

（一）彰显政治立场

政治立场在根本层面上有极为重要的意义。党员的政治立场是其认识各类问题、对诸多问题展开分析时的根本性出发点，同时也是用来判断是非对错、将正确与错误清晰加以厘定的基本准则。[1] 算法推荐这一因素对传播场域进行了重构，进而使意识形态交锋的复杂性有所加剧，而身为网络政治符号具象化载体的“网红”党员，在政治立场表达方面具备个体认知以及组织意志这样的双重属性。针对“网红”党员形象管理法规而言，在政治立场这一维度展开制度设计的时候，务必要极为精准地平衡好言论自由和政治纪律二者之间的辩证关系，并且要着力构建起表达规范以及能力提升这样的双轨机制，从而塑造出那些政治立场无比坚定、态度立场格外鲜明的先锋党员形象。

1. 健全立场坚守保障机制

在媒介化时代，政党的政治表达呈现出多元、存在差异且具备自主性等特点，其已然突破了传统表达具有的内涵以及特质。这一方面给中国共产党的政治表达带来了某些机遇，另一方面也增添了不少风险与挑战。[2] 围绕政治素养的提升事宜，要对“网红”党员培育体系加以重塑。凭借教育培训模式的革新以及数字技术的赋能，来筑牢网络政治传播者的价值根基。鉴于网络意识形态斗争颇为复杂，需创新马克思主义新闻观情景化教学模块，把经典理论转变成虚拟仿真训练里具象化的决策情境，使“网红”党员能在舆情

---

〔1〕参见谢敏振：《政治上入党：新时代提升党员质量的重要举措》，载《理论导刊》2020 年第 12 期。

〔2〕参见黄丽萍：《“媒介化”时代中执政党政治表达的风险及策略应对》，载《甘肃理论学刊》2013 年第 1 期。

危机模拟、价值冲突推演这类数字化场景当中，借助多路径选择以及即时反馈机制，提升自身的政治敏锐性。这样一套制度设计的目的在于塑造出可信且可靠的政治传播者形象，让“网红”党员在流量竞争的环境下坚守政治本色，进而成为既拥有网络亲和力又具备价值引领力的新型意识形态卫士。

2. 完善议题引导责任体系

当面临社会议题方面意识形态渗透的种种挑战时，相关法规应当着重构建起培养政治引领能力的机制。其中颇为关键的举措在于，要建立起重大议题响应清单方面的制度，与此同时，宣传部门需要定期对外发布时政热点解读的相关指南，要清晰明确“网红”党员在不同社会议题当中应有的政治站位，还有其论述应遵循的框架以及表达方面的边界，针对民生热点、历史虚无主义等这些较为敏感的领域，还需制定出标准化的回应模板。与之同步的是，要推行政治传播效果评估方面的制度，运用传播学的评估模型，针对“网红”党员就议题展开讨论的内容，展开关于传播力、引导力、影响力这三个维度的量化分析，并且把评估得到的结果当作政治能力考核当中的核心指标。如此的制度设计，能够提升政治话语在传播过程当中的穿透力，凭借数据反馈回来的情况，对表达策略加以优化，从而使“网红”党员在舆论场当中可以塑造出立场坚定、应对得体的政治先锋形象，最终达成主流意识形态和网络话语体系之间的有效对接。

（二）体现党性原则

数字化生存这一现象已然对传统组织生活的时空边界予以解构，“网红”党员在党性表达方面便面临着虚拟空间弱仪式性和现实组织强纪律性之间存在的冲突状况。从党内法规蕴含的核心价值角度来考量，中国共产党的党性实则为党内法规制度的灵魂，[1] 而党的先进性以及纯洁性恰是党性的本质特征。所以，务必要把关注点聚焦于党的先进性与纯洁性之上，[2] 以此来对党的自身建设法规加以完善，并且要将相关内容融入针对“网红”党员制定的

---

〔1〕 参见周叶中、王梦森：《论中国共产党党性是党内法规制度的灵魂》，载《法学杂志》2022 年第 6 期。

〔2〕 参见张洪松：《中国共产党党内法规百年发展历程与基本经验》，载《马克思主义研究》2021 年第 1 期。

规定。“网红”党员形象管理法规在党性原则这个维度展开制度建构工作的时候，需要破解网络行为自由化和政治生活规范化两者间的价值张力问题，同时构建起组织生活标准化以及身份认同显性化这样的双重机制，进而重塑数字时代党员先进性的表达范式。

1. 健全党性践行约束机制

考虑到网络空间里流量逻辑存在侵蚀党性原则的风险，那就搭建起线上线下相互融合的党性教育场景。利用虚拟现实技术来打造红色文化沉浸式体验的系统，把党章党规转变成为能够交互的叙事场景，推动“网红”党员在数字化组织生活的情境当中，达成党性认知的具身化建构。在行为监督方面，引入区块链技术去构建数字行为存证系统，对“网红”党员线上的传播轨迹以及线下的组织生活进行交叉验证，确保其虚拟身份和现实政治身份能高度契合。评估体系的设计得突破单一效果导向的局限，构建出党性践行指数模型，把传播影响力、价值引导力、组织纪律性等多方面的参数都纳入其中，借助机器学习来动态地优化评估权重。这样一套约束机制，就是要把抽象的党性原则转化成可以被观测、能够评估、便于优化的行为坐标，使“网红”党员在多元价值相互碰撞的网络场域里面坚守住政治本色，塑造出知行合一的全新政治传播者形象。

2. 构建双重身份协调机制

在个人品牌运营和组织身份维护出现价值冲突的情况下，法规方面得着重对利益协调制度框架加以完善。其中关键的做法是设立“双重身份”利益申报制度，要让“网红”党员按时向党组织报备那些诸如商业合作、内容生产、粉丝互动等有可能对党性纯度产生影响的网络行为，之后由纪检部门开展伦理风险评估工作，并且制定出相应的风险防控方案。与此同时，推行党性修养可视化工程，开发“红色指数”评估系统，从政治忠诚度、组织服从度、价值贡献度等不同维度来生成关于党性修养的数字画像，再通过社交平台的认证标识，让组织认同能够以显性的方式表达出来。这样的制度设计，一方面能够防范市场逻辑对党性原则造成侵蚀，另一方面借助数字技术来提升群众监督的效能，[1] 从而促使“网红”党员在网络环境里塑造出清正廉

〔1〕参见蔡振华、许艾萍：《数字技术何以实现基层智慧监督——基于“技术嵌入—组织调适”的分析框架》，载《中国行政管理》2024 年第 12 期。

明、表里如一的先锋形象，达成个体与组织价值的有机统一。

（三）精通政策宣传

数字化传播生态呈现出裂变式的发展态势，这无疑给党的政策宣传体系带来了挑战。在这样的背景下，“网红”党员作为一种新型的政治传播主体，身上兼具组织方面以及媒介方面特质的这一特殊身份，迫切地需要通过法治化的手段来对其进行规范。就“网红”党员形象管理法规而言，在围绕政策宣传这个维度展开制度设计的时候，务必要精准地把握政治话语大众化传播遵循的规律，进而构建起一套具备科学性以及标准化特点的传播准则体系，最终达成政策解读精准程度与传播效能程度之间的动态平衡。

1. 创新政策传播方式

对于“网红”党员在政策传播方面存在的过度娱乐化倾向这一情况，法规方面需要着重构建一种创新的传播机制。其中最为关键的举措便是建立起政策解读内容的审核备案制度，在“网红”党员着手制作像政策解读短视频、网络直播这类新型传播产品之前，务必要经过专业的政策研究团队针对内容进行校准，以此来保证所传播内容的核心要义与政策原文能够达到高度的一致。与此同时，还要配套构建起关于政策传播效果的动态反馈机制，借助大数据舆情监测系统来实时追踪受众在认知方面出现的偏差，进而能够及时对传播策略以及表达方式作出相应的调整。这样的制度设计打破了传统政策宣传单向灌输的模式，依靠技术手段来实现政策的精准触达，让“网红”党员在维持传播活力的同时，还能够塑造出既具备专业性又富有亲和力的政策解读专家的形象。

2. 规范政策传播行为

当面对网络空间政策传播呈现出碎片化解读这样的现象时，相关法规应当着重对传播行为规制体系加以完善。其中首要的制度创新之处在于要构建起全流程的内容审查标准，把“网红”党员在进行政策宣传作品时涉及的选题申报环节、脚本审核环节以及成品校验环节等各个环节的规范化程序都明确下来，要着重对诸如断章取义、过度演绎这类会致使传播行为出现失真的情况加以防范。与此同时，还需配套实施传播责任追溯机制，对于那些因为不当传播而引发了舆情事件的“网红”党员，要为其建立起诸如组织约谈、限期整改、公开澄清等阶梯化的处置程序。该规制体系一方面尊重网络传播具有的规律，以此来提升政策的到达率，凭借制度具有的刚性来维护政策的权威性；另一方面还能够激活"网红"党员作为政策"转化器"的媒介功能，防止其角色发生异化，变成政策的"解构者"。在当前算法推荐主导传播格局的情形下，这样的制度安排能够有效地遏制住"流量至上"思维对政策严肃性产生的侵蚀，从而让"网红"党员始终能够以严谨且规范的政策代言人形象出现在众人面前。

二、健全道德形象塑造规范

道德形象堪称一个人安身立命的根本，[1] 同样也是一个集体最为关键的形象表征。中国共产党虽说仅有100多年的发展历程，却为自身成功树立起了十分良好的道德形象。[2] 注重道德，既是党员为人处世的基本遵循原则，又是党员践行党的宗旨所蕴含的内在必然要求。[3] "网红"党员在网络空间当中进行的道德形象构建，具备超越个体层面的政治示范效应，要构建起道德形象塑造的规范体系，就有必要对区块链行为存证以及智能合约技术加以整合，从而建立起针对道德行为全周期的追溯机制，运用算法把党章当中提出的道德要求转化为能够在网络上执行的行为准则，促使"网红"党员的道德自律与他律在网络环境中达成制度层面的契合，以此来防范商业逻辑对道德底线造成侵蚀，构建起一个虚实相互交融的道德监督网络，进而为维护党的先进性以及纯洁性提供数字化的治理方案。

（一）践行社会公德

在数字时代，社会公德体系呈现出线上与线下相互交织的特点。"网红"党员既有现实公民的身份，又具有虚拟意见领袖这一身份，其道德实践一方面有示范放大的特性，另一方面也存在失范风险倍增的情况。就"网红"党员形象管理法规而言，在涉及社会公德维度的制度设计方面，得破解传统道

---

〔1〕参见吴灿新：《道德形象与个人命运》，载《伦理学研究》2016年第6期。

〔2〕参见向玉乔、阳纯正：《中国共产党建构集体道德记忆的优良传统》，载《江苏行政学院学报》2024年第6期。

〔3〕参见赵明刚：《共产党人务必遵循五大做人准则》，载《党政论坛》1999年第5期。

德规范和网络行为逻辑之间存在的结构性矛盾，进而构建起一套系统化的道德实践标准体系，以此来使党员个体行为起到的示范作用与社会道德秩序建构之间达成良性互动。

1. 构建线下公德示范机制

就“网红”党员在现实场域中道德行为示范功能有所弱化的情况而言，法规方面应当着重构建一套立体化的监督引导体系。其核心的制度设计要点在于建立日常行为观察员制度，具体来说，由基层党组织委派专门的观察员，对“网红”党员在诸如公共场所文明礼让、环境保护以及社区服务等诸多实践活动进行记录，进而形成季度性的道德实践档案，且将其纳入党员评议体系。与此同时，配套实施社区服务积分公示制度，要求“网红”党员定时参与像垃圾分类督导、交通文明劝导这类公共服务活动，并且通过网络平台把服务的时长以及质量予以公示。如此这般的规制举措，能够强化“网红”党员对于道德践行的责任意识，凭借可视化的呈现形式，塑造出知行合一的模范公民形象，促使“红色正能量”从网络空间延伸到现实社会治理的场域。

2. 规范线上道德引领行为

在面对网络空间当中道德失范行为呈现出泛化风险这样的情况时，相关法规务必要着重对数字化道德治理框架加以完善。其中极为关键的举措便是要明确禁止“网红”党员参与到网络骂战当中去，也不能传播那些低俗的内容，更不可以有滥用举报机制等一系列明显违背公序良俗的行为。与此同时，还应当配套开发智能监测系统，以便能够实时对违规言论予以捕捉。另外，还需要同步构建起网络道德评议机制，组织由网民代表以及传播学者共同组成的道德委员会，定期针对“网红”党员在网络上的言行开展伦理评估，而且要让评估结果与党员的评优晋级直接关联起来。如此这般的制度设计，能够把虚拟空间当中的道德影响力转化成为现实组织管理当中的要素，切实有效地遏制住“流量至上”引发的道德滑坡现象，凭借双向互动的方式来塑造出“网红”党员作为网络文明先锋的立体形象，进而让其成为建设清朗网络空间的关键行动者。

（二）恪守职业道德

数字经济促使新旧职业的更替不断加速，[1] 催生出了多元化的职业形态。就“网红”党员而言，其面临着传统职业道德规范和新兴业态实践之间存在的结构性张力，毕竟职业行为具有的公共属性以及传播效应，极有可能致使个体的失范行为演变成系统性的形象危机。在职业道德这一维度进行制度建构的“网红”党员形象管理法规，应当聚焦于将职业操守的标准化和党员先进性的表达实现有机统一，借助双重规训机制来塑造出既具备专业精神又拥有政治品格的模范从业者形象。

1. 建构职业行为准则体系

就“网红”党员在职业活动中存在公私边界模糊不清的问题而言，法规方面应当系统性地构建起一个针对其职业行为的约束框架。其中最为关键的一项举措便是要建立起职业行为负面清单制度，把利用党员身份去搞虚假宣传、进行数据造假以及开展隐性营销等这些有违职业伦理的行为明确地加以禁止，并且针对直播带货、知识付费等这些新兴业态，要制定出差异化的禁止条款。与此同时，还需要配套实施利益冲突申报机制，当“网红”党员牵涉到商业合作、产品推广之类的职业活动的时候，得提前向党组织报备自身涉及的利益关联方面的信息，随后由纪检部门针对这些信息展开合规性审查。如此这般的预防机制，能够对权力寻租的空间起到有效的遏制作用，凭借组织监督来进一步强化“网红”党员的职业自律意识，从而使“网红”党员在复杂的商业环境当中可以将清正廉洁的职业形象展现给众人。

2. 强化职业价值认同机制

党员干部的专业能力素质状况，决定了党的事业成败。[2] “网红”党员作为党员队伍里新出现的一股力量，他们的专业水平对其在网络平台上能够产生多大的影响力有直接的关联。在面对职业素养方面存在差异引发的公信力消解风险时，相关法规有必要构建起一套专业化发展的支持体系。其中较

---

〔1〕 参见丁述磊、戚聿东、刘翠花：《数字经济时代职业重构与青年职业发展》，载《改革》2022 年第 6 期。

〔2〕 参见琚有义：《党员干部要强化能力建设》，载《领导科学》2018 年第 7 期。

为关键的一项制度设计，就是建立职业能力认证制度，让行业协会和党组织一同来制定诸如网络主播、内容创作者等细分领域的职业技能标准，针对“网红”党员开展周期性的能力考核，并且对他们实施继续教育方面的强制规范。与此同时，还要同步推行职业成果公示制度，要求“网红”党员定期将自己的职业活动数据、获得的用户评价以及社会效益报告等公开出来，接受党组织以及公众的双重监督。这种透明化的治理方式能够反过来促使工作质量提升，通过可视化的呈现来增强群众的认同感，从而使“网红”党员在开展职业实践的过程中，塑造出专业且可靠的新时代公仆形象。

（三）弘扬家庭美德

家庭美德的建设在社会主义道德建设当中占据重要地位，它同时还是社会公德、职业道德以及未成年人思想道德建设的根基与起始点。[1] 数字化浪潮来袭使传统家庭伦理面临着解构以及重构这样的双重挑战。而“网红”党员属于在公共领域有较高可见度的特殊群体，其家庭生活的私密性和公共形象的示范性呈现出复杂交织的状态。对于“网红”党员形象管理法规而言，在对家庭美德维度进行制度安排的时候，务必要精准把握私人生活和公共示范之间的辩证关系，进而构建起将组织化引导与自律约束相互结合的制度框架，以此来达成家庭伦理实践与党员形象塑造价值同构的目标。

1. 建立家庭美德评估机制

就“网红”党员家庭生活示范功能趋于虚化这一情况而言，法规方面应当系统地构建起一套家庭美德实践评价体系。其核心的制度设计在于推行家庭伦理积分制，具体来讲，要由基层党组织协同社区网格员按照一定周期去采集“网红”党员在尊老扶幼、亲属关系处理、邻里互动等诸多方面的行为数据，进而构建起一个涵盖情感支持、责任履行、矛盾调处等不同维度的量化评估模型。与此同时，还要配套实施家庭美德承诺公示制度，也就是要求“网红”党员在社交平台上公开签署《家庭责任践行书》，并且定期上传自己参与家庭事务的图文记录，以此形成线上线下联动监督的闭环状态。通过这样的规制方式，可以强化“网红”党员对于家庭伦理践行的主体意识，凭借

---

〔1〕 参见周全德：《提高家庭美德建设成效的思考与建议》，载《中州学刊》2009 年第 2 期。

可视化的呈现形式来塑造出知行合一的模范家长形象，促使传统家风在数字化时代转译。

2. 规范家庭叙事传播边界

在面对私人领域出现公共化传播伦理失序这样的风险状况时，相关法规有必要对家庭叙事传播准则加以完善。其中极为关键的一项举措便是要建立起家庭故事分级分享的制度，要制定出清晰明确的内容标准以及传播规范。比如，可将赡养故事、育儿经验等这类带有正能量的题材划定为鼓励分享传播的类别，而把家庭矛盾、隐私细节等较为敏感的话题归入限制传播的范畴。与此同时，还应当同步构建家庭叙事的专业辅导机制，组织伦理学方面的专家以及传播领域的学者共同成立一个顾问团队，针对“网红”党员打算发布的家庭类内容展开价值观方面的审查工作，并且给予叙事技巧上的指导，以此来防范出现因过度表演而消解内容真实性的情况。这样的制度设计能够有效激活家庭美德传播的效能，凭借专业力量的介入来确保价值传导的准确性，从而使“网红”党员在进行分享的过程中可以塑造出真实且可信的家庭文明传播者的形象，有力地推动传统家风朝着现代生活范式进行转化。

三、健全能力形象塑造规范

“网红”党员于网络传播场域之中构建自身能力与形象时，面临着专业素养可视程度欠佳以及传播效能出现异化这样的挑战。其知识储备的更新较为滞后，媒介技术应用能力也存在失衡的情况，这些状况会对政治传播的权威性起到削弱的作用。要构建起能力形象塑造的规范，得依靠智能监测系统来建立起动态的能力评估矩阵，把党章里针对党员能力提出的要求拆解为能够量化的传播力指标，再运用区块链技术让能力提升的轨迹得以可视化存证，并且实现跨平台的认证。这一规范借助制度方面的保障，推动“网红”党员不断地优化自身知识结构，精心打磨传播技能，从而让其专业能力的展示契合网络传播的规律，同时还能承载起政治教育的功能，达成党员先进性在数字空间里以能力的形式来进行表达以及凭借效能来展开传播的目的。

（一）展现学习能力

党员学习能力的提升，是建设马克思主义学习型政党的必然要求。[1] 在数字智能时代，知识迭代的速度不断加快，这无疑在倒逼学习模式进行革新。“网红”党员作为网络意识形态传播方面极为关键的节点，其学习能力和个体素质紧密相关，并且对党的理论大众化传播效能有重要影响。就“网红”党员形象管理法规而言，在涉及学习能力维度的制度建构过程中，需要破解知识生产呈现碎片化状态而系统化学习又存在需求这样的矛盾，同时要着力构建起能够让学习成果可视化以及促使知识转化实现效能化的双重机制，进而塑造出学习型党员的良好形象。

1. 构建学习效能提升机制

就“网红”党员存在理论学习浅表化的情况而言，法规方面应当系统地设计出一套立体化的学习管理体系。其中核心的制度创新点在于建立起“学分银行”认证制度，要把党内开展的集中学习、进行的在线课程研修以及开展的专题调研实践等各类学习活动都转化成为标准化学分，进而构建起一个涵盖理论深度、实践转化以及传播效果等多个维度的积分评价模型。借助该机制实现的量化管理，能够把学习成效纳入对党员的考核，以此来破解在网络时代下学习成果难以衡量的困境。另外还需配套实施个性化学习方案定制制度，依据“网红”党员所在的不同领域，像政务直播、文化传播、科技科普等，来为其定制出存在差异的学习清单，并且定期邀请相关领域的专家开展靶向辅导。通过这种精准培养的方式，能够避免出现“一刀切”导致教育资源浪费的情况，凭借专业赋能来增强党员在学习过程中的获得感，促使“网红”党员在知识不断更新的过程中塑造出能够与时俱进的学习型党员形象。

2. 创新学习成果应用模式

当面临知识传播有效性逐渐衰减这样的困境时，法规方面就有必要建构起一种能够促使学习成果实现社会化转化的机制。其中最为关键的举措便是要着手建立起针对学习成果网络传播的审核制度，同时还要组建起一个复合

[1] 参见李延海：《提高党员干部的三种能力》，载《南京政治学院学报》2013 年第 3 期。

型的审核组，这个审核组是由理论方面的专家、从事传播研究的学者以及专业的技术团队共同构成的。该审核组要针对“网红”党员打算发布的，像是党史解读、政策分析这类学习类的内容，展开涉及政治性、专业性以及传播性这三个方面的审查工作，以此来保证知识在转化的过程中既能够准确无误，又能够具备足够的吸引力。与此同时，还应当同步推行“学习—创作—反馈”的闭环机制，要求“网红”党员定期把自己的学习心得转化成诸如短视频、互动直播等这样的新型传播产品。然后再通过对相关数据进行分析，来追踪受众在认知方面提升的效果，最终形成一条关于学习成果转化的数据证据链。通过这样的机制创新，能够让理论学习和传播实践实现深度的融合，凭借可视化的传播效果，塑造出“网红”党员作为理论传播创新者的专业形象，使党的创新理论获得具象化、年轻化的表达形式。

（二）凸显服务能力

全心全意为人民服务是我们党的根本宗旨，此亦为党的优良传统以及作风所在。[1] 要知道，全心全意为人民服务若是仅有态度，却缺乏相应能力作为支撑，便只会沦为毫无意义的空谈。所以，这必须切实落实于为民服务的具体实践活动之中，并且要在服务人民具备的本领方面有所体现。这一方面关乎政治能力建设所能达成的成效情况，另一方面也与群众切身利益能够实现的程度紧密相关，同时还和党执政根基稳固与否的程度存在联系。[2] 在网络社会当中，群众诉求呈现出多元化以及即时化的特点，这无疑给党员的服务能力带来了全新的挑战。而“网红”党员作为党组织和网民群体之间极为关键的连接点，其服务效能对于党群关系在数字层面建构的质量有重要影响。针对“网红”党员形象管理法规而言，在对服务能力这一维度进行制度设计的时候，需要着力破解服务供给精准性和需求动态性之间存在的矛盾，进而构建起需求感知与服务优化双轮共同驱动的机制，以此来塑造出服务型党员的良好形象。

---

〔1〕 参见徐德学：《永葆共产党人全心全意为人民服务的政治本色》，载《党建研究》2007 年第 9 期。

〔2〕 参见陈晓晖、连森：《新时代中国共产党政治能力提升的着力点》，载《宁夏社会科学》2022 年第 4 期。

1. 建构需求感知机制

就“网红”党员服务实践里存在的供需错配情况而言，法规方面应当系统地设计一套动态化的需求识别体系。其中最为核心的制度创新之处就在于建立起“舆情—需求”转化分析机制，要运用自然语言处理技术针对“网红”党员在社交平台所留的言论、直播互动时出现的弹幕等这类非结构化数据展开情感分析以及主题聚类方面的工作，进而自动生成那种可视化呈现的需求热力图。与此同时，还需要配套实施服务需求分级响应制度，要依据问题的紧急程度以及影响范围来建立起红黄蓝三级响应标准，进而明确“网红”党员在诸如信息咨询、权益维护、矛盾调解等不同场景下的标准化服务流程。如此这般的智能识别与分级处置协同机制能够提升服务供给具有的靶向性，通过精准响应的方式来塑造出“网红”党员作为群众身边“红色服务员”的可靠形象，使在数字时代里党群之间的互动更富有温度，在效率方面也得以提升。

2. 完善服务效能评估

当面临服务效果反馈出现迟滞情况致使改进动力匮乏这样的困境时，法规方面应当构建起一套闭环式的服务评估体系。其中极为关键的举措在于设立服务效果的双向反馈机制，着手开发一个涵盖了服务过程记录、群众对于服务的满意度评价以及问题解决所耗费的时效等诸多维度的数字化评估平台，该平台能够自动生成服务效能指数，并且要将这一指数归入党员的考核体系。与此同时，还要同步推行服务流程的 PDCA 循环优化制度，要求“网红”党员定期依据评估得到的结果，来全面开展服务策划（plan）、执行（do）、检查（check）、处理（act）这一整个周期的改进工作，针对那些反复出现投诉的问题，还应当专门建立起专项的优化方案。通过这样持续不断的改进举措，能够实现服务质量呈现出螺旋式的逐步提升态势，凭借透明化的反馈机制，切实增强群众在接受服务过程中的获得感，[1] 使“网红”党员可以在具体的服务实践活动当中塑造出高效且务实的“数字公仆”形象，进而推动线上具备的服务能力转化成为线下实实在在的治理效能。

---

〔1〕 参见郑建君、马璇、刘丝嘉：《公共服务参与会增加个体的获得感吗？——基于政府透明度与信任的调节作用分析》，载《公共行政评论》2022 年第 2 期。

（三）体现开拓创新能力

开拓创新精神是中国共产党历经100多年奋斗历程积累下来的宝贵历史经验。[1] 算法领域掀起的革命促使传播生态发生了变革，在此情形下，对于党员形象的塑造也就相应地提出了具有创新性的要求。“网红”党员在党组织与新生代网民之间充当着连接枢纽的重要角色，其创新能力的强弱，直接关联到党的理论传播能够达到的效能以及党在时代发展进程中的适应程度。就“网红”党员形象管理法规而言，在创新能力这一维度开展制度建构工作时，必须破解组织纪律具有的规范性与创新实践具备的灵活性二者之间存在的张力，进而构建起容错激励以及成果转化这样的双重机制，以此来塑造出既有坚定政治定力，又富有创新活力的先锋党员形象。

1. 构建创新激励机制

对于“网红”党员在创新实践过程中呈现出的风险规避倾向，相关法规有必要进行系统性的设计，构建起一套完善的容错试错制度框架。其中最为关键的一项制度创新举措便是设立创新项目备案制，在此制度下，“网红”党员能够在虚拟党建以及政策传播等诸多领域申报创新实验项目。经过党组织严谨细致的评估之后，会赋予其在特定场景下进行试错的相应权限，同时清晰明确地界定出在哪些非原则性的创新失误情况下是可以免于追责的。除此之外，还应当配套实施创新效能奖励制度，专门设立“先锋创新指数”评估体系，从传播效果、群众反馈以及技术含量等不同维度来对创新成果展开量化评价，并且将其作为职务晋升以及评优评先的核心衡量指标。如此这般的一种能够实现正向激励与风险防控相平衡的机制，能够极大地激发“网红”党员进行创新的内在动力，借助制度层面的有力保障，塑造出“网红”党员敢为人先的改革闯将形象，进而使党的创新理论可以通过年轻化、时尚化的方式呈现表达。

2. 完善创新成果转化

当面临个体创新和组织发展相互脱节这样的矛盾状况时，法规方面就应

---

[1] 参见张青卫、王丹阳：《论中国共产党创造中国式现代化的精神密码》，载《思想政治教育研究》2022年第6期。

当构建起创新扩散的相关机制。其中颇为关键的一项举措便是要建立起创新成果的认证制度，由党组织携手传播方面的专家以及技术团队来共同组建认证委员会，针对那些由“网红”党员创造出来的互动党课、红色 IP 等一系列新型的传播产品展开政治性的审查工作，同时还要对其传播价值予以评估，而那些通过了认证的成果将会被纳入“党建创新资源库”，进而在全域范围内推广。与此同时，还要同步推行创新经验的“双循环”分享机制，要求“网红”党员按照一定的周期向党组织提交有关创新案例的报告，并且要通过直播公开课、技术工作坊等多种形式，将创新方法论传授给基层党员，由此形成“个体突破—组织吸收—全域推广”这样一条价值链。这样的制度设计成功突破了创新成果存在的“孤岛效应”，依靠知识共享来塑造“网红”党员作为创新引领者的专家形象，促使个体具备的智慧能够转化成为组织的创新能力，进而为党建的数字化转型持续不断地注入动能。

第三节　完善“网红”党员舆情应对规定

数字化传播生态不断地演进，在传播领域得到了广泛的运用，[1] 这一情况重塑了党群互动模式。“网红”党员充当着党组织与网络社群相连接的节点，其舆情应对能力和党的形象塑造以及公信力建设有直接的关联。当下的网络舆情场域呈现出议题泛政治化、传播呈现圈层化特点、发酵具有瞬时化等特性，[2] “网红”党员因为同时具备政治身份以及媒介影响力，所以常常会成为舆情事件当中的关键变量。部分“网红”党员在突发的舆情状况里暴露出诸如政治敏锐性有所欠缺、应对策略不够恰当、话语转化能力较为薄弱等一系列问题，迫切需要通过完善相关党内规定来构建起全新的治理框架。

“网红”党员舆情应对法规的制定，本质上就是全面从严治党朝着网络空间拓展延伸带来的一种制度层面的创新之举。该法规务必要精准把握“网红”

---

〔1〕 参见杨丽梅：《社会主义核心价值观数字化传播及其优化策略》，载《社会主义核心价值观研究》2024 年第 5 期。

〔2〕 参见陈帅：《自媒体话语生态对主流意识形态传播的影响及其对策》，载《理论导刊》2022 年第 9 期。

党员具有的政治属性以及传播规律这两方面的特性，一方面要对其作为党员所应担负的纪律责任加以规范，另一方面还得对其身为网络意见领袖而产生的传播行为予以规制。通过构建起一套涵盖舆情预警、舆情响应以及舆情处置这样全流程的制度体系，既能对那些失当的言行可能引发的次生舆情风险起到防范的作用，又能激活“网红”党员具备的作为舆情引导者的正向积极功能。

一、健全舆情监测与预警规范

网络舆情的监测预警是把控舆情发展走向的重要方式，还是阻止不良舆情事件进一步蔓延以及传播开来的关键。[1] 网络舆情呈现出的复杂性以及动态性特点，给“网红”党员的政治敏锐性带来了全新的挑战。“网红”党员作为一个既有组织属性又具备传播影响力的特殊群体，对舆情风险的识别能力会直接对党的意识形态安全产生影响。在监测预警方面针对“网红”党员舆情应对法规进行制度设计的时候，要突破传统人工巡查模式存在的技术方面的局限，构建起智能化且能够前置化感知风险的体系，以此来实现对舆情态势的精准判断以及对风险隐患的及时阻断。该机制借助多模态信息识别算法，把碎片化的网络行为转化为能够直观看到的风险图谱，这样既能够增强对那些隐性的舆情热点的挖掘能力，又能通过技术赋能来提升“网红”党员在应对突发舆情时的组织化响应的实际效能，从而为维护党员政治形象的完整性和统一性筑牢一道坚实的技术防线。

（一）落实监测职责

数字化传播生态呈现出的复杂性以及舆情演化具有的不确定性，给党员履行职责的能力带来了全新的一系列挑战。“网红”党员可作为网络空间当中政治形象具象化呈现的一种载体，而其在舆情监测方面具备的效能，会对党组织的风险防控能力产生直接的影响。就当前的舆情监测实际情况来看，存在诸如应对呈现碎片化状态、责任追溯起来较为困难等问题，迫切需要借助法规来构建起一套既系统化又标准化的监测责任体系，从而把个体的相关行

〔1〕 参见刘泾：《新媒体时代政府网络舆情治理模式创新研究》，载《情报科学》2018 年第 12 期。

为归入组织化的治理框架，进而达成对舆情风险进行前置化管控以及精准化干预的目的。

1. 构建多维监测体系，强化舆情感知能力

对于“网红”党员舆情监测存在的随意性以及被动性这一状况，相关法规有必要系统地设计出分级分类的监测体系。其中最为关键的一项举措便是建立起“三级监测清单”这样一种制度，要依据“网红”党员所处领域的影响力大小、其粉丝基数的多少以及所涉议题的敏感程度等方面的情况，来对监测等级作出划分，具体可划分为基础监测、重点监测以及专项监测这几个不同的等级，并且要清晰明确地规定出不同层级在数据采集的频率方面以及分析深度方面各自的要求。与此同时，还需要配套开发出智能监测集成平台，把多源数据采集、语义情感分析、传播路径追踪等诸多功能模块聚合到一起，以此来为“网红”党员打造出定制化的监测仪表盘，实现自动推送那些关联度比较高的舆情动态这一功能。这样的一种通过技术进行赋能的制度设计，能够突破以往人工监测在效率方面存在的瓶颈问题，依靠智能算法来弥补个体在认知上存在的盲区，进而让“网红”党员在纷繁复杂的信息流当中始终保持政治敏锐性，得以实施专业且严谨的舆情治理工作。

2. 完善监测记录制度，提升责任追溯效能

当面临舆情监测数据呈现碎片化而引发的追溯方面的困境时，相关法规应当着重构建起全流程的记录规范。其中较为关键的一项制度创新举措便是推行标准化的监测日志模板，要强制让“网红”党员把舆情事件的时间戳、传播载体、核心观点以及情感倾向等这些结构化的数据记录下来，还要附加上原始链接以及截图等相关证据。与此同时，同步实施区块链存证技术，[1]将监测日志当中的关键信息实时上传到链上进行固化处理，借助分布式账本技术具备的不可篡改性来保证数据在司法方面的效力。这样的一种双重保障机制能够有力地强化监测行为具有的法律严肃性，通过技术手段来打造出责任追溯的“数字铁证”，促使“网红”党员在履行自身职责的过程当中逐步形成审慎且负责的工作作风。

---

〔1〕参见陈永生、苏泽琳：《区块链证据认证形式化问题及克服》，载《浙江工商大学学报》2024 年第 5 期。

（二）构建预警机制

网络舆情的传播速度相当之快，其突发性以及隐蔽性的特点表现得较为突出，[1] 这便对党员履行职责的能力有了更高层级的要求。“网红”党员在意识形态传播当中属于极为关键的节点，他们的预警响应效率的高低，会直接对党组织在危机处置方面的效能产生影响。就当下的舆情预警实际情况来看，存在诸如指标模糊不清、响应出现迟滞这类的问题，当下迫切需要借助法规来构建起既科学又能保持动态的预警机制，从而把以往依靠经验所作的判断转化成为制度层面的规范，使风险防控从过去被动应对的状态朝着主动干预的方向实现战略性的转型。

1. 建构多维度预警指标，提升风险识别精度

网络舆情突发事件的预警在网络舆情危机管理当中属于极为重要的部分，堪称第一道防线。[2] 鉴于舆情预警标准呈现出碎片化的状况引发了误判以及漏判等诸多问题，相关法规有必要系统地设计一套多参数相互耦合的预警指标体系。其中最为核心的举措便是开发出“三维动态评估模型”，要把舆情传播的热度、强度，扩散的速率，还有情感极化的程度等这些核心参数都整合到一起，并且依据“网红”党员所在领域的具体特征来设定存在差异的阈值，借助机器学习的方式不断对指标权重的配比加以优化。与此同时，还要配套实施“影子推演”这样的模拟训练机制，定期把历史舆情案例导入系统，从而生成虚拟的危机场景，要求“网红”党员在仿真的环境里展开预警识别方面的演练，再依据系统给出的反馈来对决策逻辑进行优化。如此这般的技术赋能以及能力训练这双重机制，能够提升对于风险研判的精准程度，通过场景化的实训来强化“网红”党员的政治敏锐性。

2. 规范应急响应流程，强化组织协同效能

当预警触发之后面临着协同处置方面的困境时，法规方面应当着重构建起分级响应的制度框架。其中极为关键的一项制度创新在于建立起“双轨并

---

〔1〕 参见李辉源：《基层政府网络舆情治理能力提升研究》，载《西南民族大学学报（人文社会科学版）》2019 年第 10 期。

〔2〕 参见曾润喜：《网络舆情突发事件预警指标体系构建》，载《情报理论与实践》2010 年第 1 期。

行响应机制”，要明确的是，当出现黄色预警的情况时，“网红”党员是能够自主启动基础应对方案的；而一旦预警级别达到橙色及以上，就必须同步向党组织提交包含决策支持相关内容的数据包，并且由宣传部门和网信机构联合起来成立专门应对紧急情况的处置专班。与此同时，还要同步开发智能预案匹配系统，此系统会依据预警的级别自动推送标准化的处置模板，模板当中包含话术建议、传播策略以及法律依据等诸多要素，从而为“网红”党员提供即时的决策方面的支持。这样的一种结构化的响应体系能够有效避免应对出现失序状况引发的次生风险，通过组织给予的赋能来强化处置的效能，进而使“网红”党员在面对危机进行应对时可以做到沉着且果敢，达成政治定力和应急能力两者有机统一的良好状态。

（三）协同信息共享

在当下的新媒体环境之中，信息的来源变得更为多样，其扩散的速度也加快了不少，扩散的范围更是进一步扩大开来，[1] 这就使舆情应对不能再局限于单一主体。“网红”党员在网络空间的政治传播里属于关键节点，他们具备的信息交互能力对舆情治理的效能有直接的影响。就当前来看，在信息共享的实践方面存在一些问题，比如部门之间存在壁垒，出现了数据孤岛的情况，还有协作迟滞等状况，这些问题亟待通过相关法规来构建起一个立体化的协同网络，从而把那些分散的个体行为整合起来，使其转化为有组织的治理力量，进而实现舆情应对从以往的单兵作战模式朝着体系化作战模式转型。

1. 建构组织化共享平台，破除信息孤岛壁垒

就“网红”党员存在信息交互呈现碎片化这一情况而言，法规方面有必要系统地设计出分级共享机制。其中最为核心的举措便是着手开发“红云智享”平台，该平台集成了舆情数据仓库、智能分析引擎以及协作工作台这三大模块，如此一来，便能达成“网红”党员和党组织之间实时的数据互通状态。与此同时，还配套实施贡献度积分制度，针对“网红”党员的信息共享频次、数据质量以及协同价值展开量化评估，而这一评估结果会成为党内评

〔1〕 参见王怡、梁循等：《社会网络中信息的扩散机理及其定量建模》，载《中国管理科学》2017 年第 12 期。

优以及资源配置的重要依据。这样的一种通过技术治理加上制度激励的双重路径模式，能够有效破解信息垄断导致的研判失真风险，借助组织化的整合方式来提升数据利用的效能，促使“网红”党员在信息协同过程中切实做到开放共享，进而强化党组织在舆情治理当中起到的中枢作用。

2. 构建跨界协同网络，提升综合治理效能

随着重大突发性公共危机呈现出的跨域性、瞬时性以及复杂性等诸多特征越发凸显，[1] 舆情治理方面便遭遇了跨域复杂性方面的严峻挑战，在这样的情形下，法规应当着重对多主体联动机制加以完善。其中极为关键的一项制度创新举措便是构建起“三圈层协同矩阵”，要以处于内圈层的党组织为核心，同时依靠中圈层的政府部门给予有力支撑，再借助外圈层的主流媒体来实现向外延伸，进而明确“网红”党员在不同圈层当中各自的角色定位以及协作规范。与此同时，要同步开发智能协同决策系统，通过运用联邦学习技术，在无须共享原始数据的前提条件下，达成多方模型的共同构建，从而为“网红”党员提供关于跨域舆情态势的感知以及相关的策略建议。这种呈现出去中心化特点的协作模式，既能够很好地维护数据主权，又能够充分释放出协同蕴含的价值，进而重新构建起公权力与民间传播者之间互动的范式，使“网红”党员在开展跨界合作的过程当中可以做到统筹协调，有力地推动形成舆情应对的多元共治格局。

二、健全舆情分析与研判规范

舆情应对并不能改变客观存在的事实本身，却能够改变大众针对某一事件抱有的看法。[2] 所以，当面临舆情方面的挑战时，一个清晰明确且符合规范要求的分析研判流程，对于有效缓解危机而言，是极为重要的。“网红”党员舆情应对法规在这一维度上进行了制度创新，需要构建起深度解析与价值判断能够协同发挥作用的机制。通过对传播学框架以及政治学分析工具加以整合，开发出适配“网红”党员工作场景的舆情解构模型，重点对议题背后

---

〔1〕 参见任宗哲、李笑宇：《我国公共危机治理的演进、问题与优化》，载《西北大学学报（哲学社会科学版）》2022 年第 5 期。

〔2〕 参见田建立：《网络舆情应对“五要五不要”》，载《新闻爱好者》2020 年第 7 期。

存在的意识形态倾向、情感动员逻辑以及群体认知偏差等进行解析，从而形成既具备政治敏锐性又拥有传播专业性的研判标准。这样的制度设计，能够将个体积累的经验上升为组织化的知识体系，进而提升“网红”党员在舆情旋涡当中的政治定力，借助结构化的分析工具来防范出现主观误判的风险，使网络空间当中的政治话语博弈始终处在可以控制的范畴内。

（一）科学运用分析方法

随着信息传播逐渐呈现出智能化、网络化以及泛媒介化的态势，在人工智能技术和5G技术给予支持的情形下，网络舆情信息内容已不再局限于单纯的语言文字符号，而是进一步拓展到涵盖图片、视频、音频、动漫等诸多元素相互融合的状态，进而呈现出“多模态融合”的鲜明特征，[1] 这无疑给传统分析方法带来了结构性的严峻挑战。“网红”党员身为网络空间中开展政治传播实践活动的主体，具备的分析能力会对舆情治理的精准程度以及时效状况产生直接的影响。就当下的舆情解析状况而言，存在较为明显的短板，比如对经验的依赖程度较强，而技术与之适配的程度又相对较低等情况，所以迫切需要借助法规来构建起标准化且智能化的分析框架，以此将原本碎片化的认知有效提升为具备系统性的知识生产模式，最终达成舆情应对从依靠直觉判断转变为依据数据驱动范式的跨越发展。

1. 构建混合分析模型，深化舆情认知维度

在对“网红”党员舆情展开分析时，面临着定性与定量相互割裂的实践困境，此时法规方面需有针对性地系统设计出双维融合分析体系。其要做的核心事情便是开发“语义—数据”智能解析系统，要把自然语言处理技术和传播动力学模型整合起来，在对舆情文本进行情感极性识别以及话题聚类分析的这个过程中，同步追踪诸如传播路径、参与规模还有交互热力等一系列的量化指标。与此同时，还要配套实施分析结果交叉验证机制，让“网红”党员针对同一舆情事件，分别提交质性研究报告以及量化数据简报，再通过党组织组织的专家联席会议来开展逻辑互证工作。这样的双重校验体系能够有效规避主观判断出现偏差的情况，依靠组织化的协作来提升结论的可信度，

[1] 参见荣婷、张爽：《人工智能时代网络舆情新特征与新治理》，载《传媒》2022年第8期。

进而使“网红”党员在面对复杂舆情进行解码时，可以做到精准研判，以此强化政治分析的精准程度。

2. 完善知识迁移机制，提升决策科学水平

当面临历史经验和当下情境出现时空错位的状况时，法规方面应当着重构建起以案例来驱动分析的范式。其中极为关键的一项制度创新在于建立起所谓的“三维案例库”，也就是依据事件的类型、传播具有的特征以及处置达成的效果这三个不同维度，来对历史上的舆情案例展开分类并且归档处理，同时还要开发出智能匹配引擎，以便能够给“网红”党员提供那些相似案例在处置时的策略、传播方面的规律以及从中可以汲取的经验教训等内容。这个知识库会借助机器学习的方式，持续不断地对案例关联算法加以优化，从而把那些原本离散的经验碎片成功转化为能够重复使用的分析模板。与此同时，还要同步推行“预测—验证”的迭代训练机制，要求“网红”党员定期运用机器学习模型针对热点事件进行发展态势的推演，并且把实际呈现出来的演变轨迹和预测得到的结果进行比对分析，以此来持续不断地对算法参数予以优化。这样一种将认知和行动合二为一的训练模式，能够有效提升对于舆情预判的前瞻性，通过实践反馈回来的信息来进一步完善分析模型，进而推动舆情治理从原本的应激反应模式逐步朝着智慧预判的模式实现升级转变。

（二）规范研判流程

在步入信息化时代之后，网络舆情涉及的结构化、半结构化以及非结构化等各类数据信息，广泛散布于整个互联网络空间之中。也正因如此，网络舆情便呈现出了直接性、随意性、多元化、突发性、隐蔽性以及偏差性等诸多特点。这无疑给网络舆情的数据获取工作、数据测量事宜以及舆情管控等方面，都在不同程度上增添了复杂性与不确定性，[1] 进而对研判过程应具备的专业性以及严谨性提出了更为严苛的要求。“网红”党员可视为党组织与网络社群相互交汇的界面，其在舆情研判方面的质量高低，会直接左右舆

[1] 参见李文军、陈姝：《大数据驱动的社会网络舆情治理路径研究》，载《中共天津市委党校学报》2021 年第 5 期。

情应对究竟是成功还是失败。就当前的研判实践状况来看，存在流程呈现碎片化、论证较为浅表化以及结论带有主观化等一系列问题，迫切需要借助法规来构建起标准化、系统化的操作程序，从而把个体积累的经验有效转化为组织层面的智慧，达成舆情治理从以往粗放式应对朝着精细治理转变的目标。

1. 构建标准化流程体系，保障研判程序正义

对于“网红”党员的研判活动存在随意性以及非正式化的情况，相关法规有必要对全链条流程展开系统的设计，以此实现规范。其中关键的举措在于开发智能研判工作流引擎，把舆情收集、数据清洗、特征标注、归因分析等诸多环节都编为标准化的操作节点，并且硬性规定“网红”党员得依照预设好的路径去完成各个阶段的任务，同时还要上传过程文档。与此同时，配套实行“双盲交叉验证”机制，组建起由传播学者、领域专家以及基层党员共同构成的评审组，针对“网红”党员提交的研判报告进行背对背的复核，着重检验其逻辑链条是否完整以及证据支撑是否充分。这般程序正义与专业审查的双重保障，能够消除在研判过程中存在的认知盲区，通过组织化的协作来提升结论的学术公信力，从而让“网红”党员在严谨的流程当中不断追求更高的标准，做到精益求精。

2. 完善多维分析框架，提升结论科学价值

在面对单一维度进行研判致使结论出现偏颇的风险时，法规方面应当着重构建起全景式的分析模型。其中极为关键的一项制度创新举措便是建立起“社会情境数据库”，要把历史舆情案例、区域文化特点、群体心理图谱等多种多样的数据加以整合，以此来为针对“网红”党员开展的研判工作提供一种立体化的分析参照体系。与此同时，还需同步推行“三维论证法”，要求“网红”党员在其撰写的研判报告当中涵盖传播学规律分析、政治学价值判断以及社会学情境阐释这三个论证层面，还得接受由跨学科专家组成的专家组开展的联合评审。这样一种多维交叉的分析框架，成功突破了凭借经验主义进行研判存在的局限性，通过施加结构性的约束，能够有效防范因选择性论证而产生的认知偏差，进而使“网红”党员在对复杂舆情加以解构的过程当中，可以做到从整体上进行把握，有力推动舆情治理从单纯的技术操作层面提升到价值引领的层面。

（三）实施风险评估

网络舆情风险评估在舆情引导当中属于极为重要的一个环节。[1] 在数字化传播形成的场域里面，舆情风险具有的传导特性以及放大效应表现得更为突出。“网红”党员实际上是政治符号和传播节点相互融合形成的一种复合体，他们具备的风险评估能力，会对党组织在社会风险防控方面的效能产生直接的影响。就当下的情况来看，在风险研判这块存在不少短板，像是定性方面较为模糊，量化工作做得不够到位，而且缺少对动态情况的追踪等。所以当下迫切需要借助法规的力量，构建起一个涵盖所有要素、贯穿全周期的评估体系，从而把以往依靠经验直觉来作判断的方式转变为依靠科学决策的方式，最终达成让风险防控从以往被动响应的状态转变为主动治理状态的目标。

1. 建构风险量化评估体系，精准识别潜在威胁

对于“网红”党员风险评估存在的主观化倾向这一情况，相关法规有必要系统地设计出一个多参数耦合评估模型。其中关键的举措便是开发出“三维风险雷达图”，要把形象损害度、组织牵连度以及社会稳定度这三个重要的核心维度加以整合，并且在每个维度之下设置有像传播裂变系数、情感极化指数以及议题敏感层级等一系列具体的指标，借助机器学习来对这些指标的权重进行动态优化。与此同时，还要配套实施“影子风险评估”机制，要让“网红”党员定期针对历史舆情案例展开逆向推演，模拟在不同的处置路径之下风险的演化轨迹，进而形成一份关于风险防控能力提升的报告。这种将虚拟与现实相结合的评估训练，可以增强对风险预判的前瞻性，通过不断地迭代学习来优化评估模型，从而使“网红”党员在面对复杂舆情的时候，能够做到精准地识别风险，提升在风险防控实践方面的效度。

2. 完善策略动态生成机制，提升危机处置效能

在面对风险应对策略陷入程式化的困境时，法规方面应当着重构建具有弹性化特点的响应体系。其中极为关键的一项制度创新举措便是建立起“策

---

[1] 参见林彦君、郭晓科：《基于利益相关者理论的重大事项网络舆情风险评估指标体系建构》，载《福建师范大学学报（哲学社会科学版）》2024 年第 6 期。

略智能匹配系统”，把风险评估得到的结果和应对预案库之间建立起动态的关联，借助自然语言处理技术来自动生成包含传播策略、法律依据以及资源清单等内容的定制化方案。与此同时，还需要同步推行“资源弹性调配机制”，要依据风险的等级来启动存在差异的资源调度方案，比如针对低风险事件，可授权“网红”党员让其自主调用基础资源包，而若是中高风险事件，就会触发跨部门的资源协同程序，进而达成组织保障和个体能动性之间的一种动态平衡。这样的一种结构化响应体系能够有效避免出现资源错配致使应对失序的情况，通过运用人工智能技术为网络舆情治理赋能，促使网络舆情的处置朝着精准化、自动化以及智能化的方向发展，[1] 使“网红”党员在面对危机进行处置的时候能够做到心中有数、从容应对，推动风险治理从以往依靠经验驱动逐步向依靠智慧决策进行升级转变。

三、健全舆情应对执行规范

“网红”党员在舆情处置这一场域当中的角色呈现出双重性特点。这就要求他们一方面得遵循政治纪律带来的刚性约束，另一方面还得适应网络传播具有的柔性策略，而这种存在于两者之间的张力在面对突发事件进行应对时，会表现得更为突出。对于“网红”党员舆情应对法规的执行维度而言，有必要构建一种能够让标准化响应流程和弹性化处置空间达成动态平衡的机制，尤其要重点对信息发布的时效、话语转化的尺度以及跨部门协作的程序等这些关键环节加以规范。通过开发智能决策支持系统的方式，把舆情等级的评估、政治风险的预判以及传播效果的预测等诸多要素嵌入应对流程，如此一来，既能够保证组织纪律得以切实地贯彻实施，又可以为“网红”党员留存下必要的创意表达空间。

（一）遵循回应原则

在数字化传播的场域之中，信息出现过载的情况，[2] 同时还带有情感动

---

〔1〕 参见安娜、林建成：《人工智能在网络舆情治理中的现实问题与应对策略》，载《思想理论教育》2020 年第 12 期。

〔2〕 参见邓向阳：《“信息流行病”的产生、传播与治理》，载《人民论坛》2020 年第 22 期。

员方面的特性，[1] 这就使舆情回应变成了重塑政治信任极为关键的一个环节。“网红”党员充当着党组织和公众展开对话的一种媒介化接口角色，他们采用的回应策略，会对政治沟通的效能以及质量产生直接的影响。就当前的实际情况来看，存在诸如回应迟滞、信息出现失真以及情感产生疏离等一系列的问题，这些问题迫切需要通过完善相关党内规定来确立原则导向的回应范式，从而把政治伦理转变成为具有操作性的传播准则，进而达成舆情治理从单纯的技术应对朝着价值引领实现跃迁的目标。

1. 建构时效性管理机制，筑牢信息传播防线

面对舆情发酵窗口期不断缩短形成的应对压力，法规方面有必要对全时域响应体系展开系统的规划与设计。其中最为关键的一项举措便是开发智能响应决策树系统，把舆情传播速度、情感烈度以及议题敏感性等诸多参数都整合到一起，进而确立起分钟级、小时级还有日级这样三个不同层级的响应时限标准，使其能够自动触发信息发布的流程，并且同步将相关信息推送至多个不同的平台。与此同时，还要配套实施“首因效应”训练计划，通过运用虚拟现实技术模拟那些突发的舆情场景来强化“网红”党员在高压环境之下快速提炼出核心信息以及准确表达自身政治立场的能力。这样一种集技术与能力双重赋能的机制，能够有效破解信息空窗期谣言滋生的风险，凭借标准化的训练来塑造“网红”党员雷厉风行的工作作风，进而让速度方面的优势成功转化为政治公信力。

2. 完善真实性保障体系，巩固政治沟通根基

在面对因碎片化传播而出现的真相建构方面的困境时，相关法规应当着重构建起多维度的验证机制。其中极为关键的一项制度创新举措便是建立起所谓的“三源核查”制度，具体而言，就是“网红”党员在对外发布回应相关信息之前，务必要完成对事实源（原始证据）、数据源（统计支撑）以及法理源（政策依据）这三者的交叉验证工作，并且要借助区块链技术来将核查的整个过程加以固化，从而形成能够进行追溯的证据链。与此同时，还要同步推行“透明化叙事”的策略，要强制性地要求那些涉及重大舆情的回应

[1] 参见禹菲：《自媒体传播中的道德情感：舆情动员与治理逻辑》，载《河南师范大学学报（哲学社会科学版）》2022 年第 6 期。

文本当中包含事件脉络图、处置进展轴以及责任归属表这三重可视化的要素，通过运用信息设计的相关原理来提升公众对于相关信息的认知效率。这样一种将程序正义和传播艺术相互结合起来的做法，能够有效消解公众在信息方面不对称产生的焦虑情绪，借助技术层面的透明化来充分展现出政治方面的诚意，进而使“网红”党员在面对复杂的舆情状况时可以做到开诚布公，最终达成政治传播当中“真理性”与“可接受性”的辩证统一。

（二）科学选择应对策略

数字化传播生态呈现出的流变性特点，[1] 以及舆情演化过程中表现出的非线性特征，[2] 给传统的应对策略带来了具有解构性质的严峻挑战。“网红”党员处于政治传播和现代治理相互交汇的关键位置，他们具备的策略选择能力，会对舆情引导效能起到直接的决定性作用。就当下而言，在相关策略的实际应用方面，存在诸如机械地照搬既有模式、对特定路径过度依赖以及在动态调适方面做得很不足等一系列困境。所以，当下迫切需要借助法规的力量，构建起一套能够与具体情境相适配且具备弹性迭代能力的策略生成体系，从而将以往单纯依靠经验来驱动的模式提升到依靠数据来驱动的新层面，最终达成让舆情应对从较为模式化的操作方式转变为更为智慧化的决策方式这样的革新目标。

1. 建构策略匹配体系，提升应对精准度

就舆情应对策略存在的粗放式匹配这一问题而言，法规方面有必要系统地设计一套策略分类映射机制。其中最为关键的核心举措，就是要着力开发出一个所谓的“三维策略矩阵”。这个矩阵具体来讲就是事实争议型、价值冲突型以及情绪宣泄型等，再结合舆情的发展阶段，像潜伏期、爆发期以及衰退期这些阶段，还有风险等级，也就是低危、中危、高危这样的等级，把它们作为坐标轴，从而构建起一个相对系统化的智能匹配模型。与此同时，还要配套实施“策略压力测试”这样的一种制度，要求“网红”党员在具体实

---

〔1〕 参见谢玉进、赵玉枝：《网络主流意识形态传播的基本矛盾与优化策略》，载《思想理论教育》2018 年第 8 期。

〔2〕 参见周强：《新媒体时代高校网络舆情的研判及应对策略》，载《福建论坛（人文社会科学版）》2013 年第 2 期。

施策略之前，充分运用数字孪生技术，模拟在不同传播路径之下舆情是如何演变的，并且要对策略的耐受度进行评估，最终生成相关的优化建议。这样一种虚实交互的验证机制，能够有效规避在现实当中进行试错带来的风险，通过开展仿真训练的方式，进一步提升策略的适配性，从而使“网红”党员在面对各种复杂情境的时候，都能够做到精准地实施相关策略，切实增强政治传播方面的技术底蕴。

2. 完善动态调适机制，强化应对敏捷性

当面临舆情演化呈现出的突变性以及不确定性特点的时候，相关法规应当着重构建起一套策略迭代优化体系。其中极为关键的一项制度创新举措便是要建立起所谓的“双循环反馈系统”。在具体执行相关策略的过程之中，要同步收集关于传播效果方面的数据，像阅读完成率、情感转化率以及二次传播率等这些数据，与此同时，还要采集舆论反馈信息，比如质疑焦点、认知偏差以及情感诉求等内容。然后借助实时数据驾驶舱来把策略效能以可视化的方式呈现出来，进而触发自动优化程序。另外，还要同步推行“策略版本管理”制度，要求“网红”党员把各个阶段策略调整的完整记录都保留好，这里面涵盖决策依据、优化路径以及效果对比等方面的内容，以此来形成一份可以进行追溯的策略进化图谱。这样的一种全周期追踪机制能够切实保障策略调整的规范性，通过知识的不断沉淀来构建起组织的智慧库，从而使“网红”党员在持续不断的优化过程当中做到审时度势，有力地推动舆情治理从以往的应激反应模式朝着预见性治理模式转型。

（三）落实监督责任

在数字化治理涉及的场域当中，责任主体呈现出模糊性的特点，[1] 并且传播行为具有不可逆性，[2] 这两种情况相互交织在一起。而“网红”党员，他们身上兼具政治属性以及媒介属性，属于复合责任主体，其履行职责的实际效能如何，会对党组织的风险防控能力产生直接的影响。就当下的责任实

〔1〕 参见潘建红、杨利利：《责任伦理与大数据语境下网络舆情治理》，载《自然辩证法研究》2020年第1期。

〔2〕 参见郑佳宁：《数据信息财产法律属性探究》，载《东方法学》2021年第5期。

践状况来看，存在一些结构性的矛盾，比如职责的边界划分得不够清晰，问责的时候缺乏足够的依据，还有监督效能也出现了弱化的情况等。面对这样的局面，迫切需要借助法规的力量来构建起一个闭环式的责任管理体系，从而把那些较为抽象的政治责任转化成能够追溯的行为规范，以此达成舆情治理从柔性倡导朝着刚性约束方向实现升级的目的。

1. 建构责任清单体系，明晰履职行为边界

对于“网红”党员出现责任泛化进而致使执行虚化的这一问题，相关法规有必要进行系统性的设计，打造出颗粒化的责任图谱。其中最为核心的举措便是开发所谓的“三维责任坐标”，具体是以舆情的生命周期，也就是监测预警、分析研判以及处置反馈为时间轴，把履职场域，像个人账号、组织平台还有公共空间作为空间轴，再将责任类型，例如政治责任、传播责任以及伦理责任视为价值轴，通过这样的方式来构建起一份综合性的责任清单。与此同时，还要配套实施责任动态调整机制，依据舆情治理方面出现的新形势，由党组织每个季度都召开一次责任清单优化研讨会，充分吸纳各方反馈与建议，以此来实现迭代更新。这样一种结构化的责任体系，能够有效消除职责交叉以及相互推诿的空间，通过不断地动态演进，切实确保制度具备良好的适应性，从而让“网红”党员可以在清晰明确的权责框架之下，开展专业且可靠的政治传播活动。

2. 完善监督评估机制，强化制度刚性约束

当面临监督手段过于单一致使问责缺乏力度的困境时，相关法规应当着重构建起一个多模态的监督网络。其中极为关键的一项制度创新举措便是开发“智监云平台”，此平台集成了诸多功能模块，像是能够对行为轨迹予以追踪的模块、可分析履职效能的模块以及用来测评群众满意度的模块这三个主要方面。并且要运用区块链技术，对“网红”党员在应对舆情时的整个流程数据进行固化处理，进而能够自动生成涵盖响应时效、策略精度、传播效果等不同维度的监督报告。与此同时，还要同步推行“三色预警问责制”，依据获取的监督数据来自动触发蓝、黄、红这三级预警。具体而言，当出现蓝色预警时，便要启动诫勉谈话；若是黄色预警，则要实施限期整改；而一旦触发红色预警，就需启动党纪审查程序。这样一种呈现梯度化的处置机制，既体现出了组织方面的关怀，又维护了纪律的严肃性，通过智能算法和制度威

慑二者协同配合的方式，促使“网红”党员在履行职责的过程当中形成审慎用权的自律意识。

第四节　完善“网红”党员教育培训规定

当下，数字技术不断发展，这使人的日常生活发生了全方位的变革。[1]“网红”党员属于新型政治传播主体，其在意识形态阵地建设方面发挥的作用变得越发重要。网络空间里的意识形态斗争存在隐蔽性和即时性的特点，所以党内法规务必要搭建起契合数字化传播规律的教育框架。在党员教育体系朝着现代化转型之际，务必要直面传播格局重构引发的深刻改变，特别要处理在培养网络意见领袖时产生的一些结构性方面的问题，比如政治话语和大众话语出现脱节的情况，还有价值内核与表达形式失去平衡等状况。“网红”党员充当着连接体制内外话语的桥梁，其接受教育培训的质量如何，会直接对党的主张在网络空间的阐释成效以及被接受的程度产生影响。党内法规的制定，从根本上来说，就是对新型教育关系给予制度化的确认，这既能够将对网络传播规律的政治把控体现出来，又能把对党员主体性的创造性激发展现出来。这样的一种制度安排，凭借明确价值坐标以及实践范式的方式，能够切实有效地防范在网络空间当中工具理性超越价值理性的风险，进而保证流量影响力始终是为政治引领力的提升服务的。

一、明确培训目标方向

在网络时代下，把明确“网红”党员教育培训的目标方向确定下来，已经实实在在地变成了构建政治传播新秩序的核心议题。这一议题从本质上来看，就是要凭借对价值坐标以及实践路径作出精确的设定安排，以推动党的意识形态建设规律和网络传播逻辑能够更加深入地融合到一起。党内法规在针对“网红”党员教育培训目标方向展开顶层设计规划的时候，需要用辩证

---

〔1〕 参见杨俊哲：《数字化日常生活中“去意识形态化”思潮的遮蔽与解蔽》，载《马克思主义研究》2024 年第 12 期。

的思维方式去应对处理政治属性和媒介属性、组织纪律与传播规律二者之间存在的内在矛盾情况。从一个方面来讲，要坚定不移地维护马克思主义立场观点方法具有的根本指导地位；从另一个方面来讲，要着重培养“网红”党员，让他们能够形成契合网络受众认知模式的话语创新方面的能力。这样一种带有方向性的规范要求，实际上就构成了“网红”党员教育培训活动蕴含的价值核心。

（一）夯实政治根基

在互联网技术充分融入社会交往结构的大环境之中，“网红”党员群体依靠其别具一格的传播优势，成功变成了党组织和网络空间相互连接的关键。这一群体具备的政治素养以及思想觉悟，对党的意识形态阵地构建有相当重要的影响。处在数字化时代，多元价值观念不断地激烈碰撞、相互冲击，在这样的情况下，加强对“网红”党员的教育培训，已经变成了一项具有重大战略意义的任务。借助强化政治根基方面的建设，保证这一活跃在舆论前沿的群体，能够持续发挥出作为党的政策主张传播者、时代发展见证者以及社会进步推动者的积极作用。

1. 深化党性教育，筑牢信仰之基

党性教育向来是我们党极为看重的一项重要工作，它是中国共产党得以不断发展壮大且永葆生机活力的关键建党机制以及成功经验。[1] 党性教育是“网红”党员教育培训体系的核心构成部分，其最根本的目的就是要给“网红”党员搭建起一套稳固可靠的价值坐标体系，促使个体政治生命同党组织的要求达成深度的契合与共振状态。就“网红”党员来讲，党性教育绝非单纯的知识传递，而是要在思想的深层次去培育政治判断的基准，同时在灵魂层面塑造起价值选择的核心准则。党内法规在作教育培训设计的时候，需要着重对马克思主义的立场、观点以及方法展开系统的阐释工作，要把党史、新中国史、改革开放史、社会主义发展史这些宏大叙事转化成具体的认知框架，以此来助力“网红”党员在复杂且多变的网络舆情当中始终保持政治上

[1] 参见李庚香：《推动新时代党性教育触及灵魂　着力提升共产党人精神境界》，载《领导科学》2023 年第 6 期。

的清醒状态。党性教育不应该局限在理论层面的单向传授上，而应当引导“网红”党员在网络实践活动中，主动运用辩证唯物主义和历史唯物主义的方法来分析问题、解决问题，进而实现红色基因同数字传播规律的有机结合，形成既具备政治高度又有良好传播效果的内容创作能力。通过持续不断地推进党性教育，使“网红”党员在网络空间里既能很好地展现时代精神风貌，又能牢牢坚守政治本色；既能在传播表达方式上有所创新，又能严格守住价值底线，最终达成个人影响力与组织先进性的有机统一。

2. 强化理论武装，把稳思想之舵

理论武装始终是我们党勇于展开自我革命的持久推动因素，更是中国共产党能够取得胜利的重要法宝。[1] 理论素养究竟是高还是低，直接影响“网红”党员在舆论场里面去建构话语以及发挥价值引领作用的实际效能。跟传统党员群体相比，“网红”党员显然更加需要拥有把党的创新理论转变成网络话语体系的相应能力。党内法规在着手构建教育培训机制的时候，应该搭建起多维度的理论学习平台，一方面要强化针对经典原著所做的符合时代特点的解读工作，另一方面也要注重针对新时代治国理政思想展开具有实践性的分析，以此来助力“网红”党员实现从碎片化的理论认知跨越到系统性的理论掌握的目标。这种理论武装并非一个孤立存在的自我完善的单纯过程，而是要求“网红”党员站在网络传播具有的规律以及受众认知呈现出的特点相结合的基点上，把抽象的政治话语转化成富有温度、带有质感并且能够引发共鸣的网络表达形式。通过开展具有系统性的理论培训活动，使“网红”党员既能够对时政热点始终保持较为敏锐的洞察能力，又能够具备透过现象去洞察本质的理论分析本领，从而在复杂多变的舆论环境当中一直坚持正确的导向，把党的主张在网络空间里转化成生动鲜活的实践场景，最终达成政治引领力与网络传播力协同发展、共同进步的良好局面。

（二）塑造网红特质

随着数字化传播格局出现的深刻变化，“网红”党员群体已然变成了党的

---

〔1〕 参见蔡娟：《理论武装：中国共产党推进自我革命的逻辑蕴涵》，载《湘潭大学学报（哲学社会科学版）》2022 年第 4 期。

声音于网络空间传播的关键载体。其传播效能以及形象塑造取得的成效，对主流价值在网络场域能够辐射到的范围和渗透的程度有直接的影响。党内法规在规范“网红”党员教育培训体系的时候，得精准掌握网络生态的运行逻辑还有受众的认知规律，要把塑造带有时代特征的网络先锋形象归入制度设计需要考量的范围。这一形象塑造不是单纯追逐流量热点那种表面上的功夫，而是依靠系统性的培育流程，让“网红”党员一方面维持住政治本色，另一方面展现出传播魅力；既严格遵守组织纪律，又能释放出创造活力，从而在虚拟的网络空间构建起有强大引领力的红色传播矩阵。

1. 提升传播技能，锻造流量引擎

传播能力朝着专业化方向转型为“网红”党员突破“信息茧房”，进而掌握舆论主导权十分重要的战略支撑要素。在算法起主导作用的网络传播环境当中，“网红”党员要是仅仅靠着自身的政治热情，却缺少科学合理的传播策略，是极有可能陷入一种自说自话的传播僵局的。党内法规在搭建相关的教育培训框架时，得着重强化针对网络传播规律展开的深度剖析工作，要把马克思主义新闻观和新媒体运营规律巧妙地融合到一起，以此来培育“网红”党员坚守政治导向以及善于运用传播工具这两方面的能力。在教育培训的整个过程中，应当着重提升“网红”党员的数据思维以及场景建构方面的能力，让他们可以敏锐地捕捉到社会情绪发生的种种变化，把那些抽象的政治话语转化成为可视化的叙事体系，进而在这种碎片化的传播环境里面维持住价值传递的完整性及其本身具有的感染力。

2. 挖掘个性亮点，树立独特标识

个性特质的差异化培育，实乃“网红”党员突破同质化竞争局面、增强受众黏性的关键切入之处。在信息呈爆炸式增长的网络空间当中，程式化的宣传模式往往很难引发受众的情感共鸣。所以，“网红”党员得在保持政治定力的基础之上，着力塑造具有较高辨识度的传播人格。党内法规在着手设计教育培训机制时，要推动个性化表达和集体主义精神达成有机统一的状态，切不可因过度着重强调纪律约束而使传播活力遭到削弱，同时还得防止个性过度张扬而对政治属性造成消解。教育培训方面应当引导“网红”党员把自身具备的特长与党的相关主张进行创造性的结合，进而形成诸如“理论达人”“红色故事讲述者”“政策解读者”等颇具特色的定位，让政治传播在维持其严肃性的同时，还能够具备一定的亲近感。通过建立起个性化的成长档案以及动态评估体系，来助力“网红”党员精准地找到专业领域与网络热点的结合点，从而可以在垂直领域里深耕细作一番，逐步建立起属于自己的权威话语权。

二、优化培训内容设置

网络空间里，话语权的争夺越发激烈，[1] 在这样的情形下，“网红”党员身为意识形态传播的关键节点，其重要的战略价值就凸显出来。而对“网红”党员教育培训内容进行结构性的优化，已然成为强化党在网络方面领导力的关键。随着算法推荐技术对信息传播秩序不断地重塑，“网红”党员一方面会受到那种对主流价值进行解构的亚文化带来的冲击，另一方面还肩负着把政治话语转变成网络语言的时代赋予的使命。如此一来，培训内容就不能再局限于传统理论灌输的单向模式，得构建契合网络传播规律的知识体系。当下，部分“网红”党员在进行内容生产的时候，存在理论深度不够、价值引领作用有所弱化等问题，从本质上讲，这反映出培训内容和网络传播实践之间的适配性是有所欠缺的。所以急需在维持政治底色的基础上，把网络传播学、青年亚文化研究等跨学科的元素融入进去，通过增强政治话语在网络上的转译能力以及在价值交锋时的议题设置能力，让马克思主义的立场、观点、方法能够转化成具有网络穿透力的数字叙事。

（一）设置网红技能培训课程

当下，网络传播的格局以及舆论生态正经历全方位的重塑，[2] 这无疑给党员教育培训体系的创新带来了极为紧迫的要求。“网红”党员作为一种新兴起的政治传播主体，其技能的培养迫切需要构建起专业化的教育路径。要是能对网红技能培训课程展开系统的设计，那么一方面可以传承党内教育蕴含的核心价值，另一方面也能够将新媒体传播的实际经验融入其中，进而达成

---

〔1〕 参见黄鑫权：《网络意识形态话语权的建构特征与演迁逻辑》，载《华南师范大学学报（社会科学版）》2022 年第 5 期。

〔2〕 参见庄荣文：《科学认识积极应对网络传播格局和舆论生态新变化》，载《中国党政干部论坛》2020 年第 7 期。

政治传播从理念创新一直到技术赋能的深度融合效果。

1. 开展创意策划教学，激发内容创新灵感

创意策划能力实则为“网红”党员于新媒体环境之下的核心竞争力。在针对培训课程展开设计工作的时候，要着重培育“网红”党员具备的能够把政治话语巧妙转化成青年比较容易接受的表达方式的创新能力。教学内容应当以政治传播的创意生成规律为核心来展开设置，借助深度剖析诸多典型案例、精心组织头脑风暴工作坊这类教学形式，来引导学员逐步掌握议题设置方面的故事化包装具体方法。课程设计务必要着重强调主流价值和网络文化两者之间的融合创新事宜：要指导“网红”党员在对政策进行解读的过程当中融入情景剧的相关元素，在开展理论宣讲时运用悬念叙事的策略来打破意识形态传播存在的程式化的局限状况。就教学评估方面来讲，需要建立起政治正确性以及传播吸引力这双重的评价标准，要求创意方案严格坚守党性原则的底线，与此同时还要鼓励学员能够灵活运用二次元符号、网络热梗等这类柔性的表达方式。通过创设出虚拟任务场景，好比模拟在舆情事件当中的快速反应策划等，来锻炼学员在复杂信息环境里提炼传播要点的敏感度。

2. 组织镜头语言训练，提升影像表达能力

开展专门化的镜头语言培训，其目的在于系统地提升“网红”党员的影像叙事方面的能力。课程涵盖的内容应当包含构图美学、光影运用以及微表情管理等这些在视觉表达层面极为关键的要素，借助模拟直播、短视频创作等实战训练活动，进一步增强学员在镜头之前塑造政治形象的意识。在教学过程当中，着重培养“场景化传播”的相关技巧：指导学员在田间地头开展直播时，能够巧妙地运用广角镜头来展现实干的具体场景；在进行政策解读的时候，则借助特写镜头来增强情感方面的共鸣。与此同时，教学还需要融入政治传播具有的特殊要求：政务直播在镜头调度上应当避免出现过度娱乐化的情况，民生议题的视觉呈现务必要把握好庄重与亲民之间的平衡。在进阶课程里面，设置危机传播情境模拟的内容，训练学员在突发舆情状况下，通过镜头语言来展现出镇定且专业的公仆形象。这样一条借助技术赋能的教育路径，既牢牢坚守党员教育“塑形铸魂”的根本目标，又能够顺应数字时代政治传播呈现出的视觉转向这一趋势，为“网红”党员的形象塑造提供专业层面的有力支持。

（二）设置职业道德教育课程

“网红”党员作为新出现的政治传播主体，其职业素养的培育，迫切需要搭建一个能把价值引领同技术赋能有机结合起来的教育框架。借助对职业道德教育课程进行系统化的设置，一方面能够传承党内教育的优良传统，另一方面也能够有效应对新媒体场域带来的特殊挑战，从而帮助“网红”党员在流量经济和价值坚守存在矛盾的情况下，筑牢十分坚固的思想防线。

1. 强化责任担当，坚守职业操守

责任担当意识能够反映出党员干部的胸怀怎样、有怎样的勇气以及呈现出何种格局。[1] 在新媒体所处的环境之下，“网红”党员的身份认同是具备独特之处的，职业责任方面的教育务必要紧密围绕这一特性来开展相关工作，要通过精心设计相关的课程内容来推动党员的政治属性和其网络人格达成深度的融合状态。教学内容应当构建起一个“双重责任体系”，一是要把党员服务群众的这一根本宗旨融入教学内容；二是要把新媒体传播者需要遵循的伦理规范也一并纳入进来。可以采用情境模拟教学法，创设出在虚拟舆情事件当中面临道德抉择的场景，从而引导学员在流量带来的诱惑以及事实真相这两者之间去进行价值方面的权衡，还要作好相应的排序。课程模块需要着重对政务直播过程中的言行边界加以剖析，比如在开展助农带货这类活动的时候，要注意规避可能出现的利益输送方面的风险；而在进行热点评论的时候，要严格守住政治立场的那道红线。借助“理论浸润与实践反思”双轨并行这样的教学模式，把党章党规转化成具有操作性的职业守则，要求学员在创作短视频时，建立起内容审核机制；在进行直播互动之际，设置好敏感词预警系统。在教学的整个过程当中融入“身份转换”相关的训练内容，让学员通过角色扮演的方式，体会普通网民和党员网红在认知方面存在的差异，进而加深学员对于“流量服务于价值”这一本质的理解程度。

---

〔1〕参见王璐颖：《党员干部要增强政治担当、历史担当和责任担当》，载《政工学刊》2022 年第 6 期。

2. 开展案例警示教育，敲响廉洁警钟

案例堪称绝佳的教科书，同时也是极为有效的清醒剂。[1] 就针对“网红”党员开展的案例教学来讲，得构建起带有鲜明新媒体特点的廉政教育体系，要通过细致剖析“流量异化”方面的典型事件，来把数字空间里权力寻租的新型风险给揭示出来。相关课程应当建立起能动态更新的案例库，着重收集诸如政务直播数据造假、“网红”干部私域流量变现等这类新型的违纪案例，并且要运用沉浸式教学技术，完完整整将事件的发展过程予以还原。在教学进行期间，要设置“显微镜”以及“望远镜”这样的双重视角：从一个方面来说，要对个案当中道德防线出现的那些细微裂痕展开剖析；从另一个方面来讲，要揭示出算法推荐机制和权力监督盲区二者之间存在的系统性联系。借助“案例推演+制度建构”这样的互动教学模式，引导学员设计预防性监督机制，比如在直播账号运营的过程当中，嵌入自动留痕系统；在商务合作的流程里面，设置多重审批节点。课程必须着重加强“软权力”方面的认知教育，细致解析粉丝经济当中隐形影响力变现的路径，训练学员能够准确识别“知识付费”与“变相受贿”之间的界限。要创新“廉政压力测试”教学法，模拟在突发舆情当中面临利益围猎的场景，以此来考核学员在流量暴增时的定力以及应对方面的智慧。这种警示教育，既承继了“红脸出汗”的传统教育具有的功效，又创新性地运用“数字画像”技术手段，通过数据可视化的方式，将违纪行为的演变轨迹呈现出来，推动廉洁自律从制度约束逐步内化为价值自觉。

三、创新培训方式方法

网络传播形态发生的深刻变革，对“网红”党员教育提出了进行范式转换的要求。传统层级化且封闭式的培训方式，如今已很难适应网络舆论生态，该生态有即时交互以及情感共鸣这样显著的特征。在算法赋权的情形下，信息传播呈现出圈层渗透还有情绪动员这双重特性。这就使“网红”党员一方面得掌握住意识形态斗争的主动权，另一方面还必须遵循网络社群的话语规

---

[1] 参见王雪：《用好典型案例 做实警示教育——以案为鉴治“未病”》，载《中国纪检监察》2024年第20期。

则，而这样的一种张力，逼迫着教育培训机制突破以往单向度知识传递存在的局限。当前，部分培训项目出现了参与度有所降低以及实效性有所减弱的现象，其本质上是教育供给和网络代际认知习惯之间存在结构性的错位。所以当下迫切需要构建虚实融合的教育场景，借助沉浸式虚拟仿真、跨平台议题辩论、大数据行为画像等一系列的技术手段，把党性锤炼融入数字化生存的日常实践。

（一）优化线上培训模式

新媒体技术给拓宽党员教育工作的渠道、丰富其内容、推动教育主客体间的沟通交流以及提升该工作的效率带来了机遇。[1] 在新媒体重塑教育生态这样的背景之下，“网红”党员的线上培训模式亟待突破时空方面的限制以及参与度不断衰减这双重困境，其创新路径得在党内法规的框架范围里实现技术赋能和教育规律的深度契合。网络原住民群体的认知习惯已经朝着碎片化、互动化以及场景化的方向发生了转变，传统单向灌输式的在线教育模式很难满足“网红”党员在意识形态传播还有技能习得等方面产生的动态需求。党内法规对于教育创新起到的导向作用表现为构建起虚实相互交融的学习共同体，凭借对技术工具进行重新组合来再造教育的流程，让政治素养的提升与网络传播能力的发展能够同步融入“云端学习”的整个生命周期，最终得以形成契合网络代际特征的党员教育全新范式。

1. 搭建专属学习平台，提供便捷课程

专属学习平台的构建不能仅仅停留在资源聚合的初级阶段，而是要形成一个“智能推荐—精准评估”的闭环教育系统。考虑到“网红”党员学习需求呈现碎片化，其职业场景又具有多元化的特点，那就有必要开发模块化的课程架构体系，按照政治素养方面存在的短板、传播技能上的弱项以及个人发展的定位等来生成动态学习地图，比如可以把经典理论拆解成微课单元，再结合匹配算法推荐机制来实现个性化的推送。要构建社交化的学习社区，在其中嵌入同行评议、案例众创等功能模块，借助“学习积分—传

---

〔1〕 参见李杨：《新媒体环境下党员教育工作的机遇、挑战与对策》，载《中共天津市委党校学报》2017 年第 5 期。

播实践”的兑换机制来激起持续参与的动力。集成自然语言处理技术对学习轨迹加以分析，识别出认知盲区并且自动生成强化训练包，让教育供给能够精准地对接“网红”党员在舆情应对、内容创作等实战场景下存在的能力缺口。

2. 运用直播互动教学，增强学习体验

直播教学靠着移动互联网这项支撑技术来开展相关的学与教活动，它具备虚实融合的特点，还能实现即时互动，并且有开放参与的特性，已然成为移动互联时代教育发展的全新方向。[1] 要想提升直播教学的效能，那就得突破仅仅在技术工具表层进行应用的局限，构建起一个有“实时反馈—深度参与”特点的沉浸式教育场域。考虑到线上培训普遍存在临场感缺失的情况，那就应当设计多向度互动教学模式，运用虚拟现实技术来搭建像政策解读模拟会场这类的三维教学场景，让“网红”党员在角色扮演的过程中得以锤炼自身的政治判断力。要开发由人工智能辅助的实时问答系统，借助语义分析的手段即时捕捉教育对象在认知方面存在的困惑，进而动态地对教学内容的密度以及呈现方式作出调整。要建立起学习行为和传播实践相互联动的评估机制，比如可以把直播课程里的互动表现转化成虚拟传播任务的解锁权限，由此形成“学用一体”的激励机制。

（二）深化线下实践活动

线下教育空间有在场性以及具身性方面的特征，这为“网红”党员政治素养的提升创设出了一个有不可替代作用的实践场域，而且其活动设计具有的创新性，对理论认知朝着传播能力进行转化的效能起直接的决定作用。党内法规针对实践教育所作的规范，着重强调的是知行合一的培养逻辑，其通过对活动进行结构化的设计，打通“政治学习—传播实践”之间的转化通道，让抽象的理论原则能够在具象化的场景当中逐步沉淀下来，进而形成稳定的职业素养，最终成功构建起虚实相互交融的党员教育全新生态。

---

〔1〕 参见周进、安涛、韩雪婧：《移动互联时代下直播教学模式构建与案例分析》，载《职业技术教育》2018 年第 29 期。

1. 组织实地调研考察，积累素材经验

调查研究向来是中国共产党人极为珍视的传家宝以及必备的基本功，[1]它是党员获取全面、翔实且真实的一手资料的关键途径，同时也是制定相关举措、开展具体工作所不可或缺的前提条件。[2]就“网红”党员在内容创作过程中容易出现的悬浮化叙事倾向而言，应当设计以主题为导向的田野调查项目，比如围绕乡村振兴、基层治理等重大战略来设置沉浸式调研路线，以此引导教育对象在参与式观察当中去捕捉政策落地时的微观景象。要建立起针对调研素材的数字化转化系统，运用影像志、口述史等方法论层面的工具，把田野中的种种见闻转化为具备情感张力的传播素材库。对于创新反思环节的引导方式来说，可以通过“现象解构—理论映射”工作坊，训练教育对象从具体案例里提炼出政治传播的元叙事框架，例如把基层创新实践和党的群众路线理论展开互文性阐释。像这样的实践教育，不但强化了“网红”党员对社会现实的感知敏锐程度，而且借助党内法规具有的规范作用，确保在将调研成果转化为传播内容的时候，始终能够锚定正确的价值导向。

2. 开展模拟网红场景，锻炼实操能力

考虑到网络舆情在演变过程中呈现出来的复杂性以及不可预测性等特点，应当开发一个多模态模拟实训平台，把虚拟直播舱、全息舆情沙盘等这类技术装置都集成到其中，从而能够较为真实地还原出像网络暴力、信息反转等这样一些极端的传播情境。要设计那种呈阶梯式的训练模块，从最基础的话术应对方面开始，逐步往高阶的危机公关方面推进，以此来一步步提升“网红”党员在面对突发舆情时的政治定力以及策略上的弹性。还要建立起“行为—认知”这样一种双向反馈机制，运用眼动追踪、生理信号监测等相关技术去捕捉教育对象的应激反应模式，并且借助认知行为疗法来对其非理性决策倾向加以干预。这种沉浸式的训练方式，一方面强化了党内法规具有的约束作用，另一方面通过反复不断地进行场景演练，能够将政治纪律逐渐内化为条件反射式的职业本能，使“网红”党员在真实的传播场景当中，既可以

[1] 参见胡宗山：《中国共产党调查研究的认识论思考》，载《理论视野》2024年第10期。

[2] 参见刘格、张静：《党员干部提高基层调研工作水平路径探析》，载《人民论坛·学术前沿》2022年第18期。

牢牢坚守住底线，又能够充分彰显出创新活力，最终实现意识形态工作从风险防御到价值引领方向能力上的跃迁。

第五节　完善“网红”党员职业发展保障规定

在当今数字化的时代环境之中，“网红”党员的职业发展已然成为党员政治属性重构方面的一个全新实践领域。构建起与之相关的制度保障体系，对于“网红”党员具备的政治效能及其职业生命周期能否实现可持续发展而言，是极为重要的一点。党内法规不仅是管党治党最为关键的一种制度形式，[1]还是规范党员行为的重要准则，其对于“网红”党员职业路径起到的引导作用、保护作用以及约束作用日益凸显出来。确立关于职业发展的保障规范，不仅和“网红”党员的个人权益息息相关，还会对意识形态传播主体队伍的稳定性产生影响。从本质上来说，这其实就是借助制度安排的方式，把政治纪律方面的要求转化成为推动职业发展的有利条件因素，以此来确保“网红”党员在开展媒介实践的整个过程当中，始终都能够对主流价值的传播起到强化的作用，而非使其成为离散的、无法形成有效传播的节点。党内法规对于“网红”党员职业发展起到的保障作用，应当依照政治逻辑和专业发展两者辩证统一的相关原则来施行，要从制度这个层面建立起资源供给以及纪律约束之间紧密的关联性。其深层次的价值体现为，凭借能够平衡权利保障以及义务强化的相关制度，使“网红”党员的职业发展自始至终都可以遵循党性原则，从而在虚拟和现实相互结合的治理环境之中，达成政治认同与职业成就共同取得发展的良好局面。

一、科学构建职业晋升体系

在当下的媒介环境中，“网红”党员群体，面临着一个颇为突出的矛盾状况，那就是其职业成长的通道并非清晰明了，政治身份方面却有严格的要求。传统的晋升机制已然无法契合网络传播遵循的规律，同时也难以满足保障意

---

〔1〕参见魏治勋：《党内法规特征的多元向度》，载《东方法学》2021年第1期。

识形态安全方面的需求。所以，当下迫切需要借助党内法规的力量，在价值理性以及技术赋能这两者之间构建起一种制度层面的紧密联系。若要科学合理地构建起职业晋升体系，关键的一点在于打破政治素养评估同专业能力认证相互割裂、各自为政的状态，要把党性锻炼取得的成果以及传播影响力相关指标一同纳入同一个价值体系。如此一来，既能够有效防止市场化的评价标准对其政治属性造成削弱影响，又能够避免行政化的干预对创新活力形成抑制作用。

（一）制定晋升量化指标

着手构建起关于“网红”党员晋升的量化指标体系，这无疑是在突破网络空间里党员队伍建设面临瓶颈方面极为关键的一项制度创新之举。处于数字化传播这样的大环境之中，政治属性同职业特性二者相互交融在一起，整个情况显得颇为复杂。“网红”党员一方面得契合传统党员考核设定的政治标准，另一方面还得适应网络生态下的量化评价模式。所以说，当下迫切地要设立起一套科学的考评体系，这套体系既要能够充分体现出党性原则，又要可以如实反映出职业方面的特点，从而将“网红”党员在虚拟空间当中发挥出来的先锋作用，顺利转化成为那种能够被测量、能够拿来相互比较的发展推动力量。

1. 政治素质考核量化

干部政治素质考核是干部考核工作里的关键。[1] 应当构建起“双维穿透式”评价模型。在线上方面，借助语义分析技术，抓取“网红”党员以往历史直播内容当中的关键词，从而建立起关于政治立场表达频次的数据库；而在线下方面，结合组织生活的参与记录，以此来形成党性修养指数。着重对他们在重大网络舆情事件里的政治敏锐程度、在传播主流价值观时的持续程度、抵制网络谣言的坚决程度等这类核心指标予以量化，进而开发出“红网指数”测评系统，把较为抽象的政治要求转化成为具体的评分模块。这样的考核机制创新之举，一方面继承了党内政治考察的优良传统，另一方面也解

---

〔1〕参见徐维、张延体：《新时代干部政治素质考核的时代背景、理论逻辑与实践要求》，载《中国领导科学》2024 年第 4 期。

决了网络行为政治属性难以量化的技术难题，使“网红”党员的政治表现从单纯的定性描述转变成为动态的数据图谱，为组织选拔提供精准的政治画像。

2. 网络业务成果量化

构建起一套“三位一体”的评估体系。从传播效能维度来讲，要凭借算法模型来算出正能量内容能够达到的触达率以及转化率情况；从创新价值的维度看，要对传播手段具备的技术含量以及形式方面的原创性展开评估；从社会效益维度出发，要对网络行为给现实社会治理起到的促进效果予以测算。接着开发“红网影响力矩阵”这样的分析工具，针对“网红”党员创作的短视频、直播、图文等各式各样的全媒体产品展开多模态分析，不但要对传播数据这类“硬指标”进行统计，而且要对内容质量体现出的“软实力”加以评估。这样的一种量化设计方式，一方面是契合网络传播遵循的规律的，另一方面也能够坚守住意识形态方面的底线，从而让流量数据和价值导向之间形成一种正向的关联关系，引导“网红”党员在努力追求传播效果的过程当中，自觉地把握好政治方向。

3. 群众反馈量化统计

要让群众感到满意向来是我们党开展各项工作的起始点与落脚点。[1] 故而，对于群众提出的意见，务必要认真对待，要知道群众的意见以及他们秉持的态度，实则就是用来判断事情是与非、对与错、优与劣的一面镜子、一份依据以及一把标尺。[2] 同样的道理，群众的意见在衡量“网红”党员的工作成果方面，无疑是一项关键的指标，所以应当把这一重要因素纳入党内晋升的评价体系。应当创建一种“双向感知”的评价机制。在线上方面，要建立起舆情情感分析的相关模型，以便能够实时收集网民评论呈现出来的情感倾向以及价值认同的程度；而在线下这一方面，要构建起基层调研反馈的系统，通过社区党组织来收集“网红”党员的网络行为对于现实工作起到的促进作用。还要开发出“红网民心指数”这样的监测平台，把诸如粉丝互动的质量、网络矛盾调解的成功率、线上服务诉求的响应程度等诸多指标都纳入统计的范围内。

---

〔1〕 参见徐补生：《务必以群众满意为标尺》，载《党建》2023 年第 6 期。

〔2〕 参见吕虹：《群众满意是标准》，载《求是》2013 年第 21 期。

（二）规范晋升流程

构建起一套系统且规范的关于“网红”党员晋升管理方面的体系，在新时代已然成为解决网络空间之中党员队伍建设所遇难题的一项颇具制度性意义的重要举措。当下，网络传播生态正经历极为深刻的种种变化，在这样的大背景之下，“网红”党员群体一方面得肩负起在意识形态阵地进行守正创新的关键任务，另一方面又不得不面临其职业成长通道不够顺畅的突出矛盾。所以说，当下是迫切地需要借助制度层面的精心设计，把政治方面的标准巧妙地融入晋升的整个流程，进而达成组织培养同网络自身特性之间的有机融合，只有这样，才能够确保这支较为特殊的队伍不但可以经受得住流量带来的种种考验，而且能够经得起党性方面的严格锤炼。

1. 制定晋升申请程序

创新设计出契合网络职业特点的申报机制。在“网红”党员申请晋升之际，除了要提交传统的政治审查材料以外，还务必要附带诸如网络传播影响力分析报告、重大舆情处置案例集、线上群众服务成效清单这类特色材料。通过构建“双轨申报”系统，一方面考察他们在线下参与组织生活的实际状况，另一方面评估其在线上阵地建设方面取得的实际成效，进而把直播互动过程中的政治引领能力、短视频创作环节的价值传播能力、粉丝社群管理当中的组织动员能力等一系列新型能力指标统统纳入晋升评价体系。

2. 设立严谨的审核机制

可组建一个由组织部门、网信机构以及传播专家共同构成的复合型审核委员会，并建立起“三审三查”工作机制。在初审环节，主要针对网络言论的政治立场展开审查；到了二审阶段，则侧重于对传播内容的价值导向加以研判；而终审时，着重对线上线下的综合表现进行核验。在审核的整个过程当中，要运用大数据舆情分析技术，针对“网红”党员以往的历史传播内容开展语义挖掘以及倾向性评估方面的工作，与此同时，还可利用虚拟现实技术来还原他们在网络中的行为轨迹。

3. 优化公示监督机制

党员干部在任前进行公示，这属于党员干部选拔任用以及职务晋升方面的一项制度规定。它在进一步扩大干部工作相关信息的公开程度、切实强化群众监督力度、有效提高选人用人的公信水平等方面，都切实发挥出了积极的作用。[1] 应当构建起一套“双网并行”的监督体系，具体而言，在党内要借助数字党建平台来公示那些拟晋升人员的网络行为档案，在党外则依托主流社交平台去开通民意反馈的通道。还需建立起“晋升观察期”制度，针对公示期间那些所谓“网红”党员的线上表现展开动态的监测，着重考察他们在面对公众质疑时展现出的政治定力，以及在处置突发舆情之际具备的应变能力。

二、全面强化职业评价体系

网络职业评价属于党员政治属性同专业发展深度融合而形成的全新治理领域。强化该职业评价体系的制度构建工作，与“网红”党员队伍建设的规范性以及时代适应性有直接的关联。传统的评价机制没办法精准地把握意识形态传播效能跟网络影响力之间内在的联系，如此一来，在职业发展方向上就存在工具理性超越价值理性进而出现异化的风险。党内法规务必要对评价体系加以重构，建立起能让政治标准和技术参数相互校准的机制，要把党性原则充分融入职业能力评估的算法逻辑，从而使“网红”党员的价值创造能够始终依照主流意识形态传播的方向发展。

（一）实施多维度评价

构建起“网红”党员职业发展的保障制度体系，这无疑是推动全面从严治党朝着网络空间进一步延伸的极为重要的战略层面的制度安排举措。在当下由算法占据主导地位的信息传播整体格局之中，“网红”党员这一群体一方面得守护好网络意识形态这块重要阵地，另一方面还得应对流量逻辑以及党性原则两者之间存在的关于价值调整方面的诸多挑战。所以说，当下迫切地需要借助科学且合理、全面又细致的评价机制，来对他们的政治属性以及职业发展的坐标加以精准校准，进而达成红色基因和网络特性能够实现深度融合的目标。

---

〔1〕 参见朱岩：《切实发挥干部任前公示的群众监督作用》，载《领导科学》2013 年第 3 期。

1. 党组织的内部评价

确立起“双轨并重”的考核体系。一方面要考察线下组织生活的参与状况、党内政治生活呈现出的严肃程度等传统层面的指标，另一方面要更为着重关注线上传播体现出的政治站位情况、网络舆论引导实际达成的实效性、在面对重大舆情时展现出的政治敏锐程度等全新的维度。通过构建起“日常纪实+专项考核”的数字化档案管理系统，将“网红”党员在直播互动环节当中秉持的价值导向、在短视频创作过程里对意识形态的把控情形、在粉丝社群管理工作方面发挥的政治引领等一系列具体的指标，全部归入组织评价涉及的范围内。

2. 同行评审制度

由省级及以上的网信部门牵头，着手组建一个跨区域且跨平台性质的专家评审委员会。该委员会的成员涵盖诸多方面，其中有具备丰富实践经验的党员网络意见领袖，还有主流媒体融合传播方面的专家，以及从事网络社会治理研究的人员。评审体系需要将内容生产蕴含的政治内涵、传播手段呈现出的创新程度、网络社群具备的动员能力等这些核心要素都囊括其中，凭借“季度诊断+年度评估”这样的动态机制，来为“网红”党员制定出专业的发展规划。

3. 公众评价反馈机制

将领导评价和群众评价两者结合起来，这对于考察具有的真实性以及全面性而言，是极为重要的一种保障举措。[1] 公众给出的评价，是评估“网红”党员工作成果的非常关键的一项外部衡量指标。应当着手搭建起一个“双向交互”式的民意评估体系，该体系会从线上、线下这两个不同的维度去发力运作。就线上方面来讲，要开发那种具备智能化特点的舆情分析平台，针对“网红”党员传播的内容在群众当中的接受程度、传播的价值观在受众群体里的渗透状况，还有在社会矛盾调解方面产生的效果等诸多的数据维度，展开实时性的监测工作。而在线下方面，要设置专门的民意采集点，通过借助定向问卷调查、举办基层党群座谈会等多种方式，来对“网红”党员线上具有的影响力朝着现实社会治理效能进行转化的实际情况予以评估。这样的

〔1〕 参见闫小杏：《如何多视角考察识别干部》，载《领导科学》2014 年第 21 期。

一种制度方面的创新做法，一方面拓宽了群众监督在网络环境之下能够实现的途径，另一方面则构建起了在网络空间当中党群关系的全新连接纽带。

（二）深化评价结果运用

干部考核结果究竟该如何运用，直接影响到考核工作权威性及其生命力的重要方面。[1] 健全针对“网红”党员的评价结果运行机制，已然成为在新型网络领域里完善党员教育管理闭环的极为关键的制度层面的突破点。当下，网络传播形态正经历极为深刻的变革，在这样的大背景下，“网红”党员群体肩负着在意识形态阵地上守正创新的时代赋予的重大使命，然而，他们同时也实实在在地面临着职业发展路径并不是那么清晰明确的现实当中的困境。所以说，当下迫切地需要借助制度化的精心设计，把政治考核巧妙地转化成为能够有效促进“网红”党员不断成长的强劲动力，进而达成党性锤炼和职业发展两者之间的有机融合。

1. 将职业晋升转换机制与评价体系相结合

设立一种“双轨并行”的晋升体系。对于那些接连获得优秀评价的“网红”党员，要优先把他们归入网络宣传系统后备干部库，而且在融媒体中心、网信部门等这类专业岗位开展选拔工作时，特意为他们开辟出晋升的通道。对于具备跨界发展潜力的“网红”党员，能够依据《党政领导干部选拔任用工作条例》的相关规定，构建定向交流的机制，从而向文化传播、社会治理等诸多领域输送复合型人才。这样的一种制度创新，既依照了党管干部的基本准则，又突破了传统职业发展模式和网络传播特性不相匹配的局限，使“网红”党员的政治表现与组织培养达成价值上的共鸣。

2. 与高质量的培训机会相联系

设立以评价所得结果为导向的动态培训机制。针对考核成绩优秀的“网红”党员，优先安排他们去参与上级网信部门举办的专题研修班，还有主流媒体开展的融合创新实训等高端项目，以此全方位提升他们的政治传播能力以及媒介领导能力。而对于在考核当中显露出短板的“网红”党员群体，便

---

〔1〕参见谢忠平：《关于完善党政领导干部考核的思考》，载《中共天津市委党校学报》2015 年第 6 期。

借助定制化网络党课、舆情处置模拟训练等途径，有针对性地助力他们弥补不足之处、提升自身能力。这样的制度安排，一方面落实了全面从严治党朝着能力建设领域延伸的相关要求，另一方面也解决了网络传播技能更新速率跟不上技术发展这一实际存在的问题。

三、完善职业激励制度

构建起一套科学且规范的“网红”党员职业激励制度，这是在新时代背景下，针对加强网络领域党员队伍建设作出的极为重要的战略性制度创新之举。处在数字化浪潮不断涌动的当下，意识形态方面的斗争已然呈现出了全新的形态。对职业激励制度加以完善，不仅关乎个体党员的成长路径该如何去规划，还会直接对党的创新理论在网络这块重要阵地上的传播效果产生影响。通过构建起那种能将政治荣誉和职业发展有机统一起来、让精神激励与物质保障相互协调的制度体系，既能够进一步增强“网红”党员在网络空间里充分发挥先锋模范作用的内在驱动力，又能够很好地引导他们把个人拥有的影响力转化成为用于巩固党的执政基础的重要政治资源，进而为构建起清朗的网络生态提供坚实的组织保障以及充足的人才支撑。

（一）丰富物质激励手段

“网红”党员的职业发展，已然成为数字化时代党员队伍建设方面的一个全新命题。若要科学地构建起与之相关的物质激励体系，那么对于“网红”党员政治属性以及职业活力达成可持续的平衡状态而言，是极为关键的一点。在媒介环境当中，“网红”党员面临着市场价值创造和政治责任履行二者间存在的矛盾状况，传统的激励模式很难同时去契合网络传播规律以及组织纪律方面的要求。从一方面来讲，存在过度市场化致使政治属性被冲淡、被稀释的风险；从另一方面来讲，行政化的激励方式又有可能对创新活力起到抑制的作用。党内法规务必要通过对物质激励手段加以创新，从而在保障基本权益和激发职业潜能之间构建起一种动态的平衡关系，要让党性原则切实成为物质激励当中的核心价值，而非流于表面、流于形式的约束条件，进而为“网红”党员在虚拟与现实相互融合的治理环境之中，实现政治使命和职业成就深度且有效的融合提供相应的制度层面的有力支持。

1. 实施绩效奖励机制

绩效考核属于人力资源管理体系当中的一项内容，它实实在在是确保人员甄选工作、薪酬设计事宜、人员去留情况以及相关各项工作能够顺利开展的重要方式。[1] 绩效奖励作为一种很直接并且颇为高效的激励办法，在提升“网红”党员的积极性这个方面，表现是相当出色的。要构建针对“网红”党员绩效奖励的量化评估体系，就得打破以往由传统单一经济指标来主导的状况，进而开发出以政治传播效能以及职业贡献度为双核驱动力的评估模型。借助自然语言处理技术，针对政策解读方面的内容、正能量话题的设置情况、舆情引导取得的成效等来展开语义分析，从中提取出像意识形态传播的深度、广度以及受众认同度等这类指标，然后再与网络影响力的数据相结合，以此来构建综合绩效指数。利用区块链技术搭建奖励发放的系统，把绩效考核的结果当作智能合约的触发条件，从而实现奖励额度和政治贡献度之间的动态匹配。如此一来，不但提高了奖励机制的透明度，而且通过技术手段让政治属性深深地融入了激励逻辑。

2. 实行福利与补贴政策

要进一步完善“网红”党员的福利体系，那就得构建起一种把政治表现和职业风险相互挂钩的保障机制，同时还要设计出分级分类的福利供给模型。针对那些积极参与重大主题宣传活动，并且能有效引导网络舆情的“网红”党员，要为他们提供涵盖教育培训、健康管理以及法律咨询等诸多内容的定制化福利包，凭借服务质量方面存在的差异，来体现出政治贡献度不一样的价值区别。另外，要建立起职业风险补贴动态调整机制，要是有党员因为始终坚持党性原则而遭受了网络暴力或者出现了经济损失，那就依据舆情监测系统评估出来的风险等级，给他们发放专项补贴。福利政策创新最为关键的一点就在于打破平均主义，要把福利获取和政治责任履行紧密地结合起来，通过采取梯度化设计的方式，激发“网红”党员主动承担那些急难险重传播任务的内在动力。在制度具体实施的过程当中，还得配套开发福利效益评估系统，运用社会网络分析技术，对福利政策给党员传播行为产生的影响进行

[1] 参见濮锐、江衷：《事业单位绩效改革成效及其对员工工作倦怠的影响研究》，载《中共浙江省委党校学报》2016 年第 5 期。

追踪，并且要动态地优化福利结构，以此来确保物质保障始终能够和意识形态建设的需求保持一致，防止福利沦为脱离政治使命的单纯经济补偿。

（二）拓展精神激励形式

精神激励这种方式，主要是凭借满足人的精神方面的利益或者需求来调动人的积极性。[1] 在对“网红”党员职业激励体系加以优化的进程当中，增添精神层面的激励办法，是提升激励成效的关键手段。“网红”党员身处媒介环境之下，面临着市场价值认同和政治使命感知彼此疏离的状况，传统的精神激励模式很难契合网络传播要求的即时性以及意识形态建设所需的长期性这两方面需求。所以，有必要借助党内法规来构建荣誉体系和成长路径相互协同的机制，使精神激励能够成为推动职业发展的价值驱动力，而非只是徒有其表的形式化标签，进而在虚拟与现实相互融合的治理环境之中，达成政治自觉和职业成就的深度交融与互动。

1. 实施荣誉表彰计划

中国共产党设立的荣誉表彰制度，是党引领人民群众去达成党和国家政治方面目标、促使政治活动能够正常开展的一项极为重要的制度性安排。[2] 荣誉表彰对于激发广大党员积极奋发、努力进取，在各项事务中争取做到创先争优，有十分关键的作用。[3] 在构建针对“网红”党员荣誉表彰的精准化评估体系时，得改变以往传统评优过程中较为粗放的方式，着手开发出能够让政治传播效能以及社会效益两者共同发挥作用的评价模型。借助自然语言处理技术，剖析政策解读具备的语义深度情况、正能量话题在议程设置方面的能力表现、舆情引导是否具备时效性等一系列核心指标，并且结合区块链技术来对传播轨迹实施可信存证操作，以此构建出真实可靠且无法被篡改的政治表现图谱。设立分级式的荣誉授予机制，依照评估得到的最终结果，颁发诸如“网络先锋”“红色传播标兵”等颇具特色的称号，而且要通过智能合约，促使荣誉能够和党内职务晋升、培训资源达成自动关联。在该制度具

---

〔1〕 参见董丽君：《论公务员奖励的基本原则》，载《甘肃政法学院学报》2006 年第 6 期。

〔2〕 参见刘拥锋、罗永宽：《中国共产党表彰制度的发展历程与逻辑演进》，载《东北大学学报（社会科学版）》2022 年第 6 期。

〔3〕 参见王勇、潘牧天：《论党内激励制度的体系化建构》，载《观察与思考》2024 年第 12 期。

体实施的过程当中，还应当配套相应的动态调整机制，依据网络生态发生的种种变化，定期对评估参数进行更新操作，以此确保荣誉体系始终能够和党的宣传战略保持协调一致。

2. 宣传优秀“网红”党员的事迹

中国共产党向来十分注重借助榜样的力量去激励广大民众，促使大众在榜样的引领下不断奋进前行。[1] 要着手创建起关于“网红”党员先进事迹的全媒体传播矩阵，打破以往传统宣传采用的叙事模式，同时着力开发那种能够实现虚拟与现实相互融合的故事生产系统。运用虚拟现实方面的相关技术，把优秀党员在重大舆情事件当中起到的引导过程完完整整予以还原，凭借沉浸式的体验方式，进一步增强这些先进事迹本身具有的感染力以及示范效应。构建起能够实现跨平台联动的传播机制，在短视频、直播以及社交媒体等各不相同的场域中，针对多模态内容做好适配方面的相关工作，利用算法推荐技术，精准地触达目标受众群体。建立起针对事迹传播的党性审查机制，通过知识图谱相关技术，对叙事细节和党章党规之间的契合程度予以验证，以此来确保这些先进典型自始至终都能够成为主流价值的代表性符号。

第六节　完善“网红”党员监督规定

党员干部要习惯在受到监督以及约束的环境当中开展工作、进行生活，[2] “网红”党员自然也不能例外。在流量经济带来的裹挟影响以及多元思潮形成的冲击这双重考验面前，部分“网红”党员是比较容易陷入某些认知偏差的，比如会出现“看重传播技巧却轻视政治立场”“一心追求粉丝增长却忘却党员身份”这样的情况。所以当下急需借助监督法规具有的刚性约束力量，把政治纪律这条“高压线”切实转化成为职业行为的“导航仪”，以此来保证这支队伍在复杂的网络生态环境里始终能够恪守自己的“第一身

---

〔1〕 参见陈玲、阿丽努尔·塔斯恒：《中国共产党榜样教育的历史经验与现实启示》，载《学校党建与思想教育》2022 年第 14 期。

〔2〕 参见刘中：《党员干部要习惯在受监督和约束的环境中工作生活》，载《中国纪检监察》2023 年第 9 期。

份”，把住“第一职责”。构建起一套关于“网红”党员的监督制度体系，这无疑是净化网络政治生态的根本性策略，同时也为其职业能够健康发展提供了相应的制度保障。考虑到网络内容在生产方面呈现出即时性很强的特点，并且其传播具有裂变速度快的特性，那么就有必要建立一种能够贯穿“全平台账号、全流程行为、全生命周期”的穿透式监督机制。如此一来，既能对商业利益侵蚀政治原则这种类似于“慢性病”的情况加以防范，又可以对为了博取流量而触碰政治底线这类“急性症”的行为予以遏制。

一、明确监督标准维度

要明确“网红”党员监督标准维度，这属于平衡其网络职业特性以及党员政治属性的一项基础性制度设计。就“网红”党员而言，他们的网络行为有传播力较强、和粉丝互动较为频繁、商业属性较为突出等诸多特点。鉴于此，当下急需构建一个融合了意识形态方面要求以及新媒体传播规律的多维评价体系。通过对政治底线、职业伦理、社会责任等监督标尺予以清晰界定的方式，一方面能够防范流量至上主义对党员先进性产生侵蚀，另一方面还可以引导“网红”党员在市场化生存的环境下坚守党性原则。

（一）道德标准

党员道德建设并非仅能依靠党员自身的自觉意识，应当更为着重建设党员道德监督机制，搭建起党员道德监督的标准体系。[1] 在网络空间当中，道德失范的风险和党员先进性的要求相互碰撞，这便突出了构建契合新媒体语境的道德监督体系的紧迫性。要针对“网红”党员职业活动跨界特性明显、与粉丝互动频次较高等特点，把抽象的道德准则转变为具备操作性的行为规范，借助制度约束以及价值引领这两方面的作用，让他们在网络的浪潮之中既能维持自身的职业竞争力，又能占据道德的制高点，达成流量价值和道德价值共同存在且相互促进的良好局面。

---

〔1〕 参见牛月永：《构建干部道德监督权力与权利双重支持体系的思考》，载《领导科学》2015 年第 9 期。

1. 建立核心道德观基准监督体系

要规范“网红”党员的道德行为，就得实施“负面清单 + 正向引导”这样双向的规制举措。着手制定网络道德行为禁止性规定，在其中清楚明确地把参与炫富拜金、制造焦虑以及传播伪科学等这些和社会主义核心价值观相悖的网络行为都列为禁止项，把原本抽象的道德要求具体转化成像“直播的时候不可以暗示产品功效”“制作短视频时不得扭曲历史人物”这类能够实际执行的条款，借助党内法规来给“网红”党员的道德修养设定制度层面的要求。[1] 与此同时，还要同步建立起“道德积分动态管理制度”，从粉丝互动文明的程度、参与公益活动的比率、在网络纠纷调解方面作出的贡献值等诸多维度来设置可以量化的指标，实行按季度公示积分以及按年度进行道德评级的做法，把积分的结果和党内评优以及平台资源对接这两方面直接关联起来，让“网红”党员的道德表现可以被衡量、能够拿来作比较，进而为网络空间当中党员先进性的建设提供一个进行可视化评估的工具。

2. 构建网络道德示范责任传导机制

压实“网红”党员道德示范方面的责任，有必要形成一种“承诺公示 + 场景教育”的双重驱动模式。具体而言，要推行网络道德承诺公示制度，需让“网红”党员在其账号主页十分显著的位置嵌入电子承诺标识，将诸如“不传播虚假信息”“不带货三无产品”这类核心条款予以公示，借由粉丝的监督来倒逼他们实现道德方面的自律。与此同时，创建“道德风险场景模拟实验室”，通过运用虚拟现实技术，对网络暴力、商业贿赂等典型的道德困境进行还原，然后组织“网红”党员定期开展沉浸式的伦理决策训练，凭借情景演练的方式来提升他们应对复杂道德挑战的能力。这样的创新举措，一方面突破了传统单纯道德说教的模式，另一方面还使道德建设从以往的被动约束状态转变为主动养成的状态。

（二）纪律标准

强化党的纪律建设，对于推进全面从严治党而言，是极为关键的治本之

---

〔1〕 参见徐信贵：《党内法规的规范属性与制定问题研究》，载《探索》2017 年第 2 期。

策，同时也是促使中国共产党长久保持生机活力的重要途径。[1] 而纪律监督是纪律建设当中不容忽视的一个重要层面。严格落实纪律监督这件事，从古至今一直都是管党治党秉持的一贯性要求，并且它对于维护纪律具有的权威性来说，无疑也是一项极为重要的保障举措。[2] “网红”党员在网络空间里属于一种较为特殊的政治存在形式，针对他们的纪律标准以及监督工作，必须展现出更高一些的要求，秉持更为严格的衡量尺度，要把党内法规当中那些相对抽象的原则，切实转化成能够拿来相互对照、方便进行检测，而且可据此展开问责的具体衡量标尺。鉴于网络行为往往具有隐蔽性很强、传播扩散速度又很快的特点，当下迫切需要构建起一套契合数字传播自身规律的纪律监督体系，从而让“网红”党员在尽情享受其职业赋予的自由度时，始终能够将那犹如“带电高压线”一般的纪律约束牢牢记在心中。

1. 以纪律清单为尺划定行为禁区

确立起“网红”党员网络行为纪律条款的对照体系，拟定网络空间党员行为纪律负面清单。按照《中国共产党纪律处分条例》的关键条款，联系网络传播具有的特性，对政治纪律、宣传纪律、廉洁纪律各自具体的表现形态加以细化，如“不可以用娱乐化的方式去解构重大政治理论”“要禁止凭借党员身份给商业机构站台背书”“务必严禁在敏感节点发出未经核实的舆情信息”等这类禁止性的规定。与此同时，配套开发“纪律智能检索系统”，对党内法规的条文同网络直播话术、短视频文案、评论区互动等具有代表性的场景进行智能匹配，一旦“网红”党员发布的内容触动了关键词，就会自动推送关于纪律风险的提示信息。并且同步建立“纪律教育沙盘推演机制”，定期挑选网络意识形态领域当中的典型案例，组织“网红”党员模拟处在涉纪情境之下的处置流程，借助角色扮演的方式来强化“纪律反射”的意识。

2. 以行为画像为鉴明晰监督靶点

构建起“网红”党员网络行为的动态监督模型，由此形成一条“智能监测，之后人工研判，再到分类处置”的闭环监督链条。在技术层面着手研发

---

〔1〕 参见柴宝勇、齐雨萱、陈若凡：《党的纪律建设的历史演进、基本经验和实践路径——基于〈中国共产党章程〉的历次修订》，载《世界社会主义研究》2023 年第 7 期。

〔2〕 参见周多刚、李光：《习近平总书记关于全面加强党的纪律建设的重要论述探析》，载《理论与现代化》2024 年第 4 期。

“纪律遵守度评估算法”，借助语义分析、情感识别以及传播路径追踪等相关技术手段，针对“网红”党员账号发布的内容展开政治倾向性方面的评分工作，进而自动生成“红黄蓝”三色纪律风险预警图谱。从制度层面来讲，要建立起“分级监督响应机制”，对于蓝色预警的账号给予教育提醒，针对黄色预警的账号则启动组织约谈，而面对红色预警的账号便开展立案审查，以此实现监督力度和风险等级之间的精准匹配。与此同时，同步推行“纪律监督阳光台账”，要求基层党组织每个月都对辖区内“网红”党员的纪律遵守状况予以公示，并且详细列出问题的发现途径、处置依据以及整改成效等诸多信息，从而接受党员群众的评议与监督。

（三）法律标准

网络空间不是“法外之地”。[1] 倘若对于党员在网络方面的相关言行不施加纪律方面的约束，那么就极有可能产生不良的示范效应，甚至会引发负面的网络舆情，进而对党的形象以及党群干群关系造成极为严重的损害。[2] “网红”党员身上同时具备党员的政治属性以及网络职业的相关特性，其言行是否符合法律规定，会直接对党的形象以及法治权威产生影响。所以当下迫切需要构建起一个与新媒体传播规律相适配的法律监督框架，借助刚性的制度约束，促使法律底线转化成为一种行为上的自觉，从而在流量竞争以及遵守法制之间设立起一道不可逾越的红线，以此来确保其网络活动既能充分展现出创新活力，又能恪守法治精神。

1. 构建网络行为合法性审查体系

规范“网红”党员的法律行为，有必要实施“前置审查与动态监测”相结合的双重防控机制。着手建立“网络内容法律合规指引手册”，把广告宣传、知识产权以及消费者权益保护等诸多领域当中的禁止性条款加以细化。针对直播带货过程中出现的虚假宣传、短视频音乐侵权这类高发问题，精心编制典型案例库。要求“网红”党员在发布相关内容之前，务必要完成合规

---

〔1〕 参见习近平：《论党的宣传思想工作》，中央文献出版社 2020 年版，第 173 页。

〔2〕 参见吕玲雁：《如何根据〈条例〉认定处理违背公序良俗、在网络空间有不当言行等行为》，载《中国纪检监察》2024 年第 14 期。

性的自我检查，并且上传电子承诺书，借助制度层面的预防举措来降低违法方面的风险。开发“法律风险智能预警系统”，将其接入市场监管、版权登记等各类数据库，运用语义分析技术对“网红”党员的网络言行展开实时扫描，一旦发现疑似违规的内容，便会自动触发“黄橙红”三级预警。党组织依据预警的不同等级，相应地采取约谈提醒、强制下架等一系列干预措施，达成违法苗头早发现、早处置的效果。

2. 建立法律边界量化评估机制

要切实强化法律监督的实际成效，那就得形成一种协同治理模式，也就是把“指标化评估”和“联合审查”这两方面结合起来。制定网络行为法律合规评估指标体系，从内容合法性、商业行为规范性以及争议解决合规性这几个维度来设置具体的指标，从而把那些抽象的法律要求转化成像是“直播话术禁用绝对化用语”“选品供应链可溯源证明”这类能够实际操作的标准，还要开展季度达标考核以及年度法律评级。另外，要构建起“网信 + 司法 + 平台”三方联审的机制，针对粉丝量级达到一定阈值的“网红”党员账号实施备案管理，定期开展跨部门的联合法律审查，着重核查像税务申报、广告代言、版权使用等这些容易出现法律风险的点，并且建立起审查结果和账号权限、党内考核相互联动的惩戒机制，让“网红”党员可以清楚地认识到法律的边界并始终能够绷紧法治这根弦。

二、明确监督内容

鉴于网络传播具备隐蔽性较强的特点，且价值传导有渗透性较深的特征，相关法规务必要把监督内容细致划分到诸如“议题设置的政治倾向”“粉丝互动的价值导向”“商业合作的政治风险”等微观层面，要将党的政治纪律以一种更为具象化的方式呈现出来，比如转化为“不得消解政策所具有的严肃性”“严禁对主流价值进行模糊处理”“杜绝传播那些灰色文化”等一系列禁止性的具体条目，通过对职业行为当中“可为”以及“不可为”的情况作出精准的界定，一方面能够有效防范“网红”党员在被流量裹挟的情形下逐渐淡化自身的政治身份，另一方面也能够为其在职业创新方面划定出安全的区域范围，进而让监督制度切实成为规范其在网络上言行表现的“防波堤”以及“导航灯”。

（一）政治纪律监督

党的政治纪律是党的纪律规矩中最重要、最根本、最关键的纪律。[1] 强化对政治纪律执行情况的监督检查，是新时代加强党的政治纪律建设的创新性发展。[2] 在互联网蓬勃发展的时代下，“网红”党员借助自身拥有的社会影响力，已然成为传播党的声音的重要媒介之一。然而，其中也有个别人员存在政治纪律意识不强、较为薄弱的情况，这种状况很可能给党的形象带来一些负面的影响。所以，当下迫切需要构建起具有针对性的监督机制，要把党内法规具有的刚性约束拓展并延伸到网络空间当中，以此来保证“网红”党员自始至终都能够站在正确的政治立场上。

1. 构建全时全域监督体系

聚焦“网红”党员在网络空间里诸如言论发布、直播互动这些关键环节，构建起一套“技术监测 + 人工研判”的动态监督机制。利用舆情监测系统来实时抓取“网红”党员账号发布的内容，并且结合自然语言处理技术对其中可能存在的敏感信息作初步的筛查，而后再安排专职党务工作者针对这些内容展开政治方面的严格把关，如此便形成了一种“机器不停运转、人工毫不懈怠”的监督闭环状态。与此同时，还要建立起分级响应机制，对于那些涉及重大政治原则问题的网络行为，要依据《中国共产党纪律处分条例》当中有关违反政治纪律处分的规定内容，组织起由网信部门、组织部门以及纪检机关共同构成的联合调查组，以此来保障问题线索处置时具备应有的权威性以及规范性。

2. 健全自查与抽查结合机制

党组织需让“网红”党员依照《关于新形势下党内政治生活的若干准则》里“严明党的政治纪律”部分的规定，每个月都要作出一份专项报告，这份报告得包含对网络言行展开自查的情况、对自身思想动态加以剖析的内容以及制定整改措施的相关事宜，做完之后要经过所在党支部集体评议，然

〔1〕 参见田歧瑞、张尚字：《中国共产党加强政治监督的时代意蕴、职责厘定与实践路向》，载《河南师范大学学报（哲学社会科学版）》2020 年第 6 期。

〔2〕 参见刘畅、王馨雨：《中国共产党政治监督的历史演进、基本特征与发展路径》，载《中共中央党校（国家行政学院）学报》2023 年第 6 期。

后将其归档留存起来。与此同时，基层党组织也要同步建立起“双随机”抽查制度，通过诸如突击检查直播录像、抽样分析粉丝互动情况、突然调阅自媒体后台数据等方式，着重核查自查报告是否真实以及整改措施是否具有实效性，进而推动“网红”党员把政治纪律方面的要求在内心当中转化成为自身的价值准则，并且在实际行动上体现为自觉的行为表现。

（二）职业道德监督

党员干部的职业道德，在引导并规范党员干部正确履行自身职责、尽到应尽义务方面，有不容忽视的重要作用。[1] 构建起一套系统且完备的“网红”党员职业道德监督体系，本质上就是全面从严治党朝着新兴领域不断延伸而展开的一种积极探索之举。通过借助负面清单来明确划定行为方面的禁区，同时利用合规审查筑牢廉洁防线，如此一来，一方面能够切实有效地防范“网红”党员在网络空间当中出现道德失范这类问题，另一方面也能够充分地发挥出他们作为党员在网络生态环境里应有的示范引领作用。

1. 规范职业行为边界

对于“网红”党员在其职业活动里存在的道德风险点，有必要构建起能够贯穿网络行为整个周期的负面清单制度。首先要做的就是清晰明确地把那些有悖于社会主义核心价值观的网络传播行为以及违反相关规定的流量炒作行为通通纳入清单的管控范围内，借助列举式的条款来给“网红”党员界定出绝对不能跨越的职业红线。其次，还得着重对网络直播带货、知识付费等这些新兴业态里面出现的虚假宣传、数据造假等一系列不正当竞争行为加以规制，要让行业监管方面的要求和党员纪律规范实现有机的衔接。而这样的负面清单管理模式，意义就在于一方面能够为“网红”党员提供较为具象化的行为指引，另一方面则是通过清晰地划分道德底线，从而有效地防范他们的职业行为出现异化的情况，进而确保在网络空间当中能够有正向的价值引领作用。

---

[1] 参见萧鸣政、张满：《当前公务员职业道德建设的三个基本问题》，载《北京大学学报（哲学社会科学版）》2017 年第 3 期。

2. 完善商业合作全流程合规审查体系

聚焦“网红”党员参与商业推广活动时面临的廉洁风险防控事宜，就务必要构建起由党组织来主导的合规审查机制。其中最为核心的环节，就是设立商业合作项目备案审查方面的制度，要让“网红”党员在着手签订代言协议，以及开展广告营销这些活动之前，向党组织详细报备合作方的相关资质情况、所推广的具体内容以及收益方面的实际情况，随后由纪检部门依据《中国共产党廉洁自律准则》来展开前置性的审查工作。而关键的举措在于落实合作过程中的动态监督，借助大数据监测技术去追踪所推广内容的传播效果，仔细核查是否存在诸如夸大产品功效、隐瞒利益关联等这样的失信行为。这种全链条式的监督模式的价值就体现在，一方面能够把党内监督进一步延伸到新兴的职业领域当中，另一方面还可以通过组织层面的监管来倒逼“网红”党员不断强化自我约束，从而使他们在参与市场经济活动的整个过程里，始终都能够坚守住党员应有的本色。

（三）网络行为监督

规范党员干部在网络方面的行为，是新时代党的建设这一伟大工程里极为重要的一个层面。[1] 构建一套科学且严密的针对“网红”党员网络行为的监督制度，本质上就是把全面从严治党的相关要求切实转化成网络空间治理方面实际效能的一个特别关键的办法举措。借助双审核这样的机制来筑牢意识形态方面的防线，依靠数据协同体系去提升监管方面的能力层级，这样的制度设计，对于强化“网红”党员应有的政治担当，对于净化网络舆论生态环境而言，都有十分重要的实践方面的价值，并且为在数字化时代加强对党员网络行为的管理工作提供了具有操作性的制度方面的范本。

1. 建立内容生产双审核机制

就“网红”党员网络账号传播力强劲且覆盖面宽泛的特点而言，得构建起内容审核的立体防控体系。其核心在于施行发布前的政治审核制度，“网红”党员在制作关乎重大时政议题以及民生热点话题的视频图文时，务必要提前将内容脚本递交给党组织，接着由宣传部门参照《中国共产党宣传工作

---

〔1〕 参见支振锋：《健全规范党员网络行为制度体系》，载《中国党政干部论坛》2024 年第 9 期。

条例》来把好意识形态这一关，着重审查观点立场是不是正确、价值导向是不是积极向上。关键之处还在于得建立互动行为的动态监管机制，借助技术手段针对直播弹幕互动、粉丝社群管理等各个环节展开实时扫描，以便及时捕捉到那些暗示性的不良言论或者非理性的群体情绪。这种双重审核机制的意义就在于，一方面能从源头处彻底杜绝错误思想的传播，另一方面又能在交互场景里有效防范舆情风险，进而确保“网红”党员网络行为的政治安全性。

2. 构建数据协同监管体系

着眼于“网红”党员网络行为呈现出的数据化方面的特征，那么就需要在组织监督以及技术监督二者协同的模式上进行创新。关键之处在于要建立起账号数据强制报备的相关制度，要让“网红”党员能够定期向其所属的党组织提交账号运营数据包，这里面涵盖像粉丝增长曲线、内容传播图谱、商业合作明细等这些核心的参数，进而为组织分析判断其网络行为轨迹提供相应的数据方面的支撑。而重中之重是要创建出行为评估诊断模型，组织部门要联合网信机构一同去开发党员网络行为分析系统，借助机器学习来解析诸如内容主题分布、情感倾向等深层次的特征，从而自动生成关于政治表现的评估报告。这种数据化监管模式在创新方面的意义就在于，其既能够破解在网络行为监督过程中存在的虚拟化方面的难题，又可以凭借量化分析来提升监督的精准程度，最终达成党内监督制度和数字治理技术深度融合的效果。

三、明确监督方式与程序

网络空间传播有即时性特点，党员监督则具有严肃性要求，这两者之间存在一种张力。所以得结合“网红”党员的职业特性去创新监督的方式。要把大数据监测以及组织生活评议融合起来，以此构建起全链条的监督程序。这样做一方面能够破解传统线下监督在覆盖网络行为方面存在不足的困境，另一方面还能避免技术监控对职业自主性进行过度的干预。要在动态捕捉网络舆情以及深度把握思想动态之间建立起一种平衡机制，让监督程序不单单成为规范言行的制度约束，更是能够作为抵御资本异化、坚守初心使命的防护保障，进而为新兴领域党员管理提供可参考借鉴的治理办法。

（一）实施日常监督

构建起科学且高效的“网红”党员日常监督体系，本质上就是全面从严治党朝着网络空间更深层次发展所作的一种制度层面的探索。借助双重监督机制来保证其政治本色始终维持不变，同时依靠智慧监管体系让行为约束一直不出现间断的情况。这样的一种制度设计，对于强化“网红”党员的政治方面的自觉意识、维护网络意识形态领域的安全，有极具战略意义的价值，并且为新时代下进一步加强新兴领域中党员的教育以及管理工作提供了能够进行复制并且推广开来的实践方面的样本范例。

1. 构建线上线下双重监督机制

要做好党员监督工作，就得把科技方面的优势与优良传统相互融合起来，要始终坚持线上与线下相结合的方式，唯有如此，监督工作才能够更加精准且高效。[1] 针对那些网络活动颇为频繁的“网红”党员具有的特点，有必要建立起一种既重视实体组织生活又看重虚拟空间行为的监督体系。其核心在于实行组织生活纪实管理制度，借助标准化的考评体系来对“网红”党员参与“三会一课”、主题党日等活动的出勤率以及贡献度展开量化评估，同时要求他们定期提交结合自身职业特点的思想汇报材料，着重考察他们在网络上的言行与党员身份要求是否契合。关键之处在于要建立起网络行为突击检查制度，在重要的时间节点或者舆情处于敏感时期，针对“网红”党员的直播内容、社交账号互动等网络痕迹展开随机抽查，重点核查是否存在违背政治纪律的不当言论。这种双重监督模式的价值就在于，既能牢牢守住实体组织生活的制度根基，又能把监督的触角延伸到网络职业场景之中，以此来确保“网红”党员在线上与线下的政治表现能够保持一致。

2. 创建智慧监管动态预警体系

大数据为包含党内监督在内的政党治理提供了强有力的支撑，从这个层面来讲，党内监督需要充分借助现代信息技术，从而对监督方式予以创新，

---

〔1〕 参见汪洪：《线上线下结合让监督更精准高效》，载《中国纪检监察》2020 年第 7 期。

对监督资源加以整合，并且将监督平台进一步拓宽。[1] 面对“网红”党员网络行为呈现出的数据化、即时化特点，务必要推动传统监督方式朝着技术赋能型监管去转变。关键之处在于构建网络行为数据采集系统，借助接口和主流社交平台对接，实时抓取“网红”党员账号的直播录像、弹幕互动、打赏记录等多维度数据，运用自然语言处理技术去识别敏感信息。其核心在于建立分级预警处置机制，依照舆情热度、话题敏感度等参数来设置有差异的预警阈值，针对涉及政治立场有偏差、价值导向存在错误等带有苗头性的问题，要启动蓝色预警，由党组织开展约谈提醒工作；而对于已经形成负面舆情的红色预警事件，就要联动网信部门开启联合处置程序。这种智慧监管体系的创新价值就在于，一方面能够实现对“网红”党员网络行为的全天不间断覆盖，另一方面还能通过预警前置，把监督关口从结果追责转变到过程防控上来，充分彰显党内监督制度和数字治理技术的深度融合状态。

（二）开展专项监督

专项监督是纪检监察机关极为重要的一种工作方式。[2] 专项监督机制在构建时，本质就是对党内监督体系作出的一种具有创新性的拓展之举。通过把传统的监督手段和网络技术深度融合，不但能够为“网红”党员在规范用网方面画出一条清晰明了的红线，而且能为新业态新群体当中的党员管理工作提供极具参考价值的制度样本。这样一种能够与时俱进的监督实践活动，充分彰显出全面从严治党朝着网络空间不断延伸的那份坚定不移的决心，对于维护党的先进性以及纯洁性而言，有极为重要的现实意义。

1. 聚焦网络阵地，强化全周期监督

构建起针对“网红”党员参与重大网络项目的专项监督体系时，务必要着重把握网络传播具有的即时性以及扩散性方面的特征。应建立起一条涵盖“项目报备、内容预审、动态跟踪”这样全流程的监督链条，要把像网络直播带货、公益募捐之类的新型传播业态都纳入监督的视野范围。在具体开展实

---

〔1〕 参见陈朋：《党内监督的演变及未来展望——基于新中国成立75年来的历史回溯》，载《南京师大学报（社会科学版）》2024年第4期。

〔2〕 参见黄武：《发挥好专项监督优势》，载《中国纪检监察》2022年第10期。

践活动期间，可以要求“网红”党员所在的党组织建立起关于网络活动的台账，针对他们涉及公共议题发声、商业合作推广等诸多行为实施分类管理，着重核查是不是存在违规代言、不当牟利等这类违纪方面的风险情况。这种采用嵌入式的监督机制，一方面能够对“流量变现”过程当中可能出现的廉洁风险予以有效防范，另一方面还能够引导“网红”党员正确地运用自身拥有的网络影响力。与此同时，还应当建立起多部门相互联动的机制，对网信、纪检监察等专业的力量加以整合，针对网络舆情的数据展开智能分析，凭借穿透式的监督来精准地识别出那些异常的行为，以此来确保监督工作既能与网络传播的规律相契合，又能严格地守住党纪的底线要求。

2. 深化结果运用，构建长效监督机制

专项监督的效能说到底得在问题的整改以及制度的完善方面有所体现。就监督过程中发现的“网红”党员言行失范的问题而言，务必要构建起一套“清单管理—限期整改—效果评估”这样的闭环式机制。具体来讲，可以试着建立一种“双线整改”的模式：在网络线上，要求涉事的党员借助原传播渠道来公开进行纠错；在线下则由其所在的党组织开展专门的专题组织生活，以此来实施批评教育，进而形成网络空间和现实政治生活二者在监督方面的合力。这样一种立体化的整改机制，一方面能够较为及时地消除网络带来的负面影响，另一方面还可以强化“网红”党员的纪律方面的意识。还应当建立起典型案例的通报制度，挑选那些具备警示教育意义的案例在党内予以通报，如此既能展现出监督具有的严肃性，又能发挥出教育引导的作用。

（三）规范监督程序

“网红”党员于网络空间有特殊影响力，这就使针对他们的监督工作务必要构建起严密的程序规范。一方面得维护党内监督具有的严肃性，另一方面还需适应网络传播呈现出的复杂性特点。以党内法规的基本原则为立足点，建立起标准清晰明确、流程能够有效控制的监督程序，而这无疑是防范“网红”党员出现网络行为失范情况的极为重要的制度保障。

1. 规范程序启动，筑牢监督防线

确立一套科学且合理的监督程序启动机制，这无疑是防范“网红”党员出现网络行为失范情况的首要关键环节。要把“收到实名举报并且所提供的证据清晰明确”以及“通过监测察觉到传播内容偏离了政治方向”设定成双重启动条件，前面那种情况能够展现出群众监督具备的效力，后面这种情况则可强化组织监督拥有的主动性。在具体的实践操作过程当中，应当构建起一条“由基层党支部率先开展初审—由上级纪委进行复核—由党委作出集体决策”这样的三级审批链条，要明确规定党支部书记就是第一研判责任人，上级纪委要安排网络监督专员来负责技术层面的审核工作，以此确保程序启动的时候既不会出现随意扩大范围的情况，也不会出现应该启动却没有启动的状况。与此同时还要建立起一个网络行为预警指标库，针对粉丝数量突然发生变化、商业合作变得十分密集等这类异常数据设置自动触发程序，借助技术手段把传统的被动监督转变升级为智能的主动防控模式，实实在在地解决网络监督存在滞后性的问题。

2. 细化操作标准，提升监督质效

监督程序有极为重要的核心价值，其关键在于凭借规范化的一系列操作，达成政治效果同法治效果二者的统一。要建立起所谓的“双线并行”这样的取证规则，一方面得针对“网红”党员发布的图文视频，运用区块链技术来存证，以此固定电子证据，另一方面还得针对其线下的行为轨迹开展组织层面的调查，进而形成一个完整的证据闭环。在实际的操作过程当中，应当推行“核查组双人亮证”的相关制度，具体而言，网络取证工作务必要由纪检监察机关和网信部门携手共同来完成操作，而线下的问询环节需要同步进行录音录像，以此来保证整个监督的过程是能够经得住历史检验的。必须建立“限期办结＋分段反馈”的机制，明确规定在线索初核、立案审查等诸多环节当中的时限方面的要求，并且在每一个关键的节点上，都要向被监督的“网红”党员及其所在的党组织通报相关的进展情况。

第七节　完善“网红”党员违规惩处规定

“网红”党员出现的违规行为，因其带有网络化这一显著特征，所以给传统党内纪律处分体系带来了不小的挑战。这类违规行为是依托数字技术赋权而产生的，其在传播过程中出现的越轨行为具有隐蔽性特点，同时具有扩散性以及再生性等特征。这种全新形式的违规情况已然突破了传统党员管理涉及的地理边界以及时间维度方面的限制，在算法推荐以及圈层传播发挥的作用之下，个别出现的失范行为极有可能逐渐演变成系统性的政治风险。构建专门针对此类情况的惩处法规体系，既是应对网络空间当中党员管理变得越发复杂这一状况的一种制度层面的创新举措，又是维护意识形态安全的一条走法治化的路径，借助将技术治理与组织监督相互融合的方式，实现对违规行为的精准识别以及动态治理。该法规的制定，意味着党内纪律建设迈入了数字治理的全新阶段，能够为“网红”党员的网络行为清清楚楚地划出制度方面的红线，并且借助数字技术给监督执纪赋予能量,〔1〕进而不断提高纪律审查的精准程度与时效特性。

一、明确违规行为类别

网络空间具备去中心化的传播特性,〔2〕同时流量经济有其自身的资本逻辑。在这样的情形下，“网红”党员在从事意识形态传播工作以及实现个体价值的过程中，面临着一种以往从未出现过的张力。他们的一些行为出现失范情况，而这些失范行为已经没办法完全被传统的伦理框架容纳。党内法规需要关注网络空间里权力符号异化这样新出现的风险，全面且系统地梳理那些有可能引发政治伦理危机的行为，还有那些会消解组织权威的行为类别，形成一个完整的行为谱系。明确违规行为类别的本质这件事的意义就在于构建起在网络时代针对党员行为进行评价的元规则。

（一）政治纪律违规

网络空间里意识形态方面的斗争情况相当复杂，而“网红”党员的身份又有特殊之处，这两者相互缠绕在一起，使在政治纪律方面出现违规的情况呈现出一种虚实相互交融、产生的影响成倍增加的明显特点。“网红”党员在公共舆论场域当中的一言一行，不只是局限在个体表达范围里，而是和党的

〔1〕 参见祝天姝:《数字技术为监督执纪“赋能”》，载《中国纪检监察》2024 年第 17 期。

〔2〕 参见宋辰婷:《元宇宙的社会潜能和变革性影响——从网络权力的维度》，载《理论与改革》2023 年第 1 期。

形象塑造工作以及政治权威的构建有极为紧密的联系。党内法规在面对这类比较特殊的主体时，所设置的纪律约束内容，主要是把重点放在那些有可能会动摇党的执政根基，还会对主流意识形态起到消解作用的违规行为上。借助明确给出的禁止性规范以及惩戒性条款，搭建起能够防范政治风险、维护政治安全的一道制度方面的屏障。

1. 禁止发表不当政治观点

网络空间里，言论传播会产生裂变效应，当这种效应和“网红”党员政治身份具有的敏感性叠加到一起的时候，就使不当言论行为带来的政治危害一下子呈几何级数般被放大。[1] 其凭借新媒体平台还衍生出了传播权力，[2] 这权力有可能成为主流价值传播的加速器，可也有可能异化成为意识形态风险的策源地。党内法规得针对“网红”党员在网络空间发表的政治言论设定较为严格的边界，绝对禁止他们利用自身具备的传播优势，散布那些和党的理论、路线、方针、政策相互违背的言论。这类违规行为常常会有这样一些表现形式，比如以学术探讨为掩护，来对主流意识形态进行解构；借助网络流行的话语，消解政治概念原本具有的严肃性；又或者是运用隐喻、反讽等修辞手法，传播错误的思潮。其危害性不单单体现在观点自身存在政治偏差这一方面，更在于能够借助网络传播的裂变效应，形成意识形态方面的渗透。党内的纪律审查应当着重研判言论内容实际具有的取向，要判断其是不是突破了“两个维护”这样的政治底线，是不是造成了党员群众在思想上出现混乱的情况，是不是削弱了党的政治领导力。对于那些打着“观点创新”的旗号，实际上是在挑战政治原则的言论，党内法规应当通过纪律处分的方式来进行政治方面的纠偏，以此来确保网络空间始终能够作为巩固党的执政地位的重要阵地。

2. 禁止参与有害政治活动

党内法规必须严格禁止“网红”党员参与任何有可能给党和国家政治安全带来危害的有组织活动。这其中涵盖的行为包括但绝不限于借助网络社群来组建非法的政治团体，精心策划线上的政治串联活动，以及传播由境外敌

---

〔1〕参见张加明、靖小琴：《网络言论理性表达引导的道德困境及其调适》，载《广西社会科学》2017 年第 1 期。

〔2〕参见马立德、程怡、李韬：《平台型媒体对传播权力的重构与治理之道》，载《青年记者》2021 年第 3 期。

对势力炮制的政治渗透内容等。这类违规行为具有一定的隐蔽性，它可能会拿文化交流、学术研讨这类合法活动当作掩护，实际上是在暗中实施那种会消解党的集中统一领导的政治操作。党内开展纪律审查的时候，应当着重考察相关行为的组织化程度是怎样的，其政治目的指向何方，还有就是会产生什么样的现实危害后果。对于那些利用网络技术手段扩大政治对抗所产生的影响，并且借助粉丝群体来实施政治动员的行为，党内法规要凭借纪律惩戒的方式，坚决斩断其传播链条。

（二）廉洁纪律违规

数字媒介背景下的利益输送呈现出被动、便捷以及隐秘等特点，[1] 这和“网红”党员政治身份具有的公信力之间产生了价值上的冲突。其凭借数字身份催生出了新型寻租模式，给传统的廉政建设带来了挑战。“网红”党员属于较为特殊的党员群体，他们掌握着网络话语权，还具备流量变现的能力，其违纪行为常常会突破传统权钱交易的模式，借助数字技术的手段，对利益输送进行隐蔽化处理，同时还实现了合法化的包装。党内法规对于这类出现变异的腐败形式，着重对网络场域里公权私用、利益相互勾连等违纪行为加以规制。通过建立能适应数字时代的纪律审查标准，保证党员在参与网络经济活动的时候，自身的纯洁性不会遭到流量资本的侵蚀。

1. 禁止收受网络财物

智慧互联网正深刻地改变着人类社会呈现出的历史形态，与此同时，还诱发腐败犯罪发生变化，不断朝着新型腐败以及隐性腐败的方向发展。[2] 收受网络财物便是其中较为典型的一种表现形式。党内法规需要对“网红”党员加以严格约束，禁止他们利用自身在网络上的影响力，以一种变相的方式收受粉丝打赏、虚拟礼物、付费问答等这些属于数字化的利益输送。这类违纪行为有其自身的特殊性，它有可能披着像是“自愿赠与”“知识付费”等这样看似市场化的外衣，实质上却是权力寻租在网络环境当中出现的异化形

---

〔1〕 参见周凯、马遥：《领导干部新型腐败的表现形式及防范对策——基于数字媒介视角》，载《领导科学》2021 年第 13 期。

〔2〕 参见莫洪宪：《智慧互联网视域下腐败犯罪嬗变的系统治理——以新型腐败和隐性腐败为视角》，载《中国人民公安大学学报（社会科学版）》2024 年第 4 期。

态。党内纪律审查工作应当着重穿透经济行为表现出来的表象，细致地剖析打赏收益和党员职务行为之间存在的关联性，从而准确识别是否存在利用党组织赋予的政治身份来进行变现操作的情况。对于那些通过直播比拼、粉丝群专属内容等这类新型互动方式获取超额收益的行为，务必要追溯资金的流向以及权力影响二者之间存在的因果链条，以此来判定其是否构成了变相受贿的情况。

2. 禁止网络营利谋私

党内法规得明确约束“网红”党员，以防他们把自身政治身份变成商业资本来用。要禁止这类党员借着流量套现、直播带货、知识付费等途径，做那种把公私利益混在一起的营利之事。党内展开纪律审查的时候，得着重对网络商业活动里出现的权力渗透情况加以甄别。对于利用党员身份获取平台流量方面倾斜优势、通过党建主题相关内容搞商业引流、借着组织活动名义推广私货等一系列行为，必须准确地划出正当副业经营和违规利益攫取之间的界限。在事实认定层面上，不但要审查经济收益具体的数额大小，而且得评估其营利行为是不是挤占了公共网络资源，是不是消耗了党的政治信用。

（三）工作纪律违规

网络空间工作呈现出虚拟化的形态，而“网红”党员履职行为又有公开化的特点，这两者相互碰撞之后，便催生出带有时代特征的纪律风险具体样态。“网红”党员属于依托数字平台开展相关工作的新型党员群体，他们在从事职业活动的时候，常常会让组织边界和个人空间的区分变得模糊起来，如此一来，传统的工作纪律规范就不得不面临网络技术赋权带来的一系列挑战。党内法规对于这类新型的违纪形式应给予关注，着重对网络场域当中出现的失职渎职、权力发生异化等行为加以规制。通过构建能够适应媒介化工作场景的纪律衡量标尺，确保党的组织纪律在网络空间当中依然可以保持刚性的约束效力。

1. 禁止泄露工作机密

中国共产党向来有保守党的秘密这样优良的作风与传统。[1] 身为共产党

[1] 参见陈福荣：《中国共产党党纲党章“保守党的秘密”义务——基于建党百年的历史考察》，载《思想政治教育研究》2022 年第 6 期。

员，务必要牢记在入党之际许下的那庄重的承诺，不管在何时，也不管在何地，都得把党的秘密牢牢守住，要在革命时期为保护生命、争取胜利贡献力量，在建设时期为保障安全、推动发展全力以赴。[1] 党内法规应当严厉禁止“网红”党员凭借网络传播具有的优势，违规地把还没有公开的党务信息、组织决策的过程或者内部的工作资料给披露出来。这类违纪行为有其特殊之处，那就是其有可能通过直播互动、在粉丝社群里进行交流或者开展自媒体内容创作等多种途径，把那些碎片化的信息加以拼凑、重新组合，进而形成泄密的实际情况。党内进行纪律审查的时候，需要着重穿透技术貌似中立的表象，仔细研判信息传播是不是突破了组织规定的知悉范围，是不是给党组织的工作部署带来了实质性的干扰。对于那些以“经验分享”“工作揭秘”为包装的隐性泄密行为，应当建立起专业化的内容分析机制，以便能够准确地识别其是不是触碰到了党组织的信息安全红线。

2. 禁止网络履职懈怠

党内法规得明确对“网红”党员在网络履行职责期间出现的形式主义以及消极作为加以约束，不准他们把组织给予的传播职责给扭曲成用来经营个人流量的工具。党内开展纪律审查的时候，要着重考察网络履职行为实际产生的效果。要是存在把党建直播变成才艺表演、将政策宣讲给弄成娱乐段子、把思想教育转变为商业引流这类行为，那就得精准判定一下其是不是偏离了组织工作的目标。在对事实进行认定层面上，一方面得审查内容产出涉及的数量方面的指标，另一方面还得评估其传播活动有没有实现政治引领方面的效能，是不是消耗组织的公信力去换取个人的影响力。

二、确定惩处裁量依据

党内的法规务必要正视算法推荐机制给价值判断带来的扭曲性影响，要通过构建起多维度的裁量基准体系，不但要考量在网络传播过程当中政治话语出现的变形程度，而且要评估流量异化对党组织公信力造成的侵蚀强度，从而把抽象的政治纪律转化成能够进行量化的网络行为评价指标。这种裁量

[1] 参见聂文婷：《从党的百年奋斗史看入党誓词中“保守党的秘密”的重要地位》，载《旗帜》2022 年第 8 期。

依据的构建不是简单的行为对应式规范，而是要通过深入剖析政治身份在媒介化生存过程中的异化机制，在党性原则和传播规律之间建立起一种辩证统一的评价维度。这样做一方面能够避免裁量模糊致使纪律威慑的效度有所降低，另一方面还可以防止出现过度规制的情况，以免抑制“网红”党员在网络治理当中的创新活力，最终实现政治逻辑对技术逻辑的价值统摄，为网络时代党员队伍的先进性建设提供制度层面的保障。

（一）违规情节轻重

在数字治理营造的生态环境之中，“网红”党员出现的违纪行为呈现出极为复杂的样态，而这无疑对纪律处分裁量基准应具备的科学性提出了更高的要求。要知道，“网红”党员属于特殊群体，他们身上同时具备政治身份以及媒介影响力。其违规行为往往有虚实相互交融、显隐彼此交织的复合特点，如此一来，传统用于情节评估的框架便面临着范式需要转型的压力。党内法规应构建起一套适配网络传播规律的违纪情节评价体系，借此把抽象的政治纪律原则转化为能够实际操作的裁量标准，进而确保在对“网红”党员违纪行为进行处置的时候，既能够充分体现出纪律具有的刚性特质，又能与比例原则相契合。

1. 行为次数与频率

党员群体中那些身为“网红”者的违纪行为呈现出的持续性特点，已然成为党内法规在进行裁量时一个极为重要的考量方面。当某个党员个体不断地借助网络平台去实施同一种类的违纪行为，又或者是在某一特定时间段内形成了频次颇高的违规模式时，那么该个体的此类行为就不再仅仅属于偶然失误的范畴，而是具备了主观故意的性质。在此种情形之下，违纪行为次数不断累积产生的效应，会使错误言行具有的示范效应进一步得到增强，进而让个体原本拥有的影响力转变成破坏纪律的一种放大器；并且，因高频违规而形成的传播惯性，极有可能催生出针对违纪行为的路径依赖，如此一来便会致使纪律约束具有的效力持续不断地减弱下去。党内法规应当着手建立起关于违纪行为的数据库以及模式识别算法，以此来针对违规的频次展开量化评估以及趋势预测方面的工作，同时结合对时间跨度所作的纵向对比以及对行为类型所作的横向关联分析，最终形成一套针对违纪行为惯常化程度的、科学合理的判定标准。对于那些带有持续性特征的违纪行为，党内法规应当施行一种梯度化的惩戒机制，通过进一步加大纪律处分具有的严厉程度以及矫正措施具备的强制性，从而对违纪行为在网络空间当中的代际传播予以有效的遏制。

2. 事件危害程度

危害程度指的便是违法违规行为造成危害的大小情况。过罚相当这一原则明确指出，违法违规行为得具备一定的社会危害性，且要达到应当予以处罚的程度，如此才能够实施轻重适宜的处罚举措。[1] 就“网红”党员的违纪行为而言，其造成的现实方面的影响以及潜在的风险是党内法规在进行裁量时的核心评价要素。关于危害程度的判定，需要穿透其表面现象，深入考察它给政治秩序带来的双重破坏状况。从显性的层面来讲，其表现形式为直接引发的舆情方面的震荡，又或者是组织权威出现的损耗情况；从隐性的层面来看，则是体现在对意识形态安全基座产生的慢性侵蚀作用上。一旦违纪的言行引发了网络群体极化这样的现象，又或者是形成了跨平台的传播链，那么此时其危害性就已然突破了个体的范畴，进而具备了公共危机的属性特点。要是违纪的内容当中隐含着价值导向方面的偏差情况，又或者存在历史虚无主义的倾向，那么就很有可能造成代际认知结构出现深层的异化现象。党内法规应当通过构建起多维度的危害评估模型，全面综合地考虑信息传播的速率、受众覆盖的范围、社会情绪共振的强度等诸多变量因素，借助自然语言处理技术来对文本的潜在风险等级加以解析，同时结合网络拓扑分析的方式去追踪信息扩散的拓扑结构，进而形成一种立体化的危害评估图谱。对于那些带有系统性风险特征的违纪行为，党内法规应当启动预防性的惩戒程序，通过前置化的干预举措来阻断危害出现指数级的扩散态势。

（二）主观认错态度

在数字时代下，党员干部呈现出媒介化生存的特征，这使在纪律审查环节里，针对主观态度展开的评估工作陷入一种价值判断困境，而这种困境是传统范式难以应对处理的。那些有“网红”身份的党员的行为轨迹会以数据

---

〔1〕 参见刘权：《过罚相当原则的规范构造与适用》，载《中国法学》2023 年第 2 期。

化的形式留存下来，并且其传播效果会呈现出指数级的扩散态势。如此一来，他们表现出的认错态度究竟是否真诚，不单单与个体自身的党性修养密切相关，更是会直接对违纪处置产生的社会示范效应造成影响。党内法规会构建一个能将主客观相统一的裁量基准体系，借助这个体系，可把认错态度转变成能够被观测到也能够被验证的纪律审查要素，进而确保在对“网红”党员出现的违纪行为进行处置时，既能充分彰显出纪律具有的威严，又能很好地体现出教育挽救方面的功能。

1. 主动坦白与配合调查

“网红”党员在其违纪行为刚刚暴露的初期阶段呈现出的反应模式无疑是党内法规进行裁量时极为关键的观测维度。个体在组织介入之前便能够主动交代其在网络空间存在的违纪事实，又或者可以及时地终止违规信息传播链条的话，那么其作出的这种行为选择实则体现出了其内心深处对组织纪律怀揣着的敬畏之心。要是在调查阶段还能够如实提供诸如虚拟账号操作日志、网络资金流向等一系列关键数据，那就充分展现出了其配合组织审查所应具备的责任意识。这种主动为之的做法不但能够降低违纪行为持续下去可能产生的危害，而且借助信息共享这一方式消除了网络取证在时空方面面临的障碍，进而为精准地对违纪行为进行定性量纪创造出了相应的技术条件。党内法规应当通过构建起“行为止损”以及“数据开示”这样的激励机制，把坦白的时间节点、信息的完整程度等诸多要素都纳入处分考量的范畴，针对那些有自我纠错意愿的违纪者实行梯度化的惩戒措施。而对于那些企图利用网络技术自身特性掩盖违纪事实，或者通过伪造电子证据来实施对抗行为的情况，党内法规应当进一步强化纪律处分具有的惩戒效能，通过提升违法成本的方式来遏制侥幸心理不断滋生蔓延的态势。

2. 深刻反思与整改决心

党员中身为“网红”者在违纪之后，其思想转化所能达到的程度，是党内法规在实施教育矫治工作时极为关键的核心依据。当某个个体能够对自身违纪行为背后的思想根源展开较为系统的剖析，尤其是对流量至上思维和党性原则两者间冲突的内在机理予以解构的时候，那么该个体的反思便已然超越了那种仅仅停留在表层的悔过状态，而是切实触及价值观重塑这样的层面。倘若其能够在网络空间之中主动地消除那些违规言论产生的影响，并且可以通过产出正向的内容来对公信力遭受的损伤加以修复，便表明其整改措施具备了知行合一的实践特质。这类能够对自身行为进行深度纠偏的举动的价值就体现在，它借助自身拥有的媒介影响力，成功地将纪律处分转化成了极为生动的党性教育素材，进而实现了把负面事件朝着治理效能转化的目的。党内法规应当构建起“认知重构评估”以及“行为矫正跟踪”这双重机制，针对检讨材料具有的理论深度、整改方案呈现出的系统性以及网络行为轨迹出现的改善程度等方面开展动态的监测工作，以此实现对那种仅仅是形式化的表态以及实质性的转化进行极为精准的区分。对于那些仅仅是将反思停滞在舆情危机公关层面的机会主义者而言，党内法规应当通过延长对其的观察期并且强化组织审查的频次等方式，来有效防止表演式的整改对纪律威严造成二次消解的情况出现。

（三）社会舆论反响

在数字化生存这样的环境当中，“网红”党员出现违纪行为的时候，其所引发的舆论涟漪效应，使在进行纪律处分裁量时，务必要构建起超越传统认知框架的评估维度。这类群体的违纪行为有自身的传播学特质，正因如此，其产生的社会影响常常会呈现出实时性扩散以及延时性发酵这两种特征。在传统的纪律审查里面，对于社会危害进行评估的模式，此刻正面临着在价值判断以及技术分析这两方面都要进行革新的需求。党内法规借助构建起一种把舆情数据和价值导向相互结合起来的动态评估机制，能够将网络空间当中社会共识的波动情况转化成为纪律处分的科学依据，从而确保在执纪的整个过程里，既可以对公众关切给予回应，又能够有力地捍卫纪律审查具有的自主性。

1. 网络舆情热度

党员中所谓的“网红”出现违纪行为，由此引发的信息传播达到的能级情况，是党内法规在进行裁量时的一项基础性量化指标。当这些违纪的言行触动了跨平台传播产生的“爆点效应”，进而形成比如热搜榜单被持续占据、关键意见领袖展开二次解读以及网民群体出现自发裂变传播等多种复合传播形态的时候，其引发的舆情热度实际上已经突破了单纯个体事件的范畴，具备了公共政策议题方面的属性。这样的高热舆情不但会对主流意识形态传播通道形成挤占的情况，而且有可能从中衍生出类似于“次生舆情灾害”的状况，使纪律问题原本具有的政治性被以娱乐化的方式给消解掉了。党内法规需要搭建起关于舆情热力值的测算模型，综合考量信息传播呈现出的拓扑结构、关键节点的影响力系数以及舆情生命周期曲线等方面内容，运用机器学习算法对舆情演化的趋势加以预测，[1] 从而把较为抽象的热度概念转化为能够进行量化的纪律处分参数。对于那些带有舆情系统性风险特征的违纪行为，党内法规应当实施分级响应的机制，通过采取前置化的干预措施以及精准化的引导手段来防止纪律问题出现异化，变成价值共识方面的撕裂点。

2. 公众态度倾向

“网红”党员若出现违纪行为，其所触发的社会认知共振方向，是党内法规裁量过程里极为关键的质性评估要素。当网络民意呈现出情感极化的情况，并且和违纪行为本身的性质恰好形成同频共振时，那就得认真地辨析公众态度当中包含的理性诉求以及非理性宣泄这两方面的情况。要是违纪行为使群众普遍对权力监督机制产生怀疑，又或者是触发了特定群体那种相对剥夺感的共鸣，那么就需要把纪律处分的警示层级给提升上去；反过来讲，要是在舆情里面存在价值观被扭曲而出现的“共情偏差”情况，或者是娱乐至上搞出来的“戏谑解构”现象，那就必须强化纪律处分具备的教育引导功能。党内法规应当建立情感分析矩阵以及价值观映射模型，凭借语义网络分析技术来对网民评论的认知框架进行解构，从而识别出隐藏在海量数据里面的那些价值导向出现偏移的信号，进而把碎片化的舆论诉求整合起来，使其成为纪律审查可以参照的一个体系。对于那些利用“饭圈文化”制造虚假民意，又或者是操纵情感共鸣的违纪者，党内法规要通过加重惩戒的力度来消解他们想要“舆情绑架”的企图，进而维护纪律处分在政治判断方面的独立性。

三、规范违规惩处流程

党内法规针对惩处流程所作的规范化设计，本质就是对政治身份网络化生存给予的一种制度性回应。既要防范因为舆情裹挟而出现的程序失序情况，

---

[1] 参见秦博、徐浩铭：《利用机器学习技术防范网络意识形态风险的理论模型与逻辑进路》，载《党政研究》2024 年第 4 期。

又要避免机械套用线下标准从而造成的处置滞后这类问题。通过设置舆情监测、事实核查以及纪律审查这三者之间的联动接口，推动组织监督的权威性和网络传播的即时性形成治理上的合力。这样的流程再造，不但关系到对个别违纪行为的处置效能，更是在数字公共领域当中重塑党的纪律刚性的一项具有战略意义的举措。通过把网络空间的可见性压力转化成制度化的程序约束，既能够防止“网红”党员利用流量资本来干扰正常的审查工作，又可以杜绝舆论审判超越组织纪律的专业判断，最终在虚实交融的治理场景里，达成政治逻辑对传播逻辑的范式统领。

（一）调查启动阶段

调查启动的这个阶段，作为纪律审查程序在逻辑上的起始点，务必要搭建起一套既精准又高效的线索处理机制，借助科学化的筛选以及系统化的研判，为后续的调查工作确定清晰明确的方向，保证纪律审查在网络时代能够始终沿着规范化的路径推进下去。

1. 线索收集汇总

党组织需要构建起线上线下相互联动的立体化信息采集系统，依照“网红”党员的职业特点以及行为规律，设计出带有差异化的线索捕捉方案。在虚拟空间这个维度上，要求系统对其网络账号的言论情况、商业合作模式还有粉丝互动特点等进行监测，凭借大数据技术的助力，精准地抓取那些非常态传播行为当中潜藏着的纪律风险方面的信号；而在实体组织层面，就得把纪检监察部门、组织部门在日常监督工作过程中积攒下来的数据加以整合，着重筛查其在组织生活参与程度、思想汇报完整与否以及党内活动表现这几个方面之间是不是存在逻辑上的断裂情况。信息采集涉及的范围应当涵盖自媒体平台发布的内容、商业活动的备案情况、群众信访反映的相关内容等诸多渠道，进而形成能够进行交叉验证的信息矩阵。对于涉及像网络打赏分成、直播带货分成这类新型经济行为的相关线索，应当建立起专项的分类标注机制，清楚明确地把正当收益和违纪所得之间的界限给区分开来。在开展这一类系统性的线索归集工作的时候，务必要严格按照党内法规确定下来的纪律审查原则去执行，避免因为信息呈现碎片化状态而出现误判或者漏判这类情况。

2. 线索评估研判

针对初步收集而来的那些线索，要做一番甄别筛选的工作，这就需要构建起多层级的过滤机制。要运用定性分析和定量评估结合起来的研判模型，精准地识别出“网红”党员违纪行为的核心本质。评估标准得着重从三个维度去考察：一是网络行为和党员义务之间冲突的强度情况，二是违纪手段与新型传播技术相互融合的深度状况，三是违规事件对党组织公信力造成损害的程度情形。对于存在争议且带有模糊性的网络言行，得组织跨领域的专家从政治定性以及传播效果这两个方面来展开论证，仔细辨析一下它到底属于创新的表达方式，还是属于对纪律严肃性的一种消解行为。在研判的整个过程当中，要格外注重对网络传播规律和党性原则之间辩证关系的区分，既不能错误地把必要的网络话语创新看成违纪的苗头，也不可以对披着“流量外衣”的违规行为放任自流。所有线索经过审查之后得出的结论，都必须形成完整的、能够起到证据支撑作用的链条，要确保从海量信息当中筛选出来的有效线索都经受得住党内法规十分严格的检验。

（二）全面调查阶段

在数字化传播这样的大背景之中，“网红”党员出现的违纪案件往往有线上线下行为相互交织起来的情况，而且其引发的舆论影响会迅速地扩散开来，这些都是比较显著的特征。对于这类案件的调查工作，一方面得遵循党内纪律审查通常的规律，另一方面还得回应网络空间治理方面的特殊要求。全面调查阶段是认定违纪行为极为关键的一个环节，在这个环节必须建立起一套工作机制，这套机制得兼具政治敏锐性以及专业判断力。要通过有系统性的证据采集以及科学化的事实研判为后续的处理工作筑牢坚实的事实基础，并且给予法理上的支撑，以此来确保纪律审查就算是在网络时代，也依然能够维持应有的规范性以及威慑力。

1. 组建专业调查组

考虑到“网红”党员身份有其特殊性，其违纪行为也较为复杂，党组织得精心挑选那些具备党建理论方面素养、对网络传播有一定认知且拥有纪律审查经验的专业人员来组建调查主体。调查组的人员构成得涵盖纪律监督、网络舆情、新媒体传播等诸多领域的专业背景，这样才能保证既可以精准地识别出党员违背义务的各种情形，又能够科学地评估网络行为带来的社会影响。核心成员务必要接受双重能力方面的训练，一方面要精通党内法规的规范要义，另一方面要掌握网络传播的运作逻辑，从而在调查过程当中可以有效地辨识“网红”党员线上线下行为的关联性以及违纪的本质。在调查开始启动的阶段，要制定出具有差异化特点的工作方案，着重针对网络言行和党员身份相冲突、流量变现与廉洁纪律存在矛盾等这些新型的违纪风险点，设计专门的调查路径。搭建这样专业化的组织架构，从根本上确保调查工作既能符合党内法规规定的程序正义的要求，又能够精准地锁定网络空间里违纪行为的实质要害。

2. 多渠道调查取证

调查组需要建立一种能让实体空间和虚拟场域协同发展并推进的立体化取证模式。要通过多种手段，如调取网络平台的数据、细致分析传播的轨迹以及认真核验线下的行为等，系统地还原“网红”党员违纪事实的整体面貌。在数字取证层面，得运用相关的技术手段去固定其网络言论的传播范围以及影响效力，还得对粉丝互动数据和商业合作记录展开量化分析，进而精准地测定违纪行为和网络影响力之间存在的因果关系。而在传统调查的维度方面，要深入细致地核查其组织生活的参与度、党费交纳的具体情况等基础信息，以此构建起线上线下行为进行比对的完整证据链。对于那些带有隐蔽性的网络擦边行为，应当引入传播学方面的专家来作专业的解读，以便准确判定其言行是不是突破了党员纪律的底线。这些相互交叉验证的取证方式，始终都是把党内法规确立的纪律标准当作衡量的尺度，以此来确保事实认定既能经得住法理方面的推敲，又能符合网络时代的认知逻辑。

（三）处分决定阶段

中国共产党开展纪律处分相关工作，对于维护以及执行党的纪律而言，是极为重要的保障，同时也为纪律建设起到重要的支撑作用。[1] 在整个纪律

---

〔1〕 参见罗星：《中国共产党纪律处分的百年成就及基本经验》，载《中共杭州市委党校学报》2022年第2期。

处分工作当中，作出处分决定这一环节是相当关键的。就“网红”党员来说，他们出现的违纪行为，一方面违反了党的纪律方面的要求，另一方面还会在网络空间中产生负面的示范效应，进而对党的公信力起到削弱的作用。所以，在处分决定这个阶段的时候，务必要构建起一套有严谨程序、统一标准的处理机制，借助规范化的流程，既能够让纪律起到震慑的作用，又可以维护党纪处分具有的政治严肃性。

1. 拟定处分意见

在完成对违纪事实的调查核实工作之后，党组织得依据党内法规明确确立起来的纪律衡量标尺，针对“网红”党员出现的违纪行为，要对其性质、具体情节还有在社会上产生的影响展开专业层面的分析与研判。在这整个过程当中，需要全面综合地考量他们网络传播方面的行为给党的形象带来的实际损害到底达到了何种程度，同时也要考量其违纪行为和他们身为网络公众人物的这种身份之间存在怎样的内在关联特性。在具体开展相关操作的时候，负责调查的部门务必要在事实认定这个环节里着重仔细地梳理清楚他们在网络上的言行和党员应尽义务之间存在的冲突要点，而到了情节裁量层面，要以十分审慎的态度去评估其网络影响力产生的负面扩散方面的效应。在意见拟定这个环节，应当始终如一地坚持民主集中制这一重要原则，通过组织集体展开讨论的方式来形成初步的处理建议内容，如此既能切实确保纪律审查工作的客观公正性，又能充分兼顾到网络舆情具有的特殊敏感性。当处理这类违纪行为的时候，必须严格按照党内法规设定好的处分类型以及量纪标准来执行，坚决避免因为当事人具有的网络身份而出现处理结果畸轻畸重这样不合理的偏差情况。

2. 作出处分决定

党组织在审议处分意见之际，需着力构建起多维度的决策评估体系。一方面要对违纪事实的客观性予以细致审查，另一方面还得对纪律处分可能产生的政治效果以及社会效应展开评估。对于那些在网络上颇具影响力的违纪党员，决定机关务必要着重关注处分措施具备的示范价值，借助恰当的纪律惩戒手段，将党的纪律刚性向社会传递。就程序规范层面来讲，必须严谨且严格地履行诸如集体决策、会议表决等法定环节，以此来确保处分决定具备应有的权威性与合法性。处分文书务必要精准地揭示出违纪行为同党员身份要求相互背离的具体所在，尤其是要详尽剖析其网络行为给党的形象带来的实实在在的损害。针对“网红”党员受众面广这一特点，可以依据具体情形，采取适宜的方式在一定范围内对处分结果予以通报，如此既能切实保障党员的权利，又可实现纪律教育具有的预防功能。

参考文献

一、专著类

1. 《马克思恩格斯选集》(第1—4卷),人民出版社2012年版。

2. 《马克思恩格斯文集》(第1—10卷),人民出版社2009年版。

3. 《列宁选集》(第1—4卷),人民出版社2012年版。

4. 《毛泽东选集》(第1—4卷),人民出版社1991年版。

5. 《毛泽东文集》(第1—8卷),人民出版社1999年版。

6. 《邓小平文选》(第1—3卷),人民出版社1994年版。

7. 《江泽民文选》(第1—3卷),人民出版社2006年版。

8. 《胡锦涛文选》(第1—3卷),人民出版社2016年版。

9. 《习近平谈治国理政》,外文出版社2014年版。

10. 《习近平谈治国理政》(第2卷),外文出版社2017年版。

11. 《习近平谈治国理政》(第3卷),外文出版社2020年版。

12. 《习近平谈治国理政》(第4卷),外文出版社2022年版。

13. 《习近平著作选读》(第1—2卷),人民出版社2023年版。

14. 《习近平关于"不忘初心、牢记使命"论述摘编》,中央文献出版社、党建读物出版社2019年版。

15. 《习近平关于全面从严治党论述摘编》,中央文献出版社2016年版。

16. 习近平:《论党的宣传思想工作》,中央文献出版社2020年版。

17. 习近平:《论坚持全面深化改革》,中央文献出版社2018年版。

18. 习近平:《论坚持推动构建人类命运共同体》,中央文献出版社2018年版。

19. 习近平:《论中国共产党历史》,中央文献出版社2021年版。

20. 习近平:《论党的青年工作》,中央文献出版社2022年版。

21. 习近平：《论党的自我革命》，中央文献出版社、党建读物出版社 2023 年版。

22. 习近平：《论坚持全面依法治国》，中央文献出版社 2020 年版。

23. 习近平：《论坚持人民当家作主》，中央文献出版社 2021 年版。

24. 习近平：《论坚持党对一切工作的领导》，中央文献出版社 2019 年版。

25. 习近平：《干在实处　走在前列——推进浙江新发展的思考与实践》，中共中央党校出版社 2006 年版。

26. 习近平：《在庆祝中国共产党成立 100 周年大会上的讲话》，人民出版社 2021 年版。

27. 习近平：《在纪念马克思诞辰 200 周年大会上的讲话》，人民出版社 2018 年版。

28. 《习近平新时代中国特色社会主义思想学习纲要》，学习出版社、人民出版社 2023 年版。

29. 《习近平新时代中国特色社会主义思想专题摘编》，党建读物出版社、中央文献出版社 2023 年版。

30. 《习近平关于调查研究论述摘编》，党建读物出版社、中央文献出版社 2023 年版。

31. 《习近平关于严明党的纪律和规矩论述摘编》，中国方正出版社 2016 年版。

32. 《习近平关于科技创新论述摘编》，中央文献出版社 2016 年版。

33. 《习近平关于网络强国论述摘编》，中央文献出版社 2021 年版。

34. 《中共中央关于党的百年奋斗重大成就和历史经验的决议》，人民出版社 2021 年版。

35. 蔡雯：《融媒体建设与创新》，中国人民大学出版社 2020 年版。

36. 曹泽林：《信息时代的党建创新》，中共中央党校出版社 2003 年版。

37. 曾凡斌：《互联网使用与政治参与》，中国人民大学出版社 2018 年版。

38. 陈建波、庄前生：《互联网时代党的建设研究》，中国社会科学出版社 2017 年版。

39. 程玉红：《网络时代的政治参与和政党变革研究》，知识产权出版社 2013 年版。

40. 代金平、辛春：《网络党建理论与实践研究》，中国社会科学出版社 2016 年版。

41. 丁柏铨等：《执政党与大众传媒》，江苏人民出版社 2010 年版。

42. 丁俊萍等：《建设长期执政的马克思主义政党》，宁夏人民出版社 2023 年版。

43. 董璐：《传播学核心理论与概念》，北京大学出版社 2016 年版。

44. 段功伟：《权力的辩护——执政党公共形象传播研究》，广东人民出版社 2015 年版。

45. 房正宏：《网络政治参与与意识形态安全》，中国社会科学出版社 2017 年版。

46. 冯广超：《数字新媒体概论》，中国人民大学出版社 2004 年版。

47. 冯志峰：《中国共产党自身建设规律》，中国社会科学出版社 2021 年版。

48. 高桂云：《网络媒体与党的执政能力建设》，中国社会科学出版社 2012 年版。

49. 高晓林、谈思嘉等：《新中国成立 70 年来中国共产党形象建设研究》，上海人民出版社 2019 年版。

50. 高新民、张希贤：《中国共产党建设史》，中共中央党校出版社 2009 年版。

51. 宫承波：《新媒体概论》，中国广播电视出版社 1999 年版。

52. 郭庆光：《传播学教程（第二版）》，中国人民大学出版社 2011 年版。

53. 郭全中、李新军、徐秀丽：《网络行政与舆情治理实务》，人民出版社 2014 年版。

54. 郝宇青、刘笑言：《新媒体时代政治环境与执政方式研究》，华东师范大学出版社 2017 年版。

55. 洪向华：《媒体领导力》，国家行政学院出版社 2013 年版。

56. 胡德池：《网络时代的宣传思想工作》，湖南人民出版社 2003 年版。

57. 胡震译：《俄罗斯政党法规和党内法规选译》，社会科学文献出版社

2021 年版。

58. 金江军：《领导干部的互联网思维》，党建读物出版社 2017 年版。

59. 柯华庆：《党内法规学》，生活 · 读书 · 新知三联书店 2018 年版。

60. 李斌：《网络参政》，中国社会科学出版社 2009 年版。

61. 李斌雄：《扎紧制度的笼子——中国共产党党内法规制度的重大发展研究》，武汉出版社 2017 年版。

62. 李辉：《信息网络时代中国共产党执政效率研究》，光明日报出版社 2016 年版。

63. 李君如：《新时代中国之治：如何跳出治乱兴衰的历史周期率》，外文出版社 2022 年版。

64. 李民、李宏：《领导干部如何应对大众传媒》，中共中央党校出版社 2008 年版。

65. 李舒：《执政党的传媒治理》，中共中央党校出版社 2014 年版。

66. 李智：《国际传播》，中国人民大学出版社 2013 年版。

67. 李忠：《党内法规建设研究》，中国社会科学出版社 2015 年版。

68. 刘红凛：《信息化时代的政党重塑与党的建设》，人民出版社 2019 年版。

69. 刘文富：《网络政治：网络社会与国家治理》，商务印书馆 2002 年版。

70. 刘小华：《互联网 + 新媒体：全方位解读新媒体运营模式》，中国经济出版社 2016 年版。

71. 刘小燕：《政府传播研究》，人民出版社 2021 年版。

72. 刘新力：《现代化进程中党的领导制度与执政方式新论》，中央编译出版社 2008 年版。

73. 刘永昶：《新媒体概论》，南京大学出版社 2014 年版。

74. 刘长秋、段占朝、潘牧天：《党内法规制度执行力建设研究》，法律出版社 2022 年版。

75. 陆地、高菲：《新媒体的强制性传播研究》，人民出版社 2010 年版。

76. 陆小华：《新媒体观——信息化生存时代的思维方式》，清华大学出版社 2008 年版。

77. 罗会德：《新形势下密切党群关系的体制机制研究》，上海交通大学出版社 2017 年版。

78. 欧爱民：《中国共产党党内法规总论》，人民出版社 2019 年版。

79. 欧阳淞：《中国共产党党的建设基本问题研究》，人民出版社 2021 年版。

80. 彭兰：《新媒体用户研究：节点化、媒介化、赛博格化的人》，中国人民大学出版社 2005 年版。

81. 任贤良：《舆论引导艺术——领导干部如何面对媒体》，新华出版社 2010 年版。

82. 任雅仙：《融媒体环境下的网络舆论研究》，中国社会科学出版社 2019 年版。

83. 芮晓武：《党建云——党的信息化建设探索与实践》，人民出版社 2014 年版。

84. 邵培仁：《传播学导论》，浙江大学出版社 1997 年版。

85. 石文龙：《依法执政的制度化建设研究》，中国社会科学出版社 2013 年版。

86. 宋功德、张文显：《党内法规学》，高等教育出版社 2020 年版。

87. 宋功德：《党规之治：党内法规一般原理》，法律出版社 2021 年版。

88. 苏青场：《新媒体与党的建设》，光明日报出版社 2014 年版。

89. 汤俊峰：《淬火成钢：坚持自我革命》，中共中央党校出版社 2023 年版。

90. 王宏、陈小申：《数字技术与新媒体传播》，中国传媒大学出版社 2010 年版。

91. 王立峰：《党规原理论》，人民出版社 2021 年版。

92. 王韶兴：《政党政治论》，山东人民出版社 2011 年版。

93. 王守光、刘大秀、殷书良：《信息网络化与党的建设》，中国方正出版社 2004 年版。

94. 王勇、金成波：《党内法规教程》，中共中央党校出版社 2019 年版。

95. 王振民、施新州等：《中国共产党党内法规研究》，人民出版社 2016 年版。

96. 熊澄宇：《新媒体与创新思维》，清华大学出版社 2001 年版。

97. 胥莉：《善待媒体、善用媒体、善管媒体》，中国时代经济出版社 2010 年版。

98. 徐昕：《自我革命：新时代党的建设伟大方略》，江苏人民出版社 2021 年版。

99. 薛小荣：《网络党建论：互联网时代政党的组织变革与社会适应》，时事出版社 2019 年版。

100. 薛小荣：《网络党建能力论》，时事出版社 2014 年版。

101. 颜杰峰、祖金玉等：《伟大工程：新时代中国共产党的建设思想》，中央文献出版社、中共党史出版社 2021 年版。

102. 杨钢元：《形象传播学》，中国人民大学出版社 2012 年版。

103. 杨金卫：《网络环境下党的群众工作创新研究》，山东人民出版社 2008 年版。

104. 杨绍华：《把党的自我革命进行到底》，中国方正出版社 2023 年版。

105. 杨小明：《新中国成立以来中国共产党的政治动员研究》，中国社会科学出版社 2014 年版。

106. 殷啸虎：《中国共产党党内法规通论》，北京大学出版社 2016 年版。

107. 张浩：《新时代党的建设方略》，社会科学文献出版社 2023 年版。

108. 张淑华：《网络民意与公共决策——权利和权力的对话》，复旦大学出版社 2010 年版。

109. 章志远：《党内法规学原论》，中国法制出版社 2020 年版。

110. 郑超华、张荣臣：《刀刃向内：中国共产党自我革命的理论和实践研究》，中共中央党校出版社 2023 年版。

111. 周小华等：《基于新媒体技术的马克思主义传播》，国家行政学院出版社 2012 年版。

112. 周勇、赵璇：《跨屏时代的视听传播》，中国人民大学出版社 2021 年版。

二、论文类

1. 曹政：《新时期互动型党群关系构建战略思考》，载《人民论坛》2015

年第29期。

2. 曾润喜：《网络舆情突发事件预警指标体系构建》，载《情报理论与实践》2010年第1期。

3. 陈红玉：《基于内容的价值传播仍是关键》，载《青年记者》2015年第25期。

4. 陈联俊：《网络空间中主流价值认同的分化与重塑》，载《中国特色社会主义研究》2017年第6期。

5. 储连伟：《新媒体视域下中国共产党执政形象建设研究》，载《探索》2015年第4期。

6. 翟月荧：《网络谣言的传播与治理》，载《东岳论丛》2023年第8期。

7. 冯俊伟：《网络暴力治理中的法律程序衔接》，载《法学论坛》2024年第5期。

8. 付兆欣：《主流媒体与非主流媒体使用新闻图片的异同》，载《新闻爱好者》2011年第21期。

9. 郭海威、黄楚新：《论中国共产党的网络舆论引导能力》，载《传媒》2021年第9期。

10. 郭亮、王永贵：《网络流行语对主流意识形态话语的四维消解论析》，载《南京社会科学》2019年第12期。

11. 韩云杰：《去中心化与再中心化：网络传播基本特征与秩序构建》，载《中国出版》2020年第21期。

12. 胡河宁：《组织传播符号的伦理意蕴》，载《社会科学战线》2006年第4期。

13. 胡庆亮、何旗：《新时代中国共产党型塑执政形象的实践进路与优化策略》，载《中共天津市委党校学报》2019年第6期。

14. 黄小华：《新时代党内思想教育对党员人格的型塑及其意义》，载《探索》2019年第3期。

15. 蒋述卓：《网络舆情的发展与加强党的执政能力建设》，载《暨南学报（哲学社会科学版）》2011年第2期。

16. 蒋永发：《论中国共产党的形象构建》，载《思想教育研究》2020年第12期。

17. 靖鸣、蔡文玲：《“信息暖房”的构建及其负效应消解》，载《出版广角》2021 年第 13 期。

18. 匡野：《主流媒体视域下元宇宙多维跨维信息传播格局建构》，载《中国编辑》2022 年第 2 期。

19. 李敏杰、李红团：《习近平党性观的生成逻辑、核心要义及价值意蕴》，载《湖北行政学院学报》2023 年第 3 期。

20. 李明德、王含阳：《新媒体传播模式及其对舆情治理的新要求》，载《西北大学学报（哲学社会科学版）》2021 年第 2 期。

21. 刘畅、王馨雨：《中国共产党政治监督的历史演进、基本特征与发展路径》，载《中共中央党校（国家行政学院）学报》2023 年第 6 期。

22. 刘凡熙：《中国共产党政党形象塑造的历史考察与时代要求》，载《学习与探索》2023 年第 6 期。

23. 刘海明：《规范网络舆情预警活动问题研究》，载《中州学刊》2016 年第 2 期。

24. 刘维兰：《基于网络互动的密切党群关系问题思考》，载《云南行政学院学报》2015 年第 2 期。

25. 刘文渊、罗宁：《算法时代社交平台的权力扩张与应对》，载《新闻爱好者》2024 年第 9 期。

26. 刘夏青：《融合视域传统媒体与新媒体的比较与发展》，载《传媒》2018 年第 22 期。

27. 刘拥锋、罗永宽：《中国共产党表彰制度的发展历程与逻辑演进》，载《东北大学学报（社会科学版）》2022 年第 6 期。

28. 鲁旭媛：《习近平政治责任重要论述的理论溯源、基本内涵和价值意蕴》，载《学术探索》2023 年第 6 期。

29. 罗红杰：《弹幕文化的生成逻辑、表意实践与正向建构》，载《深圳大学学报（人文社会科学版）》2021 年第 6 期。

30. 罗嗣亮、江烜：《习近平关于党的形象建设的思考和探索》，载《党的文献》2018 年第 3 期。

31. 骆郁廷、吴楠：《论“后真相”网络空间的价值澄清》，载《思想理论教育导刊》2020 年第 6 期。

32. 蒙云龙、杨勇诚：《论共产党人必须坚信马克思主义信仰》，载《学术论坛》2012 年第 3 期。

33. 牛月永：《构建干部道德监督权力与权利双重支持体系的思考》，载《领导科学》2015 年第 9 期。

34. 潘建红、杨利利：《责任伦理与大数据语境下网络舆情治理》，载《自然辩证法研究》2020 年第 1 期。

35. 潘祥辉：《去科层化：互联网在中国政治传播中的功能再考察》，载《浙江社会科学》2011 年第 1 期。

36. 邱月：《圈层化网络社交生态下社交媒体用户话语建构及媒介审视》，载《郑州大学学报（哲学社会科学版）》2025 年第 1 期。

37. 任晓伟、张雨寒：《论人民性是马克思主义的本质属性》，载《理论学刊》2023 年第 2 期。

38. 任宗哲、李笑宇：《我国公共危机治理的演进、问题与优化》，载《西北大学学报（哲学社会科学版）》2022 年第 5 期。

39. 司仲鹏：《论网络不实举报的法律治理》，载《新闻爱好者》2022 年第 8 期。

40. 宋元林、黄娜娜：《论网络思想政治教育的特征及其有效运用》，载《马克思主义与现实》2010 年第 5 期。

41. 苏江涛、舒绍福：《新型腐败：特征、诱因及惩治》，载《学术探索》2024 年第 3 期。

42. 孙绍勇：《百年大党意识形态领导权建构的理路演进及其当代启示》，载《湖湘论坛》2021 年第 4 期。

43. 唐爱芳：《“圈层”的认知逻辑及其价值引领》，载《新闻传播》2024 年第 23 期。

44. 唐云阳：《网络违法信息传播次数概括式证明：风险、悖论及出路》，载《新闻与传播研究》2023 年第 5 期。

45. 王程伟、马亮：《政务短视频如何爆发影响力：基于政务抖音号的内容分析》，载《电子政务》2019 年第 7 期。

46. 王东、于海生：《新时代党内法规制度体系建设的成就经验、发展趋势与实践进路——基于党的二十大报告的解读》，载《学术交流》2023 年第

7 期。

47. 王东：《社会治理双重属性的逻辑进路及其实践维度》，载《理论导刊》2020 年第 8 期。

48. 王东：《党内法规规范“网红”党员作用发挥的价值功能与实践路径》，载《探索》2025 年第 4 期。

49. 王海亮、熊晓琳：《中国共产党铸就红色文化的历史演进、基本经验与实践向度》，载《理论探讨》2024 年第 3 期。

50. 王秋艳：《网络语言成因的传播学及心理学探析》，载《传媒》2019 年第 1 期。

51. 王石萍：《新媒体时代媒体需坚守信息传播底线》，载《青年记者》2016 年第 23 期。

52. 王永贵：《以历史主动精神打赢新时代网络意识形态斗争》，载《思想理论教育导刊》2023 年第 4 期。

53. 王永智：《共产党人要以人格力量赢得民心》，载《道德与文明》2021 年第 5 期。

54. 王勇、潘牧天：《论党内激励制度的体系化建构》，载《观察与思考》2024 年第 12 期。

55. 魏永征：《关于组织传播》，载《新闻大学》1997 年第 3 期。

56. 魏治勋：《党内法规特征的多元向度》，载《东方法学》2021 年第 1 期。

57. 文丰安：《新时代党内政治生活科学化》，载《东岳论丛》2019 年第 3 期。

58. 吴阳松：《新媒体时代中国共产党话语建构的现实审思》，载《理论探索》2024 年第 2 期。

59. 吴智军：《新时代红色文化数字传播的价值、特点与路径》，载《思想教育研究》2024 年第 8 期。

60. 向玉乔、阳纯正：《中国共产党建构集体道德记忆的优良传统》，载《江苏行政学院学报》2024 年第 6 期。

61. 肖皓文、曹银忠：《大数据与意识形态安全：羁绊、助力与策略》，载《湖湘论坛》2023 年第 3 期。

62. 肖唤元、张茂杰：《新时代主流意识形态的情感叙事策略审思》，载《思想教育研究》2024 年第 5 期。

63. 谢金林：《网络舆论危机下政府形象传播的困境及对策》，载《广东行政学院学报》2010 年第 5 期。

64. 谢俊、吴阳琴：《智能算法推荐对主流意识形态话语权构建的挑战及其应对》，载《西南大学学报（社会科学版）》2024 年第 6 期。

65. 谢思：《融媒体背景下短视频的传播特色与创新》，载《编辑学刊》2022 年第 4 期。

66. 谢玉进、赵玉枝：《网络主流意识形态传播的基本矛盾与优化策略》，载《思想理论教育》2018 年第 8 期。

67. 熊波、金泽璨：《网络暴力的传播与防控：基于典型性案例和复杂性互动理论探析》，载《现代传播（中国传媒大学学报）》2024 年第 11 期。

68. 徐国民：《论马克思的理论立场与政治立场》，载《求实》2011 年第 7 期。

69. 徐玲：《媒介信任度提升视角下的融媒体矩阵传播协同效应优化》，载《湖北社会科学》2024 年第 9 期。

70. 徐少华：《网络文化管理的要素分析与运行机制》，载《湖南大学学报（社会科学版）》2021 年第 3 期。

71. 徐信贵：《党内法规的规范属性与制定问题研究》，载《探索》2017 年第 2 期。

72. 严三九：《中国传统媒体与新兴媒体渠道融合发展研究》，载《现代传播（中国传媒大学学报）》2016 年第 7 期。

73. 颜俊儒：《用什么方式治理网络负面信息最有效》，载《人民论坛》2017 年第 2 期。

74. 杨芳芳、宋雪雁：《自媒体平台信息传播中信息茧房形成的演化博弈研究》，载《情报科学》2023 年第 12 期。

75. 杨丽梅：《社会主义核心价值观数字化传播及其优化策略》，载《社会主义核心价值观研究》2024 年第 5 期。

76. 禹菲：《自媒体传播中的道德情感：舆情动员与治理逻辑》，载《河南师范大学学报（哲学社会科学版）》2022 年第 6 期。

77. 喻国明、耿晓梦：《元宇宙：媒介化社会的未来生态图景》，载《新疆师范大学学报（哲学社会科学版）》2022 年第 3 期。

78. 臧雷振、盖建泽：《信息传播中的信念与行动：机制解释的意义化建构》，载《东南学术》2024 年第 4 期。

79. 张凤池、胡守钧：《论社区治理中的党员角色构建》，载《探索》2015 年第 5 期。

80. 张浩、唐红洁：《论党的形象的内涵、表现与作用》，载《理论探索》2007 年第 3 期。

81. 张晋升：《提高传播能力的理论内涵与实践路径》，载《暨南学报（哲学社会科学版）》2013 年第 8 期。

82. 张开平：《数字时代的政治传播：理论重构、议题革新与范式转向》，载《政治学研究》2023 年第 5 期。

83. 张楷芹：《网络圈层生态下凝聚价值共识的困境与应对》，载《思想教育研究》2024 年第 9 期。

84. 张省、蔡永涛：《算法时代“信息茧房”生成机制研究》，载《情报理论与实践》2023 年第 4 期。

85. 张士海、靳大力：《中国共产党形象塑造的百年历程、历史经验和时代要求》，载《江苏社会科学》2021 年第 4 期。

86. 张淑华：《新媒体语境下政策传播的风险及其应对》，载《当代传播》2014 年第 5 期。

87. 赵洪涌、朱霖河：《社交网络中谣言传播动力学研究》，载《南京航空航天大学学报》2015 年第 3 期。

88. 赵绪生、孙进宝：《论新时代党建话语体系建设》，载《中共中央党校（国家行政学院）学报》2020 年第 5 期。

89. 赵云泽、黄怡静：《社交媒体中情绪传播的破圈效应研究》，载《中国出版》2024 年第 21 期。

90. 郑传芳、周晨露：《增强党员意识是强党性的必然要求》，载《思想教育研究》2024 年第 4 期。

91. 郑涵：《网络时代虚假信息生产与传播的政治经济学分析：以网红为中心的考察》，载《理论月刊》2024 年第 8 期。

92. 郑敬斌、杨雨凡：《全媒体场域主流意识形态传播转向的三重逻辑》，载《东岳论丛》2025 年第 1 期。

93. 支振锋：《健全规范党员网络行为制度体系》，载《中国党政干部论坛》2024 年第 9 期。

94. 周全德：《提高家庭美德建设成效的思考与建议》，载《中州学刊》2009 年第 2 期。

95. 周耀杭、刘建平：《论中国共产党红色文化的建设与传承》，载《理论视野》2021 年第 10 期。

96. 周叶中、王梦森：《论中国共产党党性是党内法规制度的灵魂》，载《法学杂志》2022 年第 6 期。

97. 周银珍：《新中国马克思主义话语权生成逻辑》，载《湖南社会科学》2019 年第 3 期。

98. 朱亚娇：《中国共产党政治话语的发展历程、功能阐释与经验启示》，载《哈尔滨工业大学学报（社会科学版）》2023 年第 2 期。

99. 朱永平、张钰苹：《网络话语权理论建构何以可能》，载《南京邮电大学学报（社会科学版）》2016 年第 1 期。

100. 祝捷、秦玲：《论社会主义核心价值观对党内法规制度建设的三重功能及其实现》，载《学习与实践》2021 年第 12 期。

后　记

在为这本书画上最后一个句点之际，我的内心不禁涌起一种颇为复杂且难以用言语确切表述的情绪。这整个过程恰似一场充满未知因素与诸多挑战的学术探索之行，从最初那一瞬间灵感的乍现，一直到最终成果得以呈现于世，其间的每一个步骤实际上都包含着颇为深刻的思索、坚持不懈的努力，还伴随着个人在这个过程中的不断成长。就在此刻，我的心中充盈着感激之情，特别想要向那些在这段漫长旅程中给予我支持与鼓励的人们，致以最诚挚的谢意。

当我最初把研究目光投向“网红”党员这一新兴群体时，着实惊叹于数字技术对政治传播生态进行重塑的强大能量，同时也不禁对传统党建理论和网络社会逻辑相互碰撞的情况感到困惑。这个选题源于对“党员网络化生存”这一现象的持续不断的观察，当红色基因遭遇流量逻辑，组织纪律对接算法规则时，怎样在制度保障方面达成规范作用和传播效能两者之间的辩证统一，就变成了一个亟待破解的重要理论命题。此问题的复杂之处在于它横跨了多个学科的知识体系，并且处在动态演进着的网络治理实践的前沿，在理论建构的过程中，怎样兼顾学术方面的定力和对时代的敏感度，无疑是贯穿整个研究过程的深度思索内容。

理论体系的构建仿佛是在迷雾重重的环境里架桥一般，一方面需深深扎根于马克思主义政党建设理论，另一方面还需直面网络社会理论、媒介社会学等新兴学科带来的范式冲击。当把“符号资本”“制度弹性”“虚拟治理”这类概念融入分析框架时，始终存在着平衡学术想象和现实解释力的难题。在处理“法规保障”这一核心命题的过程中，究竟该如何在规范主义的刚性约束和功能主义的弹性适应两者之间确立起理论支点，曾经一度让我陷入思维困局。而最终确立起来的“制度—行为—场域”三维分析模型，是经过许多个深夜对文献进行精读，还有对思维导图不断进行重构之后才取得的成果，它既牢牢坚守着传统党建理论的精髓部分，又涵盖对传播政治经济学批判视角所作的创造性转化内容。

撰写过程的艰难程度大大超出了起初的预想，在这本书里，语言精确性和理论深刻性之间的矛盾表现得格外显著。若要把复杂的网络治理现象转化成严谨的学术话语并非易事，为此需要反复斟酌权衡，这使得部分章节经历了十多次的重新构建。这些对文字精心锤炼的经历，化作了书页当中的思想痕迹，也见证了学术生命的逐步蜕变。

在这里，我特别要向那些和我一同探讨学术问题的同仁们致以诚挚的谢意。诸位给出的宝贵见解和建议，恰似那点亮研究探索之路的点点星火，推动着我对研究课题有了更为宽泛且透彻的认知。这也使我真切地意识到，学术探索绝非一个人孤零零前行的旅程，恰恰是那些志趣相投之人携手并肩、一同追寻真理的漫漫征途。

对家人关怀的那份感激之情实在是难以用学术性的话语来确切表述。在进行研究的过程中，有无数次不得不缺席家庭聚会的时刻，然而家人总是给予宽容和理解；当处于写作的瓶颈期而出现情绪上的波动时，也正是在亲情的温暖关怀中慢慢治愈。特别要感谢父母给予的那份无条件的信任和全力的支持，还有妻子那无比贴心的陪伴与暖心的鼓励，就连我那尚还稚嫩的孩子也凭借着纯真无邪的笑容时刻提醒着自己从事学术研究的那份初心。这些来自家人的温暖支撑，已然成为书写在字里行间的精神注脚。

当写完这本书时，我真切地意识到，这部作品不过是针对数字化时代党员作用发挥的法规保障这一颇为复杂的议题而展开的一次初步摸索。在开展研究的整个过程中，我着实投入了大量的心血，然而，考虑到个人能力存在一定限度，再加上研究对象始终处于不断发展变化之中，所以在这本书里，不可避免地会存在一些不足之处。我知道，学术探索是永无止境的。在日后的研究工作当中，我将以一种更加谦卑的姿态去仔细聆听来自实践的声音，并且以更为开放的心态去接纳各种各样的学术争鸣，从而在追寻真理的道路上始终保持一颗纯粹的赤子之心。

王　东

2025 年 8 月于天津